本书由上海文化发展基金会图书出版专项基金资助出版

大学诚信文化教育论

朱坚强 主编

立信会计出版社
LIXIN ACCOUNTING PUBLISHING HOUSE

图书在版编目(CIP)数据

大学诚信文化教育论 / 朱坚强主编. —上海：立信会
计出版社，2015.10
ISBN 978 - 7 - 5429 - 4115 - 2

Ⅰ.①大… Ⅱ.①朱… Ⅲ.①大学生—社会公德教育
—研究—中国 Ⅳ.①G641.7

中国版本图书馆 CIP 数据核字(2015)第 256273 号

责任编辑 徐雪芬
封面设计 陈 楠

大学诚信文化教育论

出版发行	立信会计出版社			
地 址	上海市中山西路 2230 号		邮政编码	200235
电 话	(021)64411389		传 真	(021)64411325
网 址	www.lixinaph.com		电子邮箱	lxaph@sh163.net
网上书店	www.shlx.net		电 话	(021)64411071
经 销	各地新华书店			

印 刷	浙江省临安市曙光印务有限公司			
开 本	787 毫米×1092 毫米	1/16		
印 张	23.5		插 页	1
字 数	327 千字			
版 次	2015 年 10 月第 1 版			
印 次	2015 年 10 月第 1 次			
书 号	ISBN 978 - 7 - 5429 - 4115 - 2/G			
定 价	58.00 元			

如有印订差错，请与本社联系调换

绪　　论

朱坚强

诚信是社会主义核心价值观的道德基础。《国家中长期教育改革和发展规划纲要(2010—2020)》要求广大学生应"培养团结互助、诚实守信、遵纪守法、艰苦奋斗的良好品质"。2013 年年底,中共中央办公厅下发的《关于培育和践行社会主义核心价值观的意见》明确要求,"广泛开展道德实践活动。以诚信建设为重点,加强社会公德、职业道德、家庭美德、个人品德教育,形成修身律己、崇德向善、礼让宽容的道德风尚"。国务院近日印发《社会信用体系建设规划纲要(2014—2020 年)》,部署加快建设社会信用体系、构筑诚实守信的经济社会环境。高校作为社会道德高地,应充分发挥文化引领与道德示范作用,在广大师生当中开展诚信文化传播、诚信品格教育,结合社会主义核心价值观的倡导和践行,不断丰富诚信教育的内容,创新诚信教育的形式,构建多维的以诚信为基石的大学文化体系,承担文化传承与创新的大学使命。

一、大学诚信文化教育事关国家和民族的未来

中国正处在最深刻的社会变革与转型期,传统与现代的二元体制并存,在两者的磨合过程中,组织制度、经济体制、政治体制、经济关系、思维方式、生活方式、行为方式和价值观念等都发生深刻变化,社会资源的再分配、阶层分化资源配置方式和劳动产品分配方式的改变导致了利益格局的变化与社会结构的裂变,不和谐因素增多,社会矛盾多发。

在这个高速度发展和运行机制转换的特殊进程中,个人乃至社会都面临利

1

益与风险的双重选择,转型社会特有的失衡与失范现象易于使个人在利益与风险的关系中彷徨和无所适从,在社会主流道德体系相对滞后、经济运行原则不科学规范、社会保障机制不健全等多重背景下,诚信缺失现象屡屡发生,诚信危机成为最突出的社会问题之一。这种危机表现在经济、政治、道德意识、行为活动、人际关系等各个方面,不仅是个人失信,群体失信、企业失信、政府失信的现象近来也频繁曝光。社会生活中的诚信缺失现象不断地影响和侵蚀大学生的思想,上海师范大学发布的《2014年中国都市青少年发展报告》指出,在校青少年中,受教育程度越高,诚信观水平越低,半数青少年认为讲诚信会吃亏。媒体报道及报告数据让诚信教育"红灯高挂",社会舆论希望教育部门能以此为契机反思教育的"育人"功能,找回缺失的诚信。由此可见,构建一个适应时代发展、立体的、多维的诚信文化教育体系,全面推进中国社会的现代诚信文化建设刻不容缓。

现代诚信文化的定义不能再停留在伦理道德范畴,而应有其深厚的物质基础、制度基础和精神基础,现代诚信文化的研究既要多学科交叉,吸收伦理学、经济学、政治学、心理学等学科的思想营养,又要古今中外融通,考虑到本民族的历史文化传统,同时借鉴融合异域文化。国内目前这样综合性分析的研究还较少,这也是本书研究的主要着力点。

诚信不仅是个人安身立命、为人处世的基本准则,作为一种十分宝贵的社会资源,它也是社会和谐有序、经济健康繁荣、国家安定团结的重要基础。青年代表着未来和希望,大学生的诚信状况事关国家和民族的前途。加强对大学生的诚信教育,将大学生培养成为诚信美德的躬行者、引领者和弘扬者,不仅势在必行,而且刻不容缓。在高校大学生当中开展诚信文化传播、诚信品格教育,要围绕立德树人的根本任务,结合社会主义核心价值观的倡导和践行,吸纳传统诚信文化的精髓和现代诚信实践的成果,形成课堂教学、社会实践、校园文化多位一体的育人平台,构建多维的大学生诚信文化教育体系。

二、《大学诚信文化教育论》编写体例

本书分为上、中、下三编,分别从理论、实践和历史三个维度,采用文献分析、多学科交叉综合、问卷调查、比较研究、个案研究等方法对大学诚信文化教育进行了研究。

上编从哲学、经济学、法学、伦理学、社会学、心理学等六个学科领域对诚信文化进行多维度的理论分析。《诚信文化的哲学分析》分别以康德的实践理性和休谟的功利主义为例来阐述目的论的诚信观和规范论的诚信观的基本思路和要求,然后试图在这两个向度之间寻找契合点,并结合古典主义的态度指出诚信伦理在西方现代性道路上的得失。《诚信文化的经济学分析》试图从经济学意义上分析现代诚信的经济内涵、诚信建设的经济理论、诚信危机的经济现状,从而建立起适合我国经济建设发展的诚信教育体系,指导诚信社会的建立。《诚信文化的法学分析》试从法学视角出发对诚信原则法律化的历史沿革、诚信原则的法律内涵、我国法律中的诚实信用原则进行了分析,并提出培育诚信文化的基本思路。《诚信文化的伦理学分析》从伦理学角度指出诚信是道德规则之首,分析了诚信的意义和内涵以及诚信缺失的原因,并提出了诚信文化培育的途径。《转型社会诚信文化的社会学分析》从诚信文化的传统含义和现代内涵、我国现代诚信文化缺失的社会表现、现代诚信文化缺失的社会原因分析、诚信文化的传承与现代诚信文化的重构等方面分析了转型社会的诚信文化建设。《诚信文化的心理学分析》从诚信心理的认知基础、需求动力、意志品质、行为实践、行为反馈等方面分析了诚信的内在心理运作机制,并以诚信心理运行机制为基础提出加强诚信培育的方法。

中编从学校诚信教育现状调查与分析、中外高校大学生诚信教育比较研究、大学生诚信教育结构体系研究、建立大学生诚信教育管理机制、大学生诚信教育管理信息系统设计等方面探讨了大学诚信文化教育的具体实践。《学校诚信教育现状调查与分析》从开展诚信状况问卷调查入手,试图对学校诚信现状进行摸底,形成学校诚信状况报告,并对学校诚信状况的影响因子进行分析解读。《中外高校大学生诚信教育比较研究》试图通过对中外部分高校以及国内不同高校之间诚信教育的比较研究,分析诚信教育目标、方法途径、制度建设等方面的差异和优劣,为国内高校更加有效地开展大学生诚信教育提供借鉴。《大学生诚信教育结构体系研究》试图建立和完善"六环节—六目标"大学生诚信教育结构体系,进一步深化诚信教育体系内涵,构建课堂内与课堂外相结合,理论与实践相结合,硬件建设与文化氛围营造相结合,有形与无形相结合,传统与现实相结合的立体框架。《建立大学生诚信教育管理机制》试图进一步建立和完善大学生诚信教育的管理机制,包括大学生诚信档案制度、大学生诚信评价机制、大学生奖惩机制等,为加强大学生诚信教育提供制度保障。《大学生诚信教育管理信息系统设计》在大学生诚信教育结构体系和制度体系研究的基础上,结合现代信息技术,初步形成大学生诚信教育信息管理操作系统建设方案,打造大学生诚信信息采集、发布平台,为大学生信用度评定、用人单位调用信息等提供依据。《大学生自我诚信教育研究》分析了当前大学生自我诚信教育的现状及原因,认为大学生自我诚信教育应遵循受教育者主体性与教育者主导性相结合、个体自我诚信教育与群体自我诚信教育相结合的原则,并提出构建大学生自我诚信教育引导机制、组织机制和实践机制的实现路径。

下编结合立信校史,分别从潘序伦诚信教育思想产生和发展的社会历史条件、潘序伦会计职业道德和诚信教育思想的内涵、潘序伦诚信教育思想的特色、立信之魂等角度对潘序伦的诚信教育思想进行了专门研究。

三、理论、实践与历史维度下的大学诚信文化教育

(一) 诚信文化的多维度理论分析

1. 诚信文化的哲学分析

目的论主张诚信来自道德主体的"善良意志"或"绝对命令",规范论主张诚信是保护和实现个体或团体的正当利益或权利的道德屏障和手段。

从目的论立场来看,现代性以纯粹理性来规定它,使其成为德性的内在要求,闪现出耀眼的人文主义的光辉;从规范论角度来看,现代性从人实际的经验出发作出了更有效的安排设计,使其成为文明社会的通行规则。

目的论的诚信和规范论的诚信这两个维度的开出,既是现代性对古典主义的重要突破,同时也意味着某种倒退。在诚信道德上,现代性的成功和失落几乎就是同一个问题的两个侧面。

2. 诚信文化的经济学分析

现代诚信是一种契约精神。诚信就是公民和法人在商业活动中对自身承诺的履行和责任的承担,以及对自身信誉的珍惜和维护。契约双方暂时排除了人与人之间的血缘亲情和社会人情关系,以利益、契约、规则和法为唯一的选择。

现代诚信是一种公共诚信。现代社会诚信是社会公共领域中的基本公共规则,包括国家、政府、社会、各党派组织和全体公民对宪法和法律的尊重意识,以及政府的公正、社会的公信、企业在平等竞争中的信誉和个人的信用等。

现代社会诚信是一种理性意识。在公民、法人趋利性的内在推动下,诚信会变成公民、法人实现商业赢利的基本道德素养,信任可以在一个行为规范、诚实而合作的群体中产生,它依赖于我们共同遵守的规则和群体成员的素质。

3. 诚信文化的法学分析

法律视野中的"诚信"往往被表述为诚实信用原则,指不进行任何欺诈、恪守信用的要求,即要求人们在民事活动中应是讲求信用、严守诺言、诚实不欺,不得规避法律和滥用权利,在不损害他人合法利益和社会利益的前提下追求自己的利益。

法律意义上的诚实信用原则不是传统意义上的道德诚信,而带有西方文化中的契约精神,是道德原则的法律化,具有衡平性、强制性和概括性的特征。

法律诚信是指作为一项法律原则,是从外部作用于行为人的行为规范,以国家强制力为后盾而发挥规范作用,同时,诚信还作为道德诚信,是行为人的内在行为规范,以道德力量为支撑而发挥作用。两者各有其自身的特定含义,但相互之间又有着紧密的联系。

4. 诚信文化的伦理学分析

"诚"与"信"的共同点是真实的信息表达。二者的区别在于"信"的比照对象是自己的行动,发生于人与人的互动关系中,"诚"的比照对象是自己的内心,是一个人言行的内心准则。

诚信是一个人价值观的核心组成成分,它会广泛影响到一个人的道德品质、行为方式,以及对待他人、工作、社会、家庭的态度。一个诚信的人倾向于采纳长期策略来处理人际关系,即求真务实,做事踏实,不浮夸,审慎承诺,努力践诺。

5. 诚信文化的社会学分析

传统诚信是建立在传统身份等级、血缘为基础的臣民文化社会,现代诚信是建立在权利平等、契约交换为基础的公民文化社会。传统诚信文化建立、维护的基础是封建宗法礼仪,现代诚信建立、维护的基础是现代社会法治。

现代诚信建立的制度基础体系是公民社会、民主政治与市场经济。换言之,现代诚信是以政府诚信、市场诚信及公民诚信组成的社会制度系统。现代市场经济的诚信观体现的是:建立在保护公民权利包括财产权利基础上的平等、自由交换、诚实守信。

6. 诚信文化的心理学分析

诚信心理运作的个体机制是通过诚信认知为基础,由诚信需求引发诚信实践,通过外在环境和个体意志品质的综合作用对诚信认知进行反作用,进而再建构的循环心理过程。

诚信心理机制包括:认知(认知程度),需求(建立情感),意志(克服困难),行为(落实在行为中)。行为是以需求为导向的,需求建立在一定的认知基础之上,诚信行为与心理反馈是相互作用的。

因此,对应的诚信心理培育途径应为传递诚信受教育者知识信息、实现诚信个体的情感体验、培养诚信个体的意志品质、提高诚信个体不诚信的自我控制能力。

(二)诚信文化教育的实践探索

1. 学校诚信教育现状调查与分析

教师组结果分析

教师对于诚信的意义、内涵认识较统一,认同度较高。但是,在学术造假、人际交往等具体情境中,诚信观念的差异较大。对诚信的主要表现,教师最重视的是职业道德,其次是遵纪守法、兑现诺言、不说假话。

教师对校园诚信的评价高于对社会诚信的评价,对过去校园诚信的评价高于对当前校园诚信的评价,对自己学生时代诚信的评价高于对自己学生的诚信评价,对自己诚信的评价高于对环境诚信的评价。

学生组结果分析

学生眼里的社会诚信现状。①学生对校园诚信状况给予中偏上评价,但是,随着年级升高这种肯定在降低;②学生评价诚信状况时,严人宽己;③学生的不诚信行为主要表现在同学交往中;④社会失信行为对学生助人动机的影响小于对助人方式的影响。

学生对提高社会诚信的举措的看法。①学生认为家庭教育是关键;②社会诚信状况影响着学生的诚信行为,男生比女生更关注失信行为成本;③学校诚信教育要拓宽渠道。

2. 中外高校大学生诚信教育比较研究

在诚信教育的方式上,国外大多数大学比较注重采用启发诱导式、渗透式的教学模式;其次,十分注重对诚信教育理论的探讨并运用于实践;其三,国外的大学普遍利用宗教信仰进行大学生诚信教育。

反观,中国的一些大学在对大学生进行诚信教育的方式方法上多采用灌输式或填鸭式的传统教学模式,诚信教育缺乏层次性、针对性和渗透性。

国外大学的诚信教育内容较为细致,其实践性也较强。中国大学的诚信教育涉及的内容较为宽泛,且理论性较强,但其实践性还不够强。

3. 大学生诚信教育体系研究

立信始终坚持诚信的办学特色,传承诚信的办学文化,探索具有立信特色的大学生诚信教育模式,逐步构建了"六环节—六目标"的诚信教育体系,努力培养具有诚信品格的高素质财经人才。

入校教育,树立诚信理念。立信把诚信教育作为新生入校教育的第一课,引导师生从情感、思想、文化逐步认同学校的诚信理念。

校园文化,营造诚信氛围。立信深刻把握教育规律,有机融合自身办学传统,把诚信精神融入校园文化建设的每一环节。

专业教育,提高诚信素质。立信把诚信要求融入到教师的教学科研与学生的专业学习中,倡导诚信进科研、进课堂、进实践。

日常教育,规范诚信行为。立信在日常教育中把诚信与师德建设、学生思想品德考核、学生的主观选择、思想政治教育新载体相结合。

离校教育,输出诚信人才。立信以诚信就业为重点,有针对性地开展毕业生诚信教育,确保向社会输送合格的诚信人才。

跟踪反馈,提升诚信品牌。立信非常重视毕业生的跟踪反馈,根据社会反馈完善诚信教育体系,实现良性互动、形成诚信教育合力。

4. 建立大学生诚信教育管理机制

构建诚信管理制度。建立大学生诚信承诺制度、大学生诚信档案与诚信评估体系、诚信奖惩机制。

创新诚信管理方法。坚持以人为本的管理模式、"经济人假设"诚信管理方法,建立学校、家庭、社会、学生"四位一体"的诚信教育联动建设机制。

诚信管理的保障机制。探索建立诚信信息管理体系、诚信监控管理体系等保障机制。

5. 大学生诚信教育管理信息系统设计

学生诚信教育管理信息系统共设置 11 个子系统,其中,除系统管理子系统是功能性子系统外,学生基本信息管理子系统、学生违纪信息管理子系统、学生社会实践管理子系统、学生考勤信息管理子系统、信息公告管理子系统、学生成绩管理子系统、学生志愿服务管理子系统、学生奖励管理子系统、学生经济信息管理子系统、学生诚信综合评价子系统等 10 个子系统均为业务性子系统。

6. 大学生自我诚信教育研究

大学生自我诚信教育需要正面激励和引导,需建立大学生自我诚信教育的引导机制。自我诚信教育作为大学生铸造诚信品格而进行的自我塑造活动,具有强烈的主观色彩,需要大学生之间的相互砥砺及集体环境的组织保障。大学生自我诚信教育不仅仅是大学生主体内部的主观思维活动,而且是一种现实的自我诚信教育活动,应通过一定的实践锻炼,提高自身的诚信道德素养。

(三)立信具有悠久的诚信文化传统与教育资源

1. 诚信是立信文化的灵魂和精髓

上海立信会计学院创建于1928年,建校80余年来,诚信始终是立信文化的灵魂和精髓,从校名、校训到校歌再到校友,无不深深打下诚信的文化烙印。

校名校训:立信创始人潘序伦先生被誉为"中国现代会计之父",他认为会计人才最重要的素质是守信重诺,故借《论语》中"民无信不立"之意取"立信"为校名,并曾以"立信"为校训,此后又扩展为"信以立志,信以守身,信以处事,信以待人,毋忘立信,当必有成"的二十四字校训,奠定了立信文化的基础。

校歌:立信的校歌也紧扣"诚信"理念。立信校歌创作于1938年,歌词言简意赅,强调"学万千,此则一'会计当而已'"。不仅把"会计当而已"入歌词,还以"今古应无异"来充分肯定了孔子之言在当今的价值;"昭其信,正其名",即在会计师执业过程中,以诚信昭示天下,以诚信来坚持独立、客观、公正的地位。

校友:立信的历史曾经星光璀璨,有一批名师大家曾在学校学习或工作,这些校友用行动践行着立信的诚信精神。顾准就是其中一位杰出的代表,他12岁时来到立信师从潘序伦先生,在立信学习工作的时间有14年之久,奠定了他的会计学、经济学基础和文化品格,在上世纪50、60年代极其复杂的政治环境下,顾准坚守实事求是的科学研究精神、坚守学术诚信,最早提出并论证了计划体制根本不可能完全消灭商品货币关系和价值规律。

2. 潘序伦是中国大学诚信教育的开拓者

潘序伦先生认为信用乃会计之本,"会计师之为职业,实为工商企业保障信用而设,苟有不道德行为,而自丧其信用,则此项职业即失其根本存在之理由"。因此,在开学典礼、毕业典礼以及其他全校性的集会场合,潘序伦总是不遗余力地弘扬"立信"精神,利用一切机会进行诚信教育。

在给毕业同学纪念刊的题词中,他以"信苟不立,虽良法美意,必基石稳固而后可以尽其功能;此虽常言,实为先圣之所昭示,昭并日月,愿与请同学拳拳服膺而信守也"与同学共勉。在《敬告国内有志于会计职业之青年》一文中,他对于会计员德性上应有之修养首重一个"信"字,以为"信"即诚实不欺、言行如一、有诺必践。

潘序伦先生的诚信教育理念既来自儒家传统的涵养,又来自现代信用制度的要求。由于家学渊源,潘序伦早年接受过较为系统的儒家教育,自然熟稔孔子"人而无信,不知其可也"、"言必信、行必果"等教诲;于哈佛大学、哥伦比亚大学攻读学位期间,潘序伦又恰逢美国各州相继颁行会计师法,逐步建立以资产负债表审计为主的现代信用制度。自然受到西方信用文化的深深浸染。

潘序伦先生引经据典、取譬设喻以宣讲"立信"意涵时注意博采中西。他常以儒家圣人之言教导学生立身处事要以"信"为本,又举西方谚语"诚信为最善之方策(Honesty is the best policy)"来说明诚信"实为各业所倚赖"。

潘序伦先生诚信教育的理念还体现在"管教务期严格"的办学方针中。他治学素主严谨,一切坚持"认真"两字,对师生都是高标准、严要求,考试成绩以 70 分为及格,经常对学生进行会计职业道德和纪律教育,以培养他们有一个好的学风和工作作风。

四、新常态下大学诚信文化教育的展望

(一) 社会主义核心价值观与诚信文化教育

党的十八大提出,倡导富强、民主、文明、和谐,倡导自由、平等、公正、法治,倡导爱国、敬业、诚信、友善,积极培育和践行社会主义核心价值观。诚信作为社会主义核心价值观的重要组成部分不仅体现为公民个人层面的价值准则,而且贯穿于国家层面和社会层面,是为人、处事、立国的根本。

诚信在国家层面体现为权力公信。公信力意指在社会公共生活中,公共权力面对时间差序、公众交往及利益交换所表现出的一种公平、正义、效率、人道、

民主、责任的信任力。政府公信力、司法公信力的建立之道就在于公权力遵守民主、自由、平等、公正、法治等社会主义核心价值观。

诚信在社会层面体现为人际信用。信用是指依附在人之间、单位之间和商品交易之间形成的一种相互信任的生产关系和社会关系。在现代社会,信用促进了金融制度和商业法律的发达,是市场经济和法治社会的重要基石之一,也是国家富强、文明的重要保障之一。

诚信在个人层面体现为诚实守信。正如潘序伦先生所倡导的,"信以立志、信以守身、信以处事、信以待人",诚信是个人言行举止的基本道德准则,是立身处世的底线原则。只有人人诚信,社会才会平等、公正,国家才会文明、和谐。

社会主义核心价值观是一个有机联系的整体,诚信与其他核心价值观互为支撑、相辅相成。因此,未来应该在社会主义核心价值观的整体视域下探索诚信文化教育如何融入富强、民主、文明、和谐的国家梦想,如何融入自由、平等、公正、法治的社会愿景,如何融入爱国、敬业、诚信、友善的人生价值。

(二)学科专业与诚信文化教育

诚信文化教育应结合专业、职业有相应的针对性和特色,未来应着重探索会计诚信、医疗诚信、律师诚信等专业领域诚信文化建设之间的异同。

会计诚信的职业道德准则植根于会计信息的客观真实这一根本属性,医疗诚信的职业道德准则植根于医疗事业救死扶伤的特殊使命,律师诚信的职业道德准则植根于法律是公平正义的化身和代表。三者之间既有联系也有区别,诚信文化教育在不同学科专业领域必然会呈现出各自的特色。

同时,不同专业领域的诚信文化教育也应当相互借鉴,如著名的希波克拉底誓言是医生职业道德的经典表述,也代表了医疗诚信的文化传统,如何形成会计师、律师等职业的希波克拉底誓言,丰富诚信文化的专业内涵值得进一步探讨。

(三)探索形成诚信文化教育的长效机制

未来应着力探索如何使"六环节—六目标"诚信教育体系的各个环节进一步有效衔接,进一步有机融入办学理念、课堂教学、规章制度、节庆文化和校园环境。

诚信文化教育体系应重在管用实效,做到落细、落小、落实,逐步制定精细化、可操作的规章制度,把底线要求与奖励激励机制相结合,形成长效机制,成为可复制、可推广的诚信文化教育案例。

今后应该在"六环节—六目标"诚信教育体系基础上探索诚信测评要素,建立诚信评价体系,将诚信文化教育视为一项系统工程,实现闭环管理,不断完善立信经验。

(四)逐步构建教师诚信文化建设体系

教师的修养影响着学生品格的形成。我们正探索建设教师诚信教育培训机制、激励约束机制、评价监督机制、平台构建机制,形成"四位一体"的教师诚信育人体系,促使教师在教学、科研、管理等活动中诚信育人。

1. 诚信教育培训机制

对学生思政教育队伍和专业教师队伍开展一系列各有侧重的诚信教育培训。培训分为岗前教育、常规教育、常规活动、职业道德教育四个环节。

2. 激励约束机制

通过树立先进典型,大力倡导敬业爱生的奉献精神。制定师德规范和师德底线要求,开展学术研讨、座谈,倡导教师"严谨治学,诚信为人",恪守教学道德和学术道德。

3. 评价监督机制

把诚信融入学生评教指标、评奖评优工作、院系教学考核中,同时通过教学督导组、学术委员会等组织加强对教师教学、科研等方面的诚信监督。

4. 平台构建机制

倡导鼓励各部门、各院系构建平台,拓展诚信教育空间,策划诚信教育讲课比赛、诚信教育教学研究论文评比等。

(五)建立诚信文化教育的多维联动机制

诚信文化教育的开展需要整个社会营造一种以诚信为荣、失信为耻的文化氛围,建立覆盖全社会的信用档案和征信制度,精神文化和制度文化双管齐下,使诚信成为每个公民的生活方式。

诚信文化教育的开展也需要社区(家庭)成员的微观示范,在熟人群体中,借助亲缘关系相互影响,形成讲信修睦、互助互爱的社区氛围,使诚信成为每个社区成员的共同名片。

诚信文化教育的中心依然是学校,"六环节—六目标"诚信教育体系已经初步形成了一个大学诚信文化教育的可行方案,未来应寻求一个多维的立体模式,在以学校教育为中心的基础上,形成社会、社区(家庭)、学校的联动机制。

目录

绪论

上篇

1 诚信文化的哲学分析

季晓峰

【提要】哲学对诚信的讨论有着古老的历史,近代两位重要哲学家康德和休谟分别从目的论和规范论立场对诚信的解读总结了过去,启发了后来,是西方道德哲学讨论诚信问题的两大坐标。本文围绕这两个向度展开论述,试图理清其来龙去脉和利弊得失,为我们今天从理论和实践角度思考诚信提供参考。

诚信究竟是美德还是规则,哲学的分析主要围绕目的论和规范论两个向度展开。本章分别以康德的实践理性和休谟的功利主义为例来阐述目的论的诚信观和规范论的诚信观的基本思路和要求,然后试图在这两个向度之间寻找契合点,并结合古典主义的态度指出诚信伦理在西方现代性道路上的得失。

诚信在西方哲学中的讨论大致围绕着"正当"与"善"这两条基本理路展开。这两个基本的道德哲学范畴其实就是在追问规则和美德哪个更重要,分别有目的论和规范论两种基本态度。目的论主张诚信来自道德主体的"善良意志"或者"绝对命令"(康德),诚信之善就是自由本身、目的本身,它是以人、人的内在价值以及道德原则为出发点和归宿;规范论主张诚信是保护和实现个体或团体的正当利益或权利的道德屏障和手段(如功利主义哲学家休谟和边沁),它是一种策略和工具,它倚重外在的规范关系,以道德主体的外在利益为出发点和归宿。两个向度各有其合理积极的一面和局限性,目的论无待外求,具有诚信实践的纯粹性,但摆脱具体道德处境的特点使其具有脆弱性;规范论更有实际指导诚信实践的现实功能,但规则是有限度的,规则从诚信实践中抽离出来容易带来更多的问题。

诚信目的论——以康德的"纯粹"实践理性为例

亚里士多德在他的伦理学中区分了"优秀善"和"有效性善",沿着对这一区分的历史发展,在哲学史上对诚信问题的理解也就分出了美德目的论与权利规范论两条路径，它们分别在近代欧洲大陆的理性主义传统和英美的经验主义传统中得到了各自的发展空间。其中，诚信目的论最重要的代表就是德国古典哲学家康德了。

康德(Immanuel Kant)的批判哲学是欧洲近代人文主义思想的顶峰，是对近代启蒙思想高度理论化的总结。他区分了理论理性和实践理性，分别关注知识领域和道德实践领域，在知识领域康德要求限制纯粹理论理性的使用，追问科学的形而上学如何可能；而在道德领域，康德要求用纯粹的实践理性构建他的道德哲学。所谓"纯粹"的实践理性就是说它无关于外部经验，这个领域是属于信仰的。康德在知识领域抵制纯粹性的要求，而在道德领域却不断强化纯粹性要求，体现了康德构建"道德形而上学"与"科学形而上学"的不同思路。这一"纯粹的"、作为目的本身的自由就是康德道德哲学的基本法则：让理性自己服从自己的法则。

康德道德形而上学中的这条属于理性自身的法则就是"绝对命令"，这一命令不是来自任何经验事实，而是如康德在《实践理性批判》中所说的，"是纯粹理性的唯一事实，纯粹理性借此而宣布自己是原始地立法的。"[1]对康德而言，"诚信"这条道德律是以定言的方式提出的无条件的命令，当一个有理性的道德主体敬重这一命令，且将它当作自己唯一的行为动机，这就是理性的自由；"诚信"是作为理性的自由而成为责任或义务的，它是以人为目的的，而且处处彰显人格的尊严。比如，以"你不应言而无信"这条道德命令为例，这不是为了避免出现坏的情况而作为一种外在的忠告而存在的命令，那是假言命令，诚信的选择不是出自本身，而是作为实现另外目的的工具和手段。康德这里所主张的是一种定言命令，"你不应言而无信"意味着不兑现的承诺本身就是坏事，它直接决定人的选择，无需一个另外的通过某种作为而实现着的意图为条件，"它所涉及的不是行为的质料，不是由此而来的效果，而是行为的形式，是行为所遵循的原则"，[2]诚

① 康德：《实践理性批判》，邓晓芒译，人民出版社 2003 年版，第 41 页。

② 康德：《道德形而上学原理》，苗力田译，上海人民出版社 2005 年版，第 34 页。

信之善本身是目的,甚至不管行为的结果如何。之所以是"绝对命令",因为这是"责任的责任",这不是一种我们感性经验到的责任,而是理性的法则。康德还举例说,"即或直到如今还没有一个真诚的朋友,但仍然不折不扣地要求每一个人在友谊上的纯洁真诚",这是一种对于先天法则的敬重心。

康德用"善良意志"来表示这种通过先天根据而规定着理性的观念,目的论的诚信意味着善良意志自己立法,自己守法。诚信不是为了趋善避恶,那是受自然情感的支配;诚信作为"善良意志"无外在目的,它是无条件的、绝对的。就纯粹实践理性来说,诚信就是自由,因为这一理性法则本身即是目的,诚信行为是出于责任。关于诚信作为一种责任,根据康德对道德命令"定言"和"假言"的区分可以将诚信行为区分为"出于责任"与"合乎责任"。就诚实守信而言,选择"合乎责任"的人,为了维护信誉,我不应该说谎;选择"出于责任"的人,尽管于己毫无不利之处,我也不应该说谎。"出于责任"是实践义务,它不是感性的,而是由于理性的原因而成为可能的。这种对他人的诚信责任作为一种道德情感也并不是感性的,而是"一种通过智性的根据起作用的情感,这种情感是我们能完全先天地认识并看出其必然性的唯一情感"①。

这种理性的情感其实就是"义务"或"职责",这对于理解诚信目的论尤为关键。"在一切道德评判中最具重要性的就是以极大的精确性注意到一切准则的主观原则,以便把行动的一切道德性建立在其出于义务和出于对法则的敬重的必然性上,而不是建立在出于对这些行动会产生的东西的喜爱和好感的那种必然性上。"②康德依据"绝对命令"把责任分为四种,即对他人的完全责任、对自己的完全责任、对他人的不完全责任和对自己的不完全责任。"信守诺言"是他用来举证"对他人的完全责任"的例子,就是每个人对他人的信守诺言。他指出,"言而有信"是维持人与人之间关系的一条普遍责任原则,出于责任而诚信和出于对有利后果的考虑完全是两回事情。忠于责任完全有别于因为害怕不利后果

---

①　康德:《实践理性批判》,邓晓芒译,人民出版社 2003 年版,第 101 页。
②　康德:《实践理性批判》,邓晓芒译,人民出版社 2003 年版,第 111 页。

而来的诚实,因为忠于责任对我来说其行为本身的概念就包含着规律,而在另外的情况下,我就得到行为之外去寻找与此相联系的,也与我相关的结果。在康德的目的论秩序中,人是目的本身,道德法则是神圣的,而人作为道德主体其人格也是神圣的。或者说,这是一种"纯粹的"道德主体,不是我们实际经验世界中的具体的人,康德对诚信的目的论态度是在一个摆脱了不纯粹的经验世界的"至善"领域中展开的,也就是说,这是一种纯粹形式探究,而无关乎质料。

康德对诚信作为一种职责的先天设定无疑能使人心生敬仰,而且他严密的逻辑演证更令人叹为观止。目的论诚信观就其本身逻辑来说是严密的,这种自己立法自己守法的道德命令就其本身来说也是纯粹的,但当我们在现实的具体处境中进行道德选择时,它难免显得苍白无力。因为这一诚信原则要发挥作用,需要有至少两个前提条件。第一,这完全倚靠道德主体的"良心"。康德的"善良意志"深受卢梭(Jean-Jacques Rousseau)"良心"思想的影响。卢梭认为良心是至善的,当人处于"自因"地位时,这个良心就会引导人的判断和行动,由良心引导的判断必然是正确的可靠的,卢梭说:"我们天赋的良知是万无一失的善恶评判者。"①然而卢梭也认识到,为什么良心向所有人的心都发出呼声,却只有极少的人才听见呢?卢梭的回答是:良心由于讲的是自然的语言,很容易受到社会的污染、遮蔽,良心容易受到种种偏见的干扰。康德认为,尽管我们都有自己的具体生活准则,但当我们在判断自己和他人的行为是好或者坏的时候,却都要以良心这个内心原则为依据,这一原则归根结底是上帝赋予我们的,却是在我的内心深处发现的。康德的诚信目的论归根到底只对神圣要求感兴趣,事实上在我们的日常生活中,哪怕是他所说的"合乎义务"的诚信行为都难能可贵,更不用说"出于义务"了,其逻辑虽然严密,但很难落实到实际经验层面的诚信实践。第二,这一诚信法则要发挥作用,要求主体内部选择的一致性,亦即动机完全出于职责,而这其实在经验层面上也很难实现。康德的所谓诚信"义务"或"命令"的

---

① 北京大学外国哲学史教研室编译:《西方哲学原著选读》下卷,商务印书馆 2004 年版,第 85 页。

作用机制只是提醒人们一种活动在某些条件下是不诚信的,但他并未告诉我们什么是合乎诚信的活动。而从亚里士多德的伦理学来看,由于不排斥实际经验层面,一个人不论其内在的理性选择还是外在的实际选择,合乎诚信的或者处于诚信的任何活动都是自愿的和抉择的。就是说,康德的道德命令只设定纯粹理性主体一种活动方式,也只有这一种活动方式具有普遍意义,这样,康德的诚信义务就类似笛卡尔主义的"我思",犹如一个空转的无摩擦力的滑轮,无法带动周边形势,纯粹"内在地"尊重道德律就是这种方式的唯一动机。也就是说,要使他的道德命令在经验层面上发生作用,只能唯一地依赖对诚信法则的敬重,这显然只是一个自我设定、自我实现的封闭系统,在现实的诚信实践中无疑显得软弱无力。

康德目的论的诚信观是希望把诚信行为的主体设定为一种优于和外在于任何实际社会秩序的立场和标准。绝对命令是逻辑意义上的,但并不是事实意义上的。将诚信义务或职责与目的、意图、欲望、需要等割裂开来意味着,对于诚信行为我只能问,当我践行诚信义务时我能否一致性地希望人们普遍地这样行事,而不能问行为所服务的目的的意图是什么。康德目的论的诚信观纵然有着纯粹而崇高的道德含义,但试图摆脱社会秩序构建纯粹道德原则可能反而会使人受制于社会秩序而显得苍白。麦金太尔在《伦理学简史》中对康德的目的论态度的评价是比较客观的:"这种探求会使人成为完全顺从社会秩序的奴仆,而不是使人具有这种人的道德:这种人认识到行为准则至少在某种程度上要体现人们在特定社会环境中的欲望和需要。"[①]康德之后,几乎所有的现代诚信道德观首要的问题只涉及"规则","美德"也被界定为依据正当的基本原则去行动的强烈的和正常有效的欲望。美德的优先性于是让位于规则。

---

① 麦金太尔:《伦理学简史》,龚群译,商务印书馆 2004 年版,第 263 页。

诚信规范论——以休谟功利主义诚信观为例

诚信道德之权利规范论,其基本要求是把人的基本"权利"作为核心,侧重于诚信道德对外部强制性规范的倚重。诚信是作为维护个人正当权益的道德屏障,而构成这些屏障的不再是个体或共同体内在的道德原则,而是外在规则。诚信行为从目的论者的"内在关系说"转换成规范论者的"外在关系说",从以道德义务判断诚信行为变成从后果判断诚信行为。也就是说,诚信不再是目的本身,而是工具和手段,是为了实现人的正当利益或者维护其合法权益不受他人的侵犯。当诚信从美德变为"趋利避害"的手段,机会主义也容易产生,为了更好地发挥诚信的功用,就必须更多地依赖通过交互合意订立的契约。规范论的诚信实质上是诚信主体之间在相互信任、相互理解基础上的权利和义务的表白。诚信道德的规范论传统最有代表性的就是功利主义诚信观和现代契约诚信。功利主义诚信观的基本信条是"诚实就是上策",现代契约诚信的基本意思是立约双方为了各自的利益或目的而作出的相互承诺。无论功利主义诚信观还是现代契约诚信观,都是以"权利"为核心,以"利益"为出发点,以规则为实践力量,并且需要一个讲求公平正义的社会环境。这里以休谟的功利主义诚信思想为例来阐述诚信规范论。

功利主义思想最重要的代表人物应该是英国哲学家边沁(Jeremy Bentham),他的"苦乐原理""最大多数人的最大幸福"原则、从后果判断行为的思想等标志着功利主义伦理学的建立。本文试图从英国另一位伟大的道德哲学家休谟(David Hume)的情感主义的诚信思想入手来阐述功利主义视角的诚信规范论,休谟的情感主义不仅包含了边沁的功利主义的萌芽,而且休谟的道德哲学更能与康德形成鲜明对照:"休谟认为,道德判断不可能是理性的判断,因为理性绝不可能推动我们去行动,尽管道德判断的全部意义和目的在于指导我们的行为。"①休谟的诚信思想是一种温和的道德主义，它的根据是某种情感或感觉，诚信道德适合于感觉，而不是判断。休谟在他的《道德原则研究》中有过这样一段话："尽管人们承认，不尊重所有权，社会就不能存续，然而在特定的事情中，一个狡猾的恶棍可能根据人类事务的处理方式的不完善性而想到，一个不公道或不忠实的行为将给他增添一份相当大的财富，而不给社会联合体或联盟造成任何大的破坏。'诚实为上'可能是一条良好的一般规则，但容易有许多例外；人们或许可能认为，一个既遵奉一般规则又从其所有例外中获取好处的人是在以极高明的智慧行事。"②而休谟对不诚信行为的批评也是通过一个诚信者的情感反应来实现的。一个诚信的人"看到恶棍们尽管将他们的狡诈和伎俩全部伪装起来，然而他们自己的准则却又将他们暴露无遗；当他们企图有节制地和隐秘地行骗时，诱人的事情的出现、本性的脆弱就使他们坠入陷阱中，他们不彻底地名誉扫地、不丧失人类将来对他们的信任和信赖，就绝不能由之而脱身。"③从这里，我们看到了"诚实是最佳策略"这条功利主义道德原则。在诚信道德上，休谟认为应该要从感觉状态来解释，而不是从类似康德那种理性的道德命令来解释，如果说康德是个道德理想主义者，那么休谟就是个道德保守主义者。

理性只能用来区分事实真相，而判断善恶则完全要依赖情感。比如要对人的诚信行为进行恰当的判断，首要的前提是弄清事实。我们必须清楚甲对乙是不是有欺骗行为，乙对甲是否曾有过善意的行为，如果没有搞清他们之间的关系，我们就不能妄下断言，因为如果乙不是甲的恩人而恰是其仇人，我们就不能断定甲是不诚信的。所以诚信行为需要理性的帮助来辨别事实。但是，一旦每个细节、每种关系都搞清楚了，理解的作用也就结束了，随之而来的赞扬或谴责，不可能是判断力的作用，而是情感的结果；不是一个思辨的命题或断言，而是一种感受。"我们自己方面留待要做的，仅仅是感受某种我们据以宣布那个行动为

---

①　麦金太尔：《伦理学简史》，龚群译，商务印书馆 2004 年版，第 228 页。
②　休谟：《道德原则研究》，曾晓平译，商务印书馆 2007 年版，第 135 页。
③　休谟：《道德原则研究》，曾晓平译，商务印书馆 2007 年版，第 136 页。

罪恶抑或德性的谴责抑或赞许的情感。"[①]理性的任务是指出行为或品质的趋向，而情感判明它们的正当与否。休谟认为，我们对诚信的赞许有赖于它所带来的效益，而对品行的有益与有害的判断需要理性的辨别。但是并非我们一知道它们的有益或有害趋向我们就能冠之以"善和恶"，因为如果这个目的与我们毫不相干，那么我们也会对其实现手段漠然置之。情感在这里显示出重要性，以便使有益的趋向优先于有害的趋向。这种情感可能正是对人类幸福的好感和对痛苦的反感，因为这些感受正是善与恶往往会促成的不同结果。也就是说，只有情感才能告诉我们诚信的价值：它通过感受、体验诚信行为带来的幸福和不诚信行为带来的不幸来使我们作出赞扬与谴责的判断。所以，诚信是一种感知，它不是对实际情况的描述，而是人们的态度和情感的表达。

在休谟最重要的哲学著作《人性论》中，他对诚信的功利色彩以及规范论要求作了充分的说明。休谟认为人们之所以会践行诚信这不是自然的，人类在契约确立诚信之前，诚信是不可理解的；即使可以理解，它也不伴随任何道德的约束力。诚信行为以及产生其义务的心理活动不是作为一个特殊行为的决心、欲望、意愿，它是对由于诚信而发生的那种"义务"和一种"意愿"，这不同于康德哲学的道德义务，而是完全符合我们日常的思想习惯和表达方法，就如同我们日常生活中听到人们说"我必须信守承诺"这样的话。这种诚信意愿在自身中而不在对象中，但这个诚信主体不是理性主体而是情感主体，休谟对于理性主义的挑战是非常犀利的，诚信道德只是"依靠于我们的情绪，当任何行为或心灵的性质在某种方式下使我们高兴时，我们就说它是善良的；当忽略或未作那种行为、在同样方式下使我们不高兴时，我们就说我们有完成那个行为的义务。义务的改变以情绪的改变为其前提；新的义务的发生以某种新的情绪的发生为其前提"[②]。也就是说，诚信不是一种自然的德性，而是以人的利益和需要为基础的发明。休谟认为人性是自私的，但他并不是性恶论者，他对自私采取了一种情感主义的宽

---

① 休谟：《道德原则研究》，曾晓平译，商务印书馆 2007 年版，第 143 页。
② 休谟：《人性论》，关文运译，商务印书馆 2006 年版，第 557 页。

容态度,而不是用一种神圣原则独断地抹杀自私。我们所要做的不是改正人类的自私,而是通过某种契约、规范给予我们的自然情感以新的方向。通过"诚信"这种间接的、人为的方式比顺从我们欲望的直接冲动,更有助于满足这些欲望。因此,我学会了信守诺言,虽然我对他并没有真正的好意,但我预料到,他会报答我的诚信,以期得到同样的另一次的遵守承诺,并且也为了同我或同其他人维持同样的信任的往来关系。而且,这种自私的交往并不完全取消更为高尚的交往,对于他所亲近的人,互相之间仍可以有不求任何实在利益的关系。从功利主义的角度,人类交往有计较利害的和不计较利害的两种情况,后者是纯粹善良的利他,而诚实守信只在前一种情况即计较利害的交往中才会发生。只有把道德和利益结合,才是一种实际、有效、进步的约束力量,诚信是人类补救社会财富的短缺性和人性的缺陷的结果,它是基于稳定财产关系、协调利益矛盾、维持和谐的秩序而设计的人为法则。诚信之德之所以引起人们的快乐和赞许,"乃是由于应付人类的环境和需要所采用的人为措施或设计"①。

　　作为一种人造德性的诚信不仅能够促进个人利益最大化和增进社会整体利益,而且也能依靠自身来约束背信弃义的机会主义行为,从而在增进利益的同时也创造了美德。规范论的诚信既是以自利为基础而产生的,同时又是在约束自利的基础上指导实践的。比如对于市场经济而言,它不允许不诚信的机会主义行为,越是成熟的市场就越有能力自我消除失信行为,讲信用就是要求在获取自身利益时不能随心所欲地伤害那些对其表示信任的人的利益,信用的约束力来自信任。所以,诚信与自利既相冲突又相兼容。但究竟怎样兼容却是个问题,"诚信是最好的策略"本身意味着自利的动机。功利主义的问题在于功利是一种不确定的标准,每个人对它的理解各不一样。于是这种"后果主义"的规范论必然带来一个问题:每个诚信主体会被两种要求驱使从而产生分裂,一种是普遍的幸福或公共福利,并通过这一要求来理解我们的义务;另一种就是利己主义者个

---

① 休谟:《人性论》,关文运译,商务印书馆 2006 年版,第 517 页。

体的幸福。这是功利主义无法避免的矛盾，因为功利主义的理论基础就是接受了事实和价值的二分，这种分裂从一开始就成立的。这也使功利主义必然受到来自美德目的论的批判，就连功利主义思想家也意识到功利主义的弊端。比如19世纪英国著名功利主义伦理学家西季威克（Henry Sedgewick）就指出："我们的基本道德信念具有两种特征，它们并不构成任何的统一性，而是不可规约的异质性的；并且对它们的信奉也必定是无法论证的。"①但功利主义诚信观相对于美德目的论的好处是，功利主义虽然分裂，但却是开放的；而美德目的论虽然在内部达成统一，其本身却是封闭的。所以，下面有必要谈论一下美德和规则的关系。

在美德与规则之间

目的论和规范论都是西方现代性的重要思想成果，两者关注的焦点不一样，内在理论逻辑也有着重要差别。康德之后的诚信伦理的发展路径基本上是从德性目的论过渡到权利规范论，这也是现代经济社会发展的实际要求所致。通过以上的论述，我们可以看到，西方哲学中的诚信目的论和诚信规范论各有优缺点。目的论的诚信具有美德的纯粹性和统一性，而其缺点是具有脆弱性，特别是诸如康德的备受争议的"自由"概念，这种纯概念的推演怎样介入实际的经验世界始终是个困难；权利规范论更具有现实功用，但去道德化易导致道德缺失，而且作为规范的契约或规则带有主观相对性，还需要有社会公正的环境作为背景条件。因此，把美德和规则统一起来是必要的：纯粹德性的脆弱需要注入外部规则以强化其实际的道德实践力量；外部规则的局限性需要德性的根基来不断支撑和培育它。将诚信伦理的这两条路径建立内在关联不仅仅是关于诚信道德的学理探讨，更具有实际意义的是对思考怎样建设我们的诚信社会有指引价值。

---

① 麦金太尔：《三种对立的道德探究观》，万俊人等译，中国社会科学出版社1999年版，第198页。

我们存在的显而易见的诚信缺失问题的缘由从这里可以找到一些原因:例如,诚信道德的脆弱得不到规则的有效协助,规则的限度得不到诚信美德的文化涵育,规则得不到有效的遵守,美德的优先性让位于规则可能带来的危害,等等。

美德与规则的分离是现代性的危机。无论从理论还是实践来看,诚信毫无疑问首先是一种美德,或者说,作为美德的诚信是本体论意义上的,而作为规则的诚信是外在化、形式化意义上的。外在的规则从内在的美德中分离出来,形成"内"与"外"的二元对立,这是从启蒙运动以来西方现代性的必然结果。休谟提出的"是"(to be)和"应当"(ought to be)的区分实质上在事实和价值之间划了一条鸿沟,它推翻了一切通俗的道德学体系。而通俗的道德体系并没有这样的二元对立,比如传统道德受制于地缘、血缘等关系,一旦某人不讲诚信,他的家庭、家族或宗族成员就会因为他的欺骗行为而蒙受耻辱,影响他们的社会声誉,这种情况下,诚信作为美德和规则是一种原始的统一,诚信意识也是一种身体力行的默会意识。现代性突出个人价值、工具理性、自由民主,使得各要素从原始的统一状态中被剥离出来,现代性的总特征就是分离。但是现代性的努力并不成功,它无法使分离重新达成统一。就拿道德哲学来说,无论是"休谟难题"还是康德的"绝对命令",都不能从根本上解决事实性前提与评价性道德判断之间的矛盾。现代性的道德设计是不完全成功的,我们可以回到古典的亚里士多德主义的道德传统那里,重新寻找美德和规则的统一,古典主义在快乐的生活和道德追求之间保持着平衡。在美德与规则之间寻找统一性,我们需要关注以下两个问题。

首先,诚信美德需要规则的进入。当作为一种纯粹内在性要求的美德进入某个实际的道德处境时,它的脆弱性就要求必须以外在的规则来强化与补充。特别是在现代的陌生人社会中,无疑需要一种强有力的约束机制,使得陌生人的行为变得可预见,其实敬重规则本身也是美德。亚里士多德的伦理学以"公正"为例来说明美德与规则的关系,他区分了"优秀善"和"有效性善",相应地,"公正"也大致可分为"应得的公正"(美德)和"有效的公正"(规则)。在这里,作为美德的公正是按照"功绩"和"应得"来定义的,每一种善都要和他的应得(desert)

与功绩(merit)相符合。"合比例的才是适度的,而公正就是合比例的。"①遵守公正规则的行为被看成是一种美德,在这里,作为"有效的公正"(规则)所必须规定的是"相互性",它依赖各方给那种以公正规则为其结果的交易情况所带来的东西。但这些规则必须为大多数能正常发挥其作用的人接受,并且对不同群体应给予同等的约束。这两种公正品格不同,但并非对立,作为规则的公正为作为美德的公正提供具体的社会历史背景,使得优秀善有具体立足点,并且,只有人们去追求作为规则的公正,美德才能系统培育出来;同时,公正美德为公正规则提供基本前提,对大多数社会来说,如果没有处于优先性的美德,人们难以追求所谓的"有效性善"。对于诚信道德来说,实现美德必须强化规则,但今天我们谈论这个问题与亚里士多德的古典时代是很不同的,在古典时代,这两个方面并非如现代社会那样是两个分离的领域。

其次,规则要以美德为基础。规则是有局限性的,这在前面论述功利主义时已经有分析。正如黑格尔所言,规则、契约毕竟都是一种"任性",它不可避免地要滑向"不法",现代性对外部规则的过分依赖使得规则远离了人。道德哲学的任务绝不仅仅是一门制定规则的学问,其目标永远都是告诉人类如何认识自己生活的目的,如何为实现善的内在目的而培育美德。美德是在撇开并先于规则的确立的情况下被定义的,规则只有在欲图或已经打破它的那个人身上才会体现其功能,否则只是一种摆设,虽然这种摆设不可或缺。但由于规则远离人格,作为一种纯粹工具,它是抽象的,并没有丰富而真实的德性,它无法实际进入丰富的人格世界从而直面善恶的涌现。工具形态的规则永远不能替代美德,一项规则若没有有德之人对它的遵守,永远都是抽象的和孤立的,这正如仅有严格的交通规则并不能杜绝交通事故一样。按照亚里士多德,道德之所以是一种"实践智慧"(phronesis),不仅在于人们的行为必须有规则的引导,而且还必须有赖于对特殊行为处境的了解,而对这些丰富的周边情况,任何系统全面的规则都是无

---

① 亚里士多德:《尼各马可伦理学》,廖申白译注,商务印书馆 2008 年版,第 136 页。

法捕捉的。事实上,亚里士多德古老的"实践智慧"概念已经解决了规则和美德的分离,比如关于城邦社会生活实践中的"公正",亚里士多德说:"在一个由自由公民组成的城邦里,好公民必须既有关于规则的和受规则支配的知识,也必须有关于规则和受规则支配的能力。"①这里,关于规则的知识和关于规则的能力是两个重要区分,就是说,公正不仅是外在的规则和秩序,更重要的是人的一种内在能力或美德。

现在可以看到,目的论的诚信和规范论的诚信这两个维度的开出,既是现代性对古典主义的重要突破和进步,同时也意味着某种倒退。当然进步是首要的,因为现代性本身就是对现存世界的分门别类的科学化处理。就诚信来说,从目的论立场来看,现代性以纯粹理性来规定它,使其成为德性的内在要求,闪现出耀眼的人文主义的光辉;从规范论角度来看,现代性从人实际的经验出发作出了更有效的安排设计,使其成为文明社会的通行规则。这两个维度实际上就是西方哲学的理性主义传统和经验主义传统,在经典哲学的时代,我们虽然处处看到诚信价值的彰显,但事实上,伴随古典主义的没落,我们仍然看到了现代性带来的失落。在诚信道德上,现代性的成功和失落几乎就是同一个问题的两个侧面,这是我们今天的诚信道德建设的重要的历史前提。在中国自身的传统诚信伦理的现代转换中,我们完全应该吸取西方现代性道路上的有益经验并且反思其根本缺陷,结合中国的传统和现实,推进中国社会诚信道德的现代化建设。

参考文献

[1]康德.实践理性批判[M].邓晓芒,译.北京:人民出版社,2003.

[2]康德.道德形而上学原理[M].苗力田,译.上海:上海人民出版社,2005.

[3]休谟.人性论[M].关文运,译.北京:商务印书馆,2006.

[4]休谟.道德原则研究[M].曾晓平,译.北京:商务印书馆,2007.

---

① 麦金太尔:《谁之正义?何种合理性?》,万俊人等译,当代中国出版社1996版,第103页。

［5］麦金太尔.伦理学简史［M］.龚群,译.北京:商务印书馆,2004.

［6］麦金太尔.三种对立的道德探究观［M］.万俊人,等,译.北京:中国社会科学出版社,1999.

［7］麦金太尔.谁之正义? 何种合理性? ［M］.万俊人,等,译.北京:当代中国出版社,1996.

［8］亚里士多德.尼各马可伦理学［M］.廖申白,译注.北京:商务印书馆,2008.

［9］戴维·罗斯.正当与善［M］.林南,译.上海:上海译文出版社,2008.

［10］邓安庆.正义伦理与价值秩序:古典实践哲学的思路［M］.上海:复旦大学出版社,2013.

［11］宋希仁.西方伦理思想史［M］.北京:中国人民大学出版社,2010.

［12］北京大学外国哲学史教研室.西方哲学原著选读［M］.下卷.北京:商务印书馆,2004.

2 诚信文化的经济学分析

高晓娟

【提要】本选题从经济学角度阐述了社会诚信的经济内涵和诚信建设的经济理论,通过分析我国诚信危机的经济基础、产权制度安排缺陷及法律的缺失,探索建立诚信文化的经济建设措施;倡导构建诚信评价体系,引导社会各经济主体诚实守信。

随着市场经济体系的逐步建立和完善,我国的经济发展取得了举世瞩目的成就。然而由于缺乏符合市场规范的信用体系,在当前我国社会经济生活的诸多领域,无论是在个人层面、企业层面还是部分政府机构中,衍生出许多诚信缺失现象,诸如假冒伪劣、坑蒙拐骗、弄虚作假、瞒上欺下、虚造数字、"形象工程"等不一而涉足,有些甚至已经达到非常严重的地步。据有关部门调查,我国由于市场交易缺乏信用监督,使得每年国内生产总值10%~20%为无效成本,因信用缺失导致的直接和间接损失高达6 000亿元,中国每年税收流失占GDP的比重约为3%~5%。市场经济的诚信危机,信用关系的严重扭曲和普遍的道德风险行为,形成我国经济进一步发展的严重制约。

西方诚信文明起源于契约精神,是在商品经济充分发展的基础上确立起来的,有着强烈的重商主义色彩。博弈论研究表明:而在一个市场发育不完善,监督乏力的环境中,博弈方无论对方是否诚信,在违约成本绝对小于违约收益的情况下,都会选择违约背信,选择失信作为自己的最优策略。产权理论研究也证实了由于产权不明确,在约束软化、监督乏力的情况下容易生成的诚信缺失。

本选题试图从经济学意义上分析诚信缺失的经济基础和制度规范,从而建立起适合我国经济建设发展的诚信教育体系,指导诚信社会的建立。

一、诚信建设的经济学研究综述

诚信文化,从思想渊源上看,诚信作为一个重要的社会道德范畴,是源远流长的社会伦理观念中一个重要原则。它首先是指人的一种观念、意志和品质。同时,诚信又是一种经济契约,约束交易主体的诺约和践约行为,形成平等交易、信守合约的市场活动的前提和基础。

(一) 古代诚信的基础

1. 中国古代诚信

诚信作为一种文化现象依托于一定的经济基础,并为现实社会存在所决定、制约。"诚信"(trustworthiness)是中国传统文化的重要范畴。

(1) 诚信起源于对神灵的敬畏和虔诚

"诚"观念起源于人们对鬼神的祭祀,"诚信"是人们对待神灵应有的态度,祭祀祖先所应体现出来的感情,是天道对人道的一种要求。《礼记·礼器》云:"《经礼》三百,《曲礼》三千,其致一也。"这"一"即"诚"之意。"君子之于礼也,有所竭情尽慎,致其敬而诚若。""信"最初体现的是一种人神关系应该具备的一种态度或状态。此时的人们更多的是受到神灵威力的约束和对神的警惧,而不是已经自觉地意识到人与人之间本就需要以诚相待。《礼记·曲礼下》云:"约信曰'誓',莅牲曰'盟'。"孔颖达疏曰:"约信曰誓者,亦诸侯事也。约信以其不能自和好,故用言辞共相约束,以为信也。若用言相约束以相见,则用誓礼。故曰誓也。"

《大学》开"人道之诚",《中庸》则在《大学》的基础上,参考道家的宇宙观,开启"天道之诚"的先河。《中庸》曰:"诚者,天之道也;诚之者,人之道也。"即"诚"是天道的体现,是自然的本性,是与生俱来的,如天体运行,四时的更替,表现出一种至诚无息的状态;而作为"人道之诚",是伦理价值意义上的人道,是人类模仿学习自然之道的结果。"诚"是天道与人道的契合点,也是天人合一的基础。

(2) 诚信规范商业行为的辅助作用

诚信作为重要的商业道德准则,我国有最详细文字记载的商业领域诚信的源起当属西周,在《周礼·天官·小宰》中记载了"传制""质剂""书契"三种契约形式,由"质人"负责管理,通过契约保证商业诚信。先秦时期出现了以诚信为保证的赊销商业行为,到了汉代诚信与契约的关系以"信"和"约"的概念表达,认为"信可使守约,做事可法"。在繁荣的唐代更加重视商业诚信的作用,设置了自成体系的官吏掌管市场的交易,评议物价、监校斛斗秤度、为双方订阅和发放买卖契约、征收商税、管理市场秩序,同时唐律中明确规定不得有以次充好、缺斤短两的不诚信行为,"诸造器用之物,及绢布之属,有行滥、短者而卖者,各仗六十",用法律来维护和培育商业诚信。

第一,辐射范围为"熟人社会"。在传统的中国社会中,人们活动范围比较狭窄,社会的风俗习惯、舆论导向和道德规范对人们行为的引导作用明显。正如费孝通所言:"乡土社会里从熟悉得到信任。……这信任并非没有根据的,其实最可靠也没有了,因为这是规矩。……乡土社会的信任并不是对契约的重视,而是发生于对一种行为的规矩熟悉到不假思索时的可靠性。"在一个重人情的社会里,失信的代价让人难以承受,诚信已然成为人们安身立命之本。第二,超功利的道义性。中国传统诚信道德重修养轻利益。认为要达到道德修养的最高境界,就必须消灭人们的欲望。"义"是利的前提和基础,离开了"义","利"就成为无源之水,无本之木。第三,实现途径是以自律为主,缺少法治的要求。中国社会传统是把诚信作为一种道德规范,而非法律规范。儒家并不是从外在经验世界的推演中或者借由理智的建构来建立道德价值的本性,而是把至善的价值源头根植于人的本性之中,通过人的修养和躬行实践体征到终极的形上境界,使人性与天道之间融洽合一,毫无间隔。

2. 西方的诚信文明

西方诚信文化可以追溯到古希腊和古罗马。诚信在西方不仅是一种伦理道德要求,而且也是商业道德所必须遵循的规范。《圣经》中的"摩西十戒"将"不作伪证"作为基本的道德戒律,中世纪的基督教将"信""望""爱"作为最基本的伦理要求,人们所熟知的亚当·斯密的《道德情操论》则论述了商业道德范畴的诚信。

（1）西方诚信文明起源于契约精神

古罗马开创了契约诚信时代，罗马人在异邦人和各民族的贸易中，通过契约的形式建立了"具有公共信用（Public fides）性质"的商业诚信。在近现代欧洲，随着市场经济的形成和发展，诚信以法律的形式严格加以规定，从法律上确立了市场经济的诚信原则。1804年《法国民法典》第1134条、1135条规定："契约应诚信履行之"，"契约不仅依其发生义务，并依照契约的性质，发生原则、习惯和法律所赋予的义务"，规定了履约诚信。1900年《德国民法典》第242条规定"债务人依诚实和信用，并参照交易上的习惯，履行给付"，从单纯的履约诚信发展到债务履行诚信。

（2）西方诚信文化核心是商品经济的重商主义

西方的诚信观念是在商品经济充分发展的基础上确立起来的，因而在价值取向上表现出明确的功利性。西方历史上在古希腊时期即已推行重商主义政策，因此，商业贸易发展较早，商品经济相对发达。社会不但肯定合理的个人利益，而且还鼓励人们通过合法的手段追求财富。在商品交易中，双方或多方当事人订立合意性契约，在这种契约关系中，大家都必须信守承诺，才能使自身利益实现最大化，成员之间自愿同意信守合意性契约。不难看出，在西方社会，"诚信"并非"出于伦理的狂热"，而是人们在重复博弈、反复切磋的过程中，谋求长期的、稳定的经济利益的一种策略选择——在市场竞争的公平要求下，经济主体必须做到诚信，才能避免个人利益的受损，才能促进社会合作，联手谋求更大的利益。马克斯·韦伯曾引用本杰明·富兰克林的"信用就是金钱"的名言，对功利主义信用伦理观作了最直白的表达。显然，如果不能带来预期的经济效益，诚信就难以成为商品交换关系中各方普遍遵循的道德原则。

（3）西方诚信文化的广泛性和平等性

西方诚信文化超越了血缘亲属关系而进入社会公共领域，打破了狭隘的时空限制，进入到"陌生人社会"，其诚信文化中的诚实信用原则更具有广泛性和普遍性。西方的诚信观建立在伦理和宗教的共同基础之上，西方社会早期的频繁陆商、海商行为和其后的"重商主义"以及最终资本主义制度的形成,使得"契约"意识得以深入人心。由于市场关系参与者的广泛性与商行为的社会性,西方诚信文化的作用范围不着眼于身份而注重平等主体间的合意,因此,西方的诚信文化是陌生人间的诚信,其作用范围较大,可以跨越家族、民族乃至国家的界限。

(二) 现代诚信的经济内涵

从经济学意义上看,在市场经济条件下,现代诚信具有如下作用和意义:

1. 现代诚信是一种契约精神

当代社会诚信应是以市场经济为基础,以私法(民事法)为保障,以商品社会中的自然人和法人的自由选择为前提的,所体现的是公民、法人之间的一种契约精神,是对契约、规则、法,以及自身人格的忠诚和信誉的保证。具体说,诚信就是公民和法人在商业活动中对自身承诺的履行和责任的承担,以及对自身信誉的珍惜和维护。现代社会中的诚信则是人们在商业活动中,在公平的基础上建立起的一种对利益相互承诺的关系,其中以"物的联系,货币关系代替了人的依赖关系"(马克思语),在这个过程中契约双方暂时排除了人与人之间的血缘亲情和社会人情关系,以利益、契约、规则和法为唯一的选择。从长远看,它不仅有利于规范社会经济关系,而且还会促进人们感情稳固,带来情感与利益、契约的统一,这些都是和市场经济相亲和的。

2. 现代诚信是一种公共诚信

现代社会诚信不仅指公民和法人间的商业诚信,而且是建立在社会公平基础上的公共诚信,是社会公共领域中的基本公共规则,包括国家、政府、社会、各党派组织和全体公民对宪法和法律的尊重意识,以及政府的公正、社会的公信、企业在平等竞争中的信誉和个人的信用等。在现代社会,"公平"是关于权利和利益合理分配的即是人类对社会成员相互关系的合理设计和理想安排。"它的核心意义是均衡和合,它按照不偏不倚的原则,在政治、经济、法律,与其成员之间以及社会成员之间权利与义务的统一。

3. 现代社会诚信是一种理性意识

现代社会中的诚信不仅是一种民事活动的基本原则,是一种责任伦理意识,更主要的还应该是一种公民与法人的理性意识。就是说,在社会公正、法制健全的社会中,在公民、法人趋利性的内在推动下,诚信会变成公民、法人实现商业赢利基本的道德素养,因为,"信任可以在一个行为规范、诚实而合作的群体中产生,它依赖于我们共同遵守的规则和群体成员的素质。"在此影响下,有理性的法人和公民都会认识到,遵循诚信的原则,自律于诚信不仅对社会而且对自身有益,从而学会正确认识和选择自身的利益,产生理性意识。

(三) 诚信建设的经济理论

借助经济学的理论审视诚信建设和诚信危机,有助于我们对它形成一个客观的理性认识。诚信文化建设的经济学分析主要用博弈论、不对称性信息理论、不完全契约与产权理论进行剖析。

1. 博弈论

博弈论译自英文"Game Theory",从经济学博弈理论的角度看,诚信的形成过程是主客体双方不断重复博弈的结果。博弈的双方总是充分运用自己的完全理性或有限理性、能力来寻找对自己最优的策略,从而形成一个纳什均衡状态。从长远的角度看,博弈的双方都诚实守信,长期合作则达到"双赢"的目的。总之,诚信的缺失作为经济活动中的违约行为,是博弈双方选择最优策略的结果。而最优策略的指导方针来自违约成本与守信利润的分析。

在一个市场机制完善、法制健全、监督到位的环境中,博弈一方的违约成本会高出自己的违约收益时,就会在市场的自发进行的惩罚和激励下,博弈双方都会选择诚实守信作为最优策略,保持守信利润的长期最大化。而在一个市场发育不完善,法制还有待健全,监督乏力的环境中,博弈方无论对方是否诚信,在违约成本绝对小于违约收益的情况下,都会选择违约背信。这样,博弈的失信方就会选择失信作为自己的最优策略,而博弈的守信方在守信受损的情况下,为避免利润和成本的再次受损,也会选择失信作为自己最优策略。最后的情况就变成了博弈双方都选择失信作为自己的最优策略,反过来进一步恶化了整个社会的诚信环境,双方很难形成卓有效率的纳什均衡状态,更不能达到帕累托最优。

2. 不对称信息理论(Asymmetric information)

英国剑桥大学教授詹姆斯·莫里斯(James Mirleees)与美国哥伦比亚大学教授威廉·维克瑞(William Vickery)在信息经济学中提出的重要理论,用来揭示不对称性信息对交易所造成的影响及相应的对策制定。一般情况下,信用市场中授受信主体所掌握的信息资源是不同的,受信主体对自己的经营状况及其信贷资金的配置风险等真实情况有比较清楚的认识,而授信主体则较难获得这方面的真实信息,他们之间的信息是不对称的。在信用合约签订之前,非对称信息将导致信用市场中的逆向选择;而在信用合约签订之后,产生信息优势方(受信主体)的道德风险行为。这些已经成为委托代理理论分析的起点和前提假设(Arrow,1989;张维迎,1996)。

然而不同授受信主体之间的信息不对称程度是不同的,这种信息的不对称程度主要表现为授受信主体双方对信贷过程所拥有的信息在数量及质量上的差异程度,我们一般用信息结构来表示。以银企信贷关系为例,假定通过银行贷款融资的企业存在两种类型:经营状况良好、信誉较高的企业(G)和经营状况较差、信誉较低的企业(B)。又假定 G 企业的贷款风险 β_g 较低,而 B 企业的贷款风险 β_b 较高,$\beta_g < \beta_b$,并且决定两种类型企业的风险概率分布不同,β_g 的概率为 P_g,β_b 的概率为 P_b,每一时期影响企业风险大小的外界因素是随机的。企业完全知道自己的类型,而银行并不知道其真实类型,只能通过某种渠道获得企业的信息,依此判断企业 G 的风险概率为 η_g,企业 B 的风险概率为 η_b,设 $\eta_g < P_g$,$\eta_b < P_b$。那么银行获得企业 G 贷款风险的真实信息的概率为 $(1-P_g+\eta_g)/P_g$;银行获得企业 B 的贷款风险的真实信息的概率为 $(1-P_b+\eta_b)/P_b$。两者的信息不对称分别为 $(P_g-\eta_g)$ 和 $(P_b-\eta_b)$。由于 B 型企业更希望得到银行贷款的资金,其隐瞒信息的激励高于 G 型企业,所以 $(P_b-\eta_b) > (P_g-\eta_g)$,即银行与风险较高企业的信息不对称程度高于与风险较低企业的信息不对称程度。$(P_g - \eta_g)$ 和 $(P_b - \eta_b)$ 的大小取决于银行对非贷款申请报告的信息投入,银行的信息投入越大,η_g 和 η_b 就越接近于 P_g 和 P_b,非对称信息的程度就越小。银行最佳的信息投入量由边际收益等于边际成本时的均衡点决定。

通过上述分析可知,信息不对称程度越大,市场交易中,产生逆向选择与道德风险的可能性就越大,授信主体的信息成本就越高,市场的交易费用也就越大。在一个市场经济秩序尚未建立的国家,企业及个人的信用评级体系还没有建立,授信主体很难通过市场获得受信主体的真实信息。另外,信用法规尚未建立,相应的立法及执法体系还不健全,企业及个人制造虚假信息几乎不受成本的约束,虚假信息的普遍存在进一步加剧了信用市场中的信息不对称程度,使授信主体面临超常的道德风险问题,造成信用市场严重的信息制约。

3. 不完全契约

不完全契约是相对于完全契约而言的,所谓完全契约是在最大可能的程度上明确规定未来所有状态下契约所有各方的责任与权利,将来各方都不需要再对契约进行修正或重新协商。而不完全契约是指契约中包含缺口和遗漏,可能不会提及某些情况下各方的责任,而对另一些情况下的责任只作出粗略或模棱两可的规定(Hart,1998)。产生契约不完全的根本原因来自三个方面:①契约双方的有限理性。由于受信息传递、认知能力、计算能力和人的心理因素等条件的限制,契约双方在复杂多变的不确定的金融环境中,其行为的理性是有限的,很难对长期内可能发生的各种情况都做出全面的计划安排,签订契约时条款的遗漏将不可避免;②第三者无法验证。Hart 认为契约规定的项目中,有一些内容是第三者无法验证的,即这些内容虽然对于契约双方都是清楚并明确规定的,但对于其他局外人则是无法体验和观察到的,所以在出现纠纷时,第三者(如法院)很难确定哪一方违约并按规定执行处罚等,造成了契约的不完全(Hart,1998);③信用制度的不完善。由于制度缺陷导致契约双方的行为难以得到约束,在某一方违约时而不承担相应的违约责任,造成契约的不完全。

4. 产权理论

在当代人类社会,有市场经济就会有市场失灵,并且都与产权制度有密切联系。明确的产权制度给交易的双方提供了一个追求长期利益与重复博弈的诚信规则,确保了诚信经营的可能性。相反,如果产权不明确,产权权能结构性分离,形成关于产权的多重权能主体,就很容易导致权利与责任不统一。在监督不力的情况下,交易方很容易做出不负责的行为,从而引发诚信危机。以产权全能分解过程中导致产权不明、责权不清的典型表现"委托—代理"为例,可以很清楚地看出在这种关系中由于产权不明确,在约束软化、监督乏力的情况下生成的诚信缺失。

一般来讲,资产的委托—代理有三个层次:首先是所有者作为股东将资产委托给企业法人代表—企业董事会(所有者 vs 支配者),其次便是企业董事会将经营管理权委托给经理(支配者 vs 管理者),最后便是经理将资产的具体使用权委托给生产者(管理者 vs 生产者)。从所有者到支配者,从支配者到管理者,再从管理者到生产者,必须要有及时有力的监督才能保证企业的生产效率,并在此基础上提升整个社会的经济效率。而监督的及时有力合理的先决条件便是要有明确清晰的产权制度。产权不明确,就会导致这四个层面在这三个层次运行中的权利、责任与风险不清晰。这样,其中任何一个环节的投机与懒惰行为,都会让企业背上失信经营的黑锅。各全能主体的刺激必须与他相应的责任匹配—明确的产权,明确的责任。这样,企业内部做到了诚信运行,为外面潜在的企业合作者也提供了一个可靠的追求长期利益的物质保障。

二、诚信危机的经济现状与分析

(一)诚信危机在经济生活中的体现

市场经济本质上是以契约为基础的信用经济,这就要求市场的经济参与主体重诚实、守信用。由于市场经济体制本身的不健全与人们对这一经济理念本质把握的不到位,使得经济领域的诚信危机尤为严重,具体表现在:

1. 经济主体契约合同履行难,特别是企业拖欠企业、银行的现象普遍

据有关部门统计,近年来合同交易只占整个交易量的 30%,合同履行率只有 50%。很多企业为了避免上当受骗,都选择"一手交钱,一手交货"的传统交易方式,而不是高效率低成本的信用结算。选择以货易货、现金交易所造成的有形与无形资产损失难以用数字计算。有资料显示,我国每年因为逃避债务造成的直接经济损失 1 800 亿元,由于合同欺诈造成的直接损失约 55 亿元,由于三角债和现款交易增加的财务费用约 2 000 亿元,经济主体为不履行合同付出了沉重的代价。另外,企业拖欠银行的债务更是司空见惯。据中国人民银行统计,截止 2010 年末,在工、农、中、建、交银行开户的改制企业为 62 656 户,涉及贷款本息 5 792 亿元,经金融债权管理机构确认的逃废债务企业为 32 140 户,占改制企业的 51.29%,逃废银行贷款本息 1 851 亿元,占改制企业贷款本息的 31.5%。恶意逃废银行债务,致使银行本息无收,使银企的下一步合作蒙上了阴影,这对于银企双方的发展都非常不利。"赖账"作为市场运作中的普遍现象,大家似乎对此早已习以为常,不再有太多的感觉。很多企业明明有能力偿还债务,却故意拖欠,能赖则赖,正所谓"欠债人"是"爷","讨债人"做"孙"。

2. 产品从生产到销售,假冒伪劣产品横行

商品生产者从商品的生产到商品的销售,利用与消费者之间的信息不对称,失信经营,假冒伪劣产品市场横行。中国似乎是假货的天堂,遍地都是各种仿制的国内外工业产品与商标。相比于假冒产品,伪劣的"问题"产品则更加显得触目惊心。以"问题"食品为例,如致癌大米,潜水油,瘦精肉,油瓜子,黑心月饼,等等。产品的生产者往往都是通过以次充好,以假乱真的手法换取低成本,甚至零成本以获取暴利的。菜篮子早已不安全了,已成了社会不得不接受的一个事实。这几年,食品安全问题成为老百姓最关心的问题。2012 年,全国工商行政管理机关受理食品申诉 83 235 件。不法分子的突出表现是:制假售假直接进入日常

消费食品领域,甚至利用工业化学品生产加工有毒食品,民以食为天的"食"已拉响了警报。作为社会个体不可缺少的衣、食、住、行中"住"的状况又如何呢?商品住房问题同样不容乐观,成为消费者投诉的热点。根据中国消费者协会的统计资料,我国自2002至2012年,因住房质量问题而进行投诉的占投诉总量的68.13%~78.15%,而住房的质量问题的表现可谓应有尽有、五花八门:偷工减料、渗水漏水、墙体裂缝、地基下沉、材质低劣,等等。食品问题与住房问题作为关乎国计民生的大事,由于企业和商家的诚信缺失,使国民是"吃也吃不好,睡也睡不香"。原本是"上帝"的他们,有着自己绝对的权益去享有。但一些企业与商家的见利忘义却让"上帝"在憋屈中慢慢倒了下来。

3. 市场中介组织蓄意失范,"经济警察"助纣为虐

我国市场经济领域里的中介组织是随着政府直接干预市场运行职能淡化后逐步发展起来的。其扮演的角色被誉为市场经济的"看门人",对促进政府与社会、政府与企业之间规范的契约关系发挥着重要的桥梁作用。特别是有着"经济警察"之称的会计事务所、法律事务所、资产评估事务所这些中介组织,作为社会公正性中介服务机构,其活动为交易的双方提供了一个公平交易的尺度。其客观公正、不偏不倚地为客户服务,程序合法,方法科学,结果客观可靠,使自己赢得了广泛的公信力。同时,其也促进了生产要素市场的发育与发展,推动了社会主义市场经济体制的完善和健全,从而为市场经济的诚信运行提供了有力的保障。但现实中的情况却是各类中介组织与企业合谋,干起了"监守自盗"的勾当,提供虚假信息,帮助企业偷税漏税,过度包装美化企业。这些都源自暴利的诱惑,使企业与中介组织达到"默契双赢"的目的。最终的局面是这些核心中介组织提供的低质量信息让自己的信誉扫地,发展前程也因此而丧失殆尽。

4. 金融信用缺失,特别是上市公司与银行信用的缺失,使金融行业身负重创

近些年来,先后有银广夏、TP红光、东方锅炉、大庆联谊、蓝田股份、琼华侨、啤酒花等上市公司明目张胆地欺诈市场与广大交易者。以成都中院受审的

TP 红光公司及公司四个涉案负责人欺诈发行股票案为例,可以窥视上市公司不择手段的违法违规到了无人能及的地步。TP 红光原主要负责人,为了使公司股票在 1997 年 2 月顺利上市,大胆调整 1996 年财务,变实际亏损 5 377.8 万元为 19％年度增长净利润为 5 428 万元,欺诈上市。而虚假上市公司神话的破灭,轻则造成银行业的巨额坏账,重则会彻底摧毁当地的金融链条,致使一大批企业破产倒闭。

银行信用作为诚信是现代经济中最集中的表现,其实际水平的高低已成为衡量一个国家信用水平的标准。当前,我国银行信用的受损一方面来源于银行贷款过程中形成与积淀的大量不良资产。一般来讲,即使最严格的信贷管理,也难免会出现一些不良资产。从国际情况看,一般国际商业银行不良资产占全部贷款的比重都小于 10％,大部分都能控制在 5％以内。相比之下,我国的不良资产过多就不属于正常范围之内了。我国 4 家国有独资商业银行的不良贷款比例最高时曾经达到 25％,是国际标准的 5 倍之多,形势不容乐观。银行信用受损另一方面则是由于银行的以贷谋私所引发的。很多银行在向企业贷款的过程中明目张胆地索要回扣,成为银企双方默认的潜规则。银行因这两方面所带来的诚信危机,对金融的稳定,乃至整个经济的稳定、健康发展已形成制约,甚至是严重的消极影响。

(二) 诚信危机的经济学分析

关于诚信危机的研究,比较普遍的观点有"道德规范说""加强法治说""建设制度说"等。按照理性人假设原则,在信息不对称的条件下,守信或失信行为都是在即定偏好的约束下个人得失计算的结果,因此,在分析这一问题时,我们将运用经济理性与预期效用理论对商业失信行为给予一个经济学的解释,并寻找与之对应条件下的对策。

影响失信行为,造成诚信危机发生的因素是多方面的,但最主要的还是游戏规则的影响。诚信作为一个人最重要的品质之一,用金钱是无法买到的,而诚信的价值也正在于此。它直接能够弱化合作中由于信息不确定而带来的影响。诚信行为不但与社会等因素相互影响，而且直接影响着一个社会的经济秩序。尤其在经济转轨时期，市场经济秩序、法律秩序还不十分完善的情况下，个人信用与社会为之所求之间往往存在着较大的矛盾。

按照经济学的观点，在商业经济活动中的个体总是追求其目标函数效用值的最大化，其逻辑的出发点为理性的经济人，我们同时将这一假设作为我们分析问题的一个前提。

以 N 和 L 分别表示经济交往中正的收益和由于失信而带来的收益，则失信时的个体经济收益为 $N+L$。当然任何失信行为都是有成本和代价的，失信行为之所以发生，就是因为当事人心存一种逃避失信代价的侥幸，当然，如果他估计到这种代价（对失信的惩罚）大于他从这一行为中的收益，他自然会信守承诺了。假设经济个体能从失信行为中承担失信代价的概率为 $P(0<P<1)$，则失信的条件为：

$$(1-P)(N+L) \geqslant N \tag{1}$$

反之，经济个体守信的条件就是：

$$N > (1-P)(N+L) \tag{2}$$

如果失信行为受到惩罚，使失信者信守承诺，补偿由其失信行为给受害人带来的经济损失，除此以外再不承担任何道义的风险，比如说在一个经济环境中，人们从心理上变得麻木，适应了或者是默认了失信行为，不视之为一种耻辱（事实上，这种情况常常存在。债务人往往不以"借钱不还"为耻，反以为荣。而且以"反正要钱没有，要命一条"为盾牌大肆要赖，这时社会道义的力量往往显得很苍白。）或是失信人认为由于信息传递的不畅，更多的人并不能及时了解其失信行为的道义瑕疵，甚至出现社会中介机构与经营者共谋来隐瞒真实信息以坑害消费者的局面，如上市公司的包装，则上面（2）中的守信条件就需要修正，因为失信的收益还包括失信行为遭受惩罚后，还能够从事其他正常经济活动带来收益。

若以 N_0 表示未失信时所能获得的收益，N_1 表示失信行为受到惩罚以后所能获得的正常收益，则诚信的条件就变为：

$$N_0 > (1-P)(N_0+L) + N_1 P$$

如果在惩罚了失信行为以后，为了加大失信者的失信成本，我们对失信者采取一个更为严厉的手段，法律上加大其惩罚力度，从道义上使其遭受严厉的谴责，让一个高效的信息传递机制推广于众，让其在以后的经济生活中难以为继等等。假设这种包括道义惩罚的其他失信成本为 M，则以上的诚信条件进一步修正为：

$$N_0 > (1-P)(N_0+L) + N_1 P - MP$$

上面条件又可以整理为：

$$(N_0 - N_1) + M > L(1/P - 1)$$

在这里，我们把 $L(1/P-1)$ 定义为失信的诱因（Temptation），它是按照一定的概率计算的失信的私人收益，左边可以看成是失信的私人成本。它由失信而遭受的损失 N_0-N_1 和包括道义损失的其他成本 M 构成。从这种失信的诱因来看，它与惩罚失信的概率 P 成反比关系，在不同的经济关系中，P 取不同的值，而且基本上是常量值，影响 P 值大小的一个关键因素是信息传递机制的效率；而这种失信收益则与失信诱因成反比关系，并且在惩罚失信概率一定的情况下，失信诱因则主要取决于这一失信收益的大小，这里，失信收益取决于在经济交往中博弈双方的状况。显然在个体面对一个群体的时候，博弈的结果一般来说会向群体有利的方向倾斜。因此，在我们制定惩罚失信者的方案时，保护弱者的利益是不无道理的。

在失信诱因既定的情况下，失信的私人成本为 $(N_0-N_1)+M$。它包括失信行为遭受惩罚时的经济损失以及失信者所面临的社会道德风险在内的其他成本。在 N_0 既定时，失信行为受到惩罚以后所能获得的正常收益 N_1 与失信净成本成反比关系，如果一个人因为一次的失信行为而导致其身败名裂，走投无路，

既失信后的收益 $N_1 \leqslant 0$，那么 N_0 便全部成为失信的代价，这样，要加大失信的私人成本，有两条途径：减小失信惩罚后的经济收益和加大失信者的社会道德风险。比如说完善法律机制、建立良好的个人信誉档案机制、建立完善的社会信息传输机制，等等。

失信行为之所以发生，是因为失信行为可以带来额外的失信收益，当然，失信者同时也要承担与之相关的风险，一般来说，短期经济行为中更易发生失信行为。因为短期经济行为中私人收益与成本和社会收益与成本之间存在着矛盾，这样，以社会利益（或者是集体利益）为代价谋取个人利益的可能性就会大大增加，结果必然导致失信行为的发生。然而，如果博弈能够重复，则理性的经济个体显然将会尽量减少失信行为的发生，因为在长期利益存在的情况下，失信行为所承担的损失大于其未来的收益。下面我们运用预期效用理论对失信行为进行收益—成本分析。

在假定经济个体有一个固定的时间预算 t 从事守信与失信的活动，一个固定的时间来维护自己的社会形象，比如参加公益活动，社会赞助，为自己做广告，等等。用 t_I 代表参与失信活动的时间，用 $t-t_I$ 代表参与合法活动的时间。

假如在一段时间内只有下列两种情况会发生：a. 失信者遭受惩罚的概率为 P；b. 失信者没有遭到惩罚的概率为 $1-P$。

如果状态 a、b 发生，失信者所得到的各种收益值，则有：

$$X_a = L(t_I) + N_0(t-t_I) - M(t_I)$$

$$X_b = L(t_I) + N_0(t-t_I)$$

在以上两个公式中，把个体变量看成是时间的函数，则预期效用由各种状态发生的概率加权而得：

$$EU = P \times U(X_a) + (1-P)U(X_b)$$

EU 为预期效用，$U(X)$ 为收益所带来的效

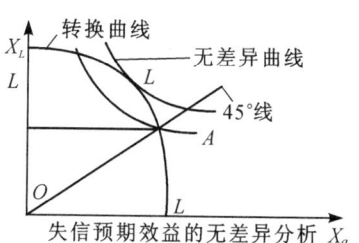

失信预期效益的无差异分析

用,对于经济个体而言,决定其失信与否的决策主要取决于对各种状态预期的评判。我们借用"腐败预期效用分析"中的无差异曲线对此进行分析。

在上图中,横轴 X_a 表示失信者被惩罚后的收益值,纵轴 X_L 表示失信者未被惩罚时的收益值,由上图可以看出,如果经济个体把他的全部时间预算 t 都用于守信行为,其结果是唯一确定的,即 $L(0)=0$、$M(0)=0$、$X_a=X_b=N_0(t)$,即无差异曲线与 45°线相交的点 A 处。在这一点,转换曲线的斜率的绝对值必然大于无差异曲线的斜率的绝对值,亦即在这一点,对经济个体失信的预期收益必然大于预期的惩罚,所以,理性的经济个体必然会做出失信行为。另外,在其他条件不变的情况下,由于惩罚的预期边际成本上升,则失信的激励则会降低。同样的,由于失信所带来的收入增加或现实的收入减少,则失信的边际报酬就会提高,这将会大大地激励失信行为的发生,使得起初想守信的经济个体受到诱惑而加入到失信的行列中来。

三、诚信文化建立的经济制度安排

诚信文化的形成,来源于经济环境的构建和养成,是一个长期而艰巨的任务。中国传统文化中的诚信本质上更多的是一种修身养性的根本原则,是一种德政和德性品质要求,是对上天的敬畏而使心灵得以净化的过程。它依赖于人的良心人格,相对来说,缺少必要的外在利益制约力量。美德诚信的传统使中国人形成了重诚实而轻信用、重诺言而轻契约、重自律而轻他律的文化心理倾向。相形之下,西方的诚信更多的是建立在契约法律关系和观念之上,是一种对自我利益的追求而不是人格追求,在本质上是一种外在规则守信而不是内在德性诚信。

在当今中国,从历史的传承性看,在道德层面,早已丢失了对神灵、上天的敬畏和崇拜。无所畏惧感使得诚信缺失应有的道德底线。不相信灵魂,不相信回报,不相信有天堂和地狱,不相信神灵,不相信宗教;只顾及今生,注重享受,注重物质的所得,生命之外的事漠不关心,或者说,没有敬畏感,没有信仰,甚至是没有灵魂。没有道德底线,不相信"抬头三尺,即有神明",无所畏惧,为所欲为,从而缺少诚信的内在约束。

同时,另一方面,中国传统社会,契约观念是一向比较淡薄的。中国人不习惯契约约束和制度规范。在市场经济条件下,交换关系扩展到整个社会,交易的复杂性、专业性和广泛性无法依靠传统的情感力量来维持的。因此,现代社会必然要求生发出一种新的信任模式——以契约为理据的信用。契约的出现,不仅通过对风险的限定而减少了信任建立的不确定性及非理性,使信任的建立获得了普遍的基础和客观的标准,而且扩大了诚信的范围,打破了血缘、地缘的限制,使得陌生人在缺乏互信基础时也能合作共事或顺利交易;同时,契约通过违约的惩罚,也减少了为诚信付出的代价。但是在我国的市场经济活动中,至今缺乏真正契约意识和契约规范,使得诚信守信成为空中楼阁。

因此,在目前的中国经济发展现状中,严格的诚信规范和完备的制度规则是营造一个良善运行的外部伦理环境的依托。建立普遍有效的社会信用体系,以保证社会交往的公平与效率,既是市场经济本身的客观诉求,也是社会交往主体的一种内在需要。

(一)加快诚信经济立法,为诚信原则提供有力的法律制度保障

信用制度在社会信用体系中起到至关重要的作用,又是社会信用体系的重要部分,市场的秩序需要制度来进行规范,信用制度的执行程度直接影响着社会信用体系完善的效果,是社会信用体系发挥作用的关键因素之一,市场信用制度的核心是市场信用立法,而立法的重点是构建市场信用体系的法律规则。在西方发达国家的经济发展历程中,市场信用制度是经济发展的有利条件,其发展程度标志着经济的成熟程度。

发达市场经济国家的社会信用体系建设,因各国国情和立法传统等方面的差异,形成了三种不同的模式:一是以美国为代表的完全市场化运作模式;二是

以欧洲为代表的以政府和中央银行为主导的模式；三是以日本为代表的会员制模式。

美国的信用立法就是典型的市场主导型。政府不直接参与经营，只负责立法规。市场主导型信用立法模式可以减少政府投入，有利于信用行业的竞争和发展，但也存在着许多问题，因为信用中介机构是由非政府建立的，所以专业水平没有保障，水平高低不一，对信用产品和服务质量就不能够确保，被征信者的权益可能会被侵害。

西方的市场主导型立法方式不适合我国实际国情，鉴于我国正在进行的深化改革和仍然继续发展的市场经济状况，政府作为市场信用的监管主体，有责任主导市场信用体系建设。与西方发达国家相比较，我国不仅缺乏市场化传统，而且具有政府对国民经济和社会发展进行宏观调控的特色，因而市场信用立法不仅调整市场主体的交易关系，而且调控经济与社会发展关系。我国信用立法势必要建立在社会发展的基础之上，不可能只顾市场发展，市场主导型的信用立法在我国行不通。但是，我国的信用立法也需要借鉴西方发达国家的一些宝贵经验，采取政府推动、市场化运作的发展模式，制定出适合自身发展的信用体系，促进经济、社会的全面进步。

（二）社会诚信管理体系制度的制定与不断完善

社会诚信主体各司其诚信之责，搞好了自身的诚信建设，才会有社会诚信风尚的形成。同时，社会诚信建设作为一个系统工程，必须制定一个宏观层面上的社会诚信管理体系，并确保其规范有序地进行。这一社会诚信管理体系主要是由政府牵头，成立专门的诚信管理局来加以组建。

社会诚信管理体系的内容基本上由以下几个方面组成：首先是全国性的企业和个人信用信息数据库。利用政府独有的优势，协调银行、工商管理、财政、税务、质检、审计、公检法等部门的开放数据而建立，具有较高的权威性与可靠性。其次，一系列由政府制定的社会诚信体系的"游戏规则"是其核心内容。主要包括市场准入机制、失信约束机制和处罚机制、信用评估机智、评估方法和管理办法、数据信息采集和使用方法。再次,便是社会诚信管理的法律制度支撑。政府应加快专门的诚信立法,并确保实施。还有,社会诚信教育作为社会诚信管理体系的精神支柱和智力支持,也是这个体系不可忽略的一部分。最后,便是社会诚信管理的科学研究。其以社会诚信管理出现的问题为出发点,在积极探讨的基础上,构建出一些创造性的诚信管理模式;同时,认真总结社会诚信管理中的有益经验,使之升华到理论的高度加以推广,为将来社会诚信管理体系的完善奠定雄厚的理论基础。总之,政府在这个社会诚信管理体系的构建过程中是总的拓荒者,需要其付出艰辛的努力才能逐步建立起来。并随着社会的前进,立足国内,放眼世界,不断去完善这一诚信管理体系,最终得以发挥出其重大的作用。

完整、准确的征信数据库,记录了失信者的失信事实,这是失信惩戒的事实依据。征信数据库的建设对失信者的惩戒发挥了直接与间接惩戒的作用。一方面信息共享的部门或机构如银行、工商、海关等,通过数据库可以了解和掌握个人或是企业的有关信用信息,直接惩戒失信者的失信行为,让失信者付出高额的失信成本;另一方面在法律的规定范围内,把征信数据库中的正面信息与负面信息向全社会发布,使其覆盖全社会,发挥间接惩戒的作用。在社会上形成一种"守信者光荣,失信者可耻"的道德风尚和舆论导向,对"失信"行为进行猛烈的抨击,让失信者既要承受社会舆论批评的成本,又要承受自身道德意识的谴责,而且还要冒可能在社会上寸步难行的风险。失信惩戒机制,一方面,提高违约曝光率和曝光面、重视交易者的信用历史,这将有利于提升失信者丧失获得潜在收入流的机会;另一方面,强化惩罚性执法力度、提高违约者惩罚损失将有利于增加失信者的违约预期成本,两者合在一起都将增加失信者的机会成本。

(三) 明确产权关系,建立契约经济

在市场经济条件下,企业是独立的"法人",无论是国有企业的财产,还是其他企业的财产,都是法人财产并受法律保护,不同企业法人之间的财产是相互独

立的,即使终极所有者相同的企业之间的法人财产也是相互独立的,它们之间发生债务、债权关系,也需要订立契约并按契约的约定了结债务、债权关系。因此,在市场经济条件下,需要经济交易主体具有法人财产观,只有树立了法人财产观,经济交易主体才有完整的守信意识,各种经济交易才能顺利完成,信用关系才能建立。

市场经济是契约经济,大部分经济交易是在陌生人之间通过契约来实现的,契约当事人在平等自愿的基础上订立契约并履行契约的约定,违约者将按照契约的约定受到应有的惩罚,以保证经济活动的顺利进行。由此可见,传统人伦信用观不能满足社会主义市场经济的要求,市场经济条件下需要的信用观是契约信用观,契约信用观是一种开放的具有普遍适应性和平等性的信用观,它打破了熟人圈的限制,使任何个人和组织都可以在平等自愿的基础上建立广泛的信用关系。因此,构建和谐社会信用文化必须将儒家传统人伦信用观转变为契约信用观。

四、诚信经济评价机制

解决社会诚信缺失的问题,除了要建立健全诚信教育宣传体系,建立和完善诚信的法律支持体系,加快信用立法工作之外,更重要的是应建立专门的诚信评价机构,用科学的评价方法、明确的评价内容、规范的等级标准来准确反映社会诚信状况,建立诚信信息查询服务体系,逐步实现部门间和全社会的诚信信息共享。并在此基础上,加快诚信数据的开放与诚信数据库的建设,建立统一、规范、透明的信息披露制度,加强舆论监督,真正做到制度上完善、法律上约束、舆论上监督,使"诚信者走遍天下,失信者寸步难行"。

(一) 建立诚信评估经济指标体系时应把握的原则

1. 定性分析与定量分析相结合

评价社会诚信,要从反映经济主体承担经济承诺和维持自身信用的诚信能力各个方面入手,对市场主体在日常生产经营、经济生活过程中的信用记录、基本素质、经营水平、财务状况、盈利能力、管理水平和发展前景等因素进行综合分析与评价,以定量分析为基础,在定性分析的配合下共同完成,将客观评价方法与主观评价方法相结合,综合评价市场主体的诚信能力。

2. 静态分析和动态分析相结合

一般来说,如果社会市场主体是诚信的,则它的各项诚信指标如信用记录、财务状况等在各连续时期应存在一定的"惯性"或"时滞"。因此,在评价分析经济主体的诚信状况时,既不能只看它的过去,又不能不看过去而去做无依据的预测和展望。在对主体的过去及现状分析和前景预测方面,要保持一定的比例关系,以现在为主。

3. 保证指标体系的科学性与系统性

社会诚信确定指标体系要能比较全面、直接地反映社会经济主体诚信状况,且尽可能多地利用已有的信息资源,降低数据获取成本。设计的指标体系既要有科学依据,能真正反映出企业诚信的内容,又要全面、系统,不能只重视某一方面的指标和内容而忽略其他方面,还不能使指标重复、虚设。

(二) 社会主体诚信评价经济指标与方法

所谓社会主体诚信,实质上包含两层含义,一是各社会主体是否积极主动履行自己承诺,从而使其保持良好的诚信记录,这主要可从经济主体以往履行承诺的记录来反映;二是经济主体将来是否具备保持良好信用水平的能力。因此,我们把社会主体的诚信评估指标体系分为两部分:守信指标体系和信用能力指标体系。两部分是相辅相成的,守信守规守法是诚信建设的主体,也是信用能力强的表现。而信用能力强反过来又推动主体进一步做好守法守规守信。

守信指标体系的构建主要是通过构建社会经济主体过往的信用指标来分析其守信的历史。如果是企业的,相应的指标可以选择公司经营独立状况、公司法人治理结构、公司内控制度建设状况、信息披露情况、募集资金使用情况、重大资产重组情况、财务真实性情况、相关监管部门处罚情况等几类。如果是个人,可以选择居住状况(居住年限、变化的频率等),工作单位(工作单位状况、工作年限、工作单位的转变频率等),个人的收支状况(收入的稳定性、支出的数量、稳定性和结构等),个人的负债状况(债务数量、结构、偿还计划、偿还资金来源、资产负债率、负债的担保抵押状况等),违约调查(契约关系履行状况、违约的情况以及违约的程度等)。

信用能力指标的构建主要是通过构建社会经济主体财务状况指标和经济实力指标来分析其兑现经济承诺的能力和保证。如果是企业,相应指标主要可以选择盈利能力指标(总资产收益率、净资产收益率、营业利润率、盈余现金保障倍数等)、偿债能力(流动比率、速动比率、现金比率、资本周转率、资产负债率等)营运能力(应收账款周转率、总资产周转率、固定资产周转率、库存周转率等)发展能力(包括销售收入增长率、技术投入比率、总资产增长率、资本保值增值率等)。如果是个人,相应的指标主要可以选择个人的收入(收入来源、收入结构、薪资结构等),个人资产(个人的房产价值、银行储蓄、专有技术、专利、版权、保险、有价证券价值等),教育背景(家庭背景、受教育程度、职业特征等)。

在统一标准的基础上,对社会主体的诚信评价,以 100 分为基数,按扣分制进行打分,得到诚信状况的具体分数。将诚信程度进行四级风险分类,即正常类(A 类),得分 80 以上),一般类(60~80 分),风险类(40 分),高风险类(40 分以下)。社会主体诚信评价,以企业为例,具体包括:

1. 对社会的信用调查与评价

根据社会主体提供的自述资料,逐笔核实,并向债权人(或合作伙伴)、主管部门广泛开展调查访问,发放"调查评价表",让债权人做出评价,表达真实意图。如从税务机关获得企业的纳税情况,有无欠税、欠税金额及拖欠时间,有无偷税、逃税或抗税的违法行为;从劳动和社会保障部门获得企业劳动法律法规执行情况,有无拖欠职工工资和职工养老保险、失业保险和医疗保险金等情况;从金融机构获得企业在本行贷款额、本息归还情况,有无逃债、废债的行为;从工商行政管理部门获得经济主体有无生产、销售假冒伪劣商品,有无坑蒙欺诈消费者等问题;从供货单位(包括其他债权人)获得企业合同履行情况,拖欠货款金额、拖欠时间,有无债务纠纷等。

2. 对社会主体信息质量的评价

在全面认真核实经济整体经济状态的基础上,计算出相应的指标,如果是企业,参考指标有资产负债率、流动比率、存货周转率、产销或购销率、销售货款回笼率、销售利润率等指标,获得反映企业财务状况和经营成果的真实资料,与企业公布或报告的信息对比,考察企业财务账目有无弄虚作假的行为,企业对外公布和报告的各类信息和报表是否真实可靠、是否及时完整,有无故意隐瞒、虚夸等现象。

参考文献

[1]郑有国.试论诚信经济的基础[J].亚太经济,2002(6).

[2]宋希仁.论信用和诚信[J].湘潭大学社会科学学报,2002(5).

[3]周中之,刘方.诚信的道德价值[J].伦理学研究,2003(1).

[4]付秀勇.弗里德曼自由经济制度伦理思想[D].江西师范大学,2007.

[5]施惠玲.制度伦理研究述评[J].哲学动态,2000(12).

[6]夏伟东.论诚信与市场经济的关系[J].教学与研究,2003(4).

[7]蒋海.不对称信息、不完全契约与中国的信用制度建设[J].财经研究,2002(2).

[8]樊祥鲁,杨全文.商业诚信:从经济理性与预期效益角度考察[J].财经科学,2002(3).

3 诚信文化的法学分析

胡荣荣

【提要】诚信是人们在政治、经济、文化、社会生活各领域开展合作的规范基础。基于不同的理论视角,诚信将呈现出不同的内涵。在现代社会中,诚信不仅是市场经济活动的一项基本道德准则,更是现代法治社会中原则的一项基本法律。诚信原则是把属于道德范畴的诚实信用、善意无欺等内容上升为法律意识,成为具有道德内涵的法律规范。本章试从法学视角出发,通过介绍诚信原则的历史沿革和法律内涵,比较法律和道德两个维度上诚信原则,阐明我国法律中诚信原则的具体内容,进一步探索从法律角度推进诚信建设的思路。

一、诚信原则法律化的历史沿革

诚信,从中文字义上简单来说就是"诚实守信",在中国传统社会中,儒家文化中的诚信作为一种重要的社会道德规范维系着整个社会秩序,起着教化、调节和导向的社会功能。作为法律内容的诚信最早出现在罗马法中。诚信的拉丁文符号是"bona fides",在西方法制史上,诚信原则最初表现为罗马市民社会中的商业道德规范。在古罗马时代,商品经济高度繁荣,罗马人在商业活动中通过订立契约达成交易的意愿,并相互承诺遵守契约的规定。这种"信用必须遵守"的规范最初并非来自法律的强制性规定,而是罗马人在商业活动中为了更好地追求利益、开展合作而自发形成的商业伦理。但随着商品经济的进一步繁荣,罗马人在履行契约的过程中往往为追求利益而规避契约,并引发一定的道德风险,仅靠道德自律无法惩治不诚信的行为。因此,立法者引德入法,把属于商业道德范畴的诚实信用、善意、合作精神等上升为法律意识,通过道德法律化的途径将诚信原则上升为法律原则,成为具有道德内涵的法律规范。

罗马法中的诚信包括契约诚信和诉讼诚信两方面的内容,前者是对债务关系当事人的诚信要求,后者是对法官进行裁判的司法要求。立法者要求当事人和法官都要遵守这一原则,最终实现诚实信用原则在法律上的适用。公元六世纪东罗马帝国皇帝查士丁尼颁布的《法学阶梯》(The Institutes of Justinian)中将"为人诚实"作为基本的法律原则。在古罗马法中,契约的缔结过程可以体现出对于当事人承诺的重视：

"问：你承担吗？

答：我承担。

问：你承诺吗？

答：我承诺。

问：你是出于真诚而承诺吗？

答：我是出于真诚而承诺。

问：你保证吗？

答：我保证。

问：你将给我吗？

答：我将给你。

问：你会做吗？

答：我会做。"[1]

这数问数答强调当事人为人诚实、信守承诺，问答的过程充分说明在古罗马法中缔结契约必须遵从诚信的原则，这一规定对后世的民事立法产生了深远的影响。

在近代资本主义社会中，以"天职、节俭、信用"为主要内容的新教伦理是资本主义现代文明的主要精神动力。[2] 商业社会的诚信文化建立在契约论基础之上，强调"信用必须严格遵守"（faith must be observed），甚至认为"信用是一方在道义上对其他人的意愿所负有的义务"（a trust is an obligation of conscience of one to the will of another）。这种契约诚信是在陌生人社会的交往群体中发展出的外在诚信规则，强调人与人之间的合作，是资本主义商业社会伦理的核心价值之一。在近代资本主义大陆法系国家的成文法典中，诚信原则最早作为契

---

① 查士丁尼：《法学总论——法学阶梯》，张企泰译，商务印书馆。
② 马克斯·韦伯：《新教伦理与资本主义精神》，于晓译，三联出版社。

约法的内容。1804年《法国民法典》规定"契约应以善意履行。"①1896年《德国民法典》规定："合同的解释,必须依照诚实信用所要求的方式,并考虑交易习惯。""债务人有义务依照诚实信用所要求的方式并考虑交易习惯履行给付。"②可见,在德国民法典中诚实信用原则不仅适用于合同关系,而且扩大成为债权法中的一项原则。1907年《瑞士民法典》第一次将诚实信用原则由契约法延伸至一般民事法律活动,成为民法的一般原则,进一步确立了诚实信用原则在民法中的地位与作用。瑞士民法典规定无论何人均应依照诚信行使权利、履行义务,并且规定债法部分中关于契约的成立、履行与解除的一般规定,对其他民事法律关系也同样适用。瑞士民法典之后,各国在民事立法领域也先后将诚信原则法律化,成为各国通行的民事基本法律原则。

在英美法系国家中,尽管早期并没有通过制定法来确认诚实信用原则,但衡平法和判例法在很早就确认了诚实信用原则。在20世纪中期,美国借鉴了大陆法系国家民法典中关于诚信原则的规定,在《统一商法典》和《第二次合同法重述》中确立了诚信原则,规定"诚信与公平交易之义务,对于任何合同,任何一方当事人在其履行和执行中均负有诚实信用和公平交易的义务。"

二、诚信原则的法律内涵

法律视野中的"诚信"往往被表述为诚实信用原则,指不进行任何欺诈、恪守信用的要求,即要求人们在民事活动中应是讲求信用、严守诺言、诚实不欺,不得规避法律和滥用权利,在不损害他人合法利益和社会利益的前提下追求自己的利益。设立民事权利义务时,本着实事求是的态度,不弄虚作假,不隐瞒重大情节;在民事权利义务设定以后,应恪守信用,严格依照法律或合同行使权利、履行义务。一般来说,"诚实"强调主体的内在德性,是对个体的单向道德要求;"信

---

① 《法国民法典》,罗结珍译,中国法制出版社。
② 《德国民法典》,陈卫佐译,法律出版社。

用"则偏重于"外信于人",强调人们在社会交往中恪守诺言、相互信任,是针对社会群体的交互行为提出的双向或多向要求。诚信是社会成员追求长期稳定利益的最优选择。在博弈过程中,人们只有秉承诚实信用原则,才能对彼此之间的经济交易、契约行为、未来规划等形成合理的预期和信心,摆脱社会关系中的偶然性、任意性因素的困扰,从而形成良性的社会关系,并最终实现自身利益的最大化。如果没有诚信,社会交往和交易组织就无法建立起来,任何违背诚信义务的做法,都会挑战社会合作的基础。因此,人们根据诚实信用原则对行为正当性进行法律评判,可以维护双方或多方当事人利益平衡,并求得个体利益与社会利益的平衡。诚实信用原则被奉为现代民法的最高指导原则,被称为"帝王条款"。①

　　法律意义上的诚实信用原则不是传统意义上的道德诚信,而带有西方文化中的契约精神,是道德原则的法律化,具有衡平性、强制性和概括性的特征。第一,诚实信用原则的衡平性特征是英美法系衡平法精神与大陆法系民法诚实信用原则的融合和体现,认为诚实信用原则为法官手中的衡平法,一切法律关系应根据具体情况按正义衡平原则进行调整,从而达到个案的具体公正。法律关系内容因具体情况而不同,当事人可能基于自私而利用漏洞,牺牲他人利益以实现自身利益。在个案中,法官应从道义衡平原则出发,站在立法者角度决定这些关系,谋求当事人利益的平衡。诚实信用原则反映民法根本目的,是重要的裁判依据。在个案中,当个案特殊性与法律规定的一般性出现矛盾之时,如果严格适用法律条文的字面规定将导致实际上的不公平,则在此情况下审判机关可背离不适当的字面规定,直接依据诚实信用原则处理个案。第二,诚实信用原则的强制性是法律诚信区别于道德诚信的重要特征。因为诚实信用原则体现社会根本价值,对这些价值的不尊重以至破坏,将会危害整个社会赖以存在的根基,因此当事人必须无条件地一体遵循诚实信用原则。除在个案中维持当事人双方或多方

---

　　① 徐国栋著:《民法基本原则解释》,中国政法大学出版社。

利益平衡之外,诚实信用原则的重要价值还体现在寻求当事人与社会之间的利益平衡。当事人在社会生活中本着诚实、善意的心理与行为来行使权利、履行义务,不得侵害他人的合法权益,法官也应根据公平正义的观念进行司法裁判,对违反诚实信用原则的行为进行否定性评价并进而进行制裁,从而在全社会中树立法律诚信。第三,诚实信用原则具有概括性的特征,内涵与外延还具有一定程度的不确定性。这种概括性是指法律对民事活动主体的行为模式、保障手段没有进行预先设定,没有对其权利义务的内容作出具体、详细、明确的规定,而是作为法律原则具有一定的弹性空间,授予司法裁判者以自由裁量权,或者说授予法官空白的委任状,使其进行能动的创造性司法活动。

三、法律的诚信与道德的诚信

如前所述,诚信原则是道德原则的法律化。法律诚信是作为一项法律原则,从外部作用于行为人的行为规范,以国家强制力为后盾而发挥规范作用。同时,诚信还作为道德诚信,是行为人的内在行为规范,以道德力量为支撑而发挥作用。两者各有其自身的特定含义,但相互之间又有着紧密的联系,甚至在一定程度上混淆着法律与道德的边界。因此有必要对诚信的这两个向度加以辨析。

第一,从两者的性质上看。道德诚信是作为一项道德准则,要求人们言语真实,恪守诺言,强调行为人的操守和自律。诚信作为我国传统道德的基本规范,是儒家文化君子修身养性的首要原则;法律诚信作为一项法律原则,是指当代各国在法律上尤其是在私法上普遍规定的诚实信用原则,强调的是规范与监督,具有作为法律原则的约束力。

第二,从两者的适用范围上来看。我国传统的道德诚信是伴随"礼治"文化的生成而生成,发展而发展。在传统的熟人社会中,"礼"确立了差序格局,诚信也必须服从这一根本要求,其派生出来的是不同的要求和标准。这与西方建立在契约精神基础上的商业诚信也是有很大差别的。法律诚信是基于商业伦理的民法基本原则,是陌生人之间的行为准则。每一个人对其他的任何人都是有基本的社会责任,这种社会责任实现的手段是社会契约,表现为互惠与合作。由此我们可以看出:道德诚信具有区域性,而法律诚信具有普适性。

第三,从两者实现的保障机制上来看。中国传统道德诚信是人的自我修养和追求的一种精神境界,是自我实现的道德人格,是做人的自律标准。违反道德诚信可能会受到舆论的谴责和良心的不安,但一般不会受到外在的强制性惩罚。法律诚信是制度诚信,它来自于制度的保障。法律诚信作为民法的一项基本原则源于古罗马诉讼中的司法原则。在这种诉讼中,法官可斟酌案情自由裁量,根据当事人在法律关系中依诚信应为的标准调整其权利义务,不必严守法规和拘泥于形式,而按公平正义的精神作出恰当的判决。

两者有区别也有联系。作为一项法律原则,法律诚信来源于道德诚信。正如美国大法官霍姆斯所言,法律是人们道德生活的见证和外部沉淀,法律的历史就是一个民族道德演进的历史,法律领域诚实信用原则的构建实际上也是社会成员道德秩序构建的过程。罗马法学家西塞罗认为最理想的生活莫过于顺其自然,最高的品德为明达、正义、慷慨及谦恕,因此,"勿害他人""诚实处事""待人如己"等原则,成为罗马社会流行的格言。费雷伊拉认为诚信是被吸收到法律中的人类生活关系要素,但法律并非在不赋予其术语的精确性的情况下吸收它,而是把它转化为一个法律概念。换言之,诚信并非立法者的创造,它有先定的内容。立法者不过把这一内在于人类行为的原则扩张于全部人类行为的最广泛的领域,把它确定为规则是为了使其具有法律效力。这时,先前的自然的诚信就被转化为人为的诚信。简言之,费雷伊拉认为诚信是道德的法律化。法国学者希贝尔也认为,诚信是立法者和法院用来将道德规则贯穿于实在法的手段之一。以上说明法律诚信是以相应的道德诚信作为基础和依托。另一方面,道德诚信也必须有相应的法律诚信作为保障。因为法律是最低层次的道德。这一最低层次的道德常常要被纳入法律调整的范围才能增强其强度。道德毕竟只能靠社会舆论、风俗习惯、内心信念得以实施,对于一些不具备最基本的道德素质的人,必须运用法律的强制手段才能保证社会的正常秩序。

我国传统的道德诚信是自然经济和宗法社会的产物,是主要适用于封闭的、以血缘和地缘为纽带的朋友和熟人之间的伦理准则。因此中国传统上缺乏与市场经济相适应的,能够支撑市场经济发展的社会化的道德诚信。我国法律文化中的诚信源于对西方文化中的道德诚信的移植。中国传统的道德诚信与西方文化中的道德诚信具有基本相同的内涵和要求,但也有实质性的区别。西方文化中的道德诚信是在地处地中海的罗马帝国繁荣的海外贸易和简单商品经济充分发展的基础上建立起来的。当时罗马人制定了详尽的债权法,特别是合意性契约规定了当事人双方的权利义务,同时也把诚信作为民事法律基本准则之一,即根据"公平""正义""善意"的原则,表示意思者的真实意图的行为准则。可见,西方的"诚信"一开始就是建立在商品交易基础上的,是深入扎根于经济生活的土壤中,强调的是经济因素的个人品质,往往与效益、成本联系在一起的,它具有普适性。而中国传统的道德诚信则是以血缘关系为纽带,以宗法伦理为核心的。因此,中国传统的道德诚信虽然为法律诚信的引入奠定了一定的伦理基础,但要使得我国传统的道德诚信成为法律诚信所依托的道德准则,决不可忽视改造其不适应的一面。

四、我国法律中的诚实信用原则

在我国法制史上,诚实信用原则作为的民法基本原则最早可以追溯到《大清民律草案》,其中第二条明文规定民事法律关系的当事人行使权利履行义务应依诚实及信用方法,这是我国历史上第一次明确将诚实信用原则规定在法律中。在 20 世纪 30 年代,国民党政府颁布了"六法全书"之一的《中华民国民法》,这是我国历史上第一部民法典。这部中华民国民法典延续确立了诚实信用原则,但只在债权篇中作了规定,而没有把诚实信用原则置于民法基本原则的地位。我国台湾地区仍然沿用了这部民法典,并于 1983 年通过民法修正案的方式将诚实信用原则的适用范围覆盖到了全部民事活动,确立了超越债权法的诚实信用原则,最终以其在民事法律生活领域的重要性成为民法领域当之无愧的帝王条款。

新中国的民事立法受大陆法系影响较大,也确立了诚实信用原则。于1986年通过的《中华人民共和国民法通则》第四条规定:"民事活动应当遵循自愿、公平、等价有偿、诚实信用的原则",这是新中国立法中第一次明确将"诚实信用"这一道德原则上升为民法的基本原则。在这之后,《民法通则》第五十五条规定民事法律行为应当"意思表示真实",作为民事法律行为生效的三大要件之一。第五十八条规定"一方以欺诈、胁迫的手段或者乘人之危,使对方在违背真实意思的情况下所为的"民事法律行为和"恶意串通,损害国家、集体或者第三人利益的"民事法律行为是无效民事行为。《民法通则》作为民事一般法,上述规定也为具体民商事立法中诚实信用原则的确立奠定了基础。

在1994年施行的《中华人民共和国合同法》中,诚实信用的法律原则得到了进一步的确认。合同法第六条规定"当事人行使权利,履行义务应当遵循诚实信用原则",诚实信用原则作为合同法的基本原则适用于合同订立、修改、履行、解除的全过程。① 在合同法的第五十二条和五十三条中,还对合同当事人违背诚实信用原则订立合同的行为进行了规制,规定"一方以欺诈、胁迫的手段订立合同,损害国家利益;或恶意串通,损害国家、集体或者第三人利益"订立的合同为无效合同;规定"一方以欺诈、胁迫的手段或者乘人之危,使对方在违背真实意思的情况下订立的合同"为可撤销或可变更的合同,"受损害方有权请求人民法院或者仲裁机构变更或者撤销"。除缔约过程外,第六十条针对合同履行过程中的诚信原则作出了具体的规定:"当事人应当遵循诚实信用原则,根据合同的性质、目的和交易习惯履行通知、协助、保密等义务。"按照合同法学的一般理论,合同的履行是一个前后相续、辩证统一的完整过程,合同义务除合同阶段外,还包括

---

① 徐国栋:《诚实信用原则研究》,中国人民大学出版社。

订立合同的准备阶段和合同终止后的善后阶段，相应存在"先合同义务"和"后合同义务"。在我国合同法中，根据诚实信用原则对先合同义务和后合同义务也作出了规定。第四十二条规定当事人在订立合同过程中如有假借订立合同、恶意进行磋商，故意隐瞒与订立合同有关的重要事实或者提供虚假情况，或者有其他违背诚实信用原则的行为，给对方造成损失的，应当承担因缔约过失造成损害赔偿责任。第四十三条规定"当事人在订立合同过程中知悉的商业秘密，无论合同是否成立，不得泄露或者不正当的使用。"第九十二条规定"合同终止后，当事人应当遵守诚实信用原则，根据交易习惯履行通知、协助、保密等义务"。除此之外，在合同的解释中，合同法第一百二十五条将诚信解释列为合同解释的基本方法，即在合同文本有多种解释时，要根据诚实信用原则确定何种解释为当事人的真实意思表示，排除不符合诚实信用原则的解释，在合同的约定有漏洞时，依据诚实信用的原则予以补充。

在民事立法之外，诚实信用原则在我国商事立法中也有充分的体现。在保险法领域中，由于保险合同是一种射幸合同，极易诱发道德风险，诚实信用成为订立、履行保险合同的重要基础。在早期的海上保险中，作为保险标的的船舶或者货物在投保人投保时可能已在海上或在其他港口，在当时的技术条件下，真实情况如何只能依赖于投保人的告知；保险人根据投保人的告知决定是否承保及估算保险风险、确定保险费率。因此投保人或被保险人告知的真实性对保险人来说有重大的影响。在保险法律关系中，诚信原则对保险合同当事人的要求较一般的民事合同要求就更高、更具体，即遵守最大诚信原则。经过长期立法和实践的发展，最大诚信原则已经成为现代保险法的基本原则之一。我国保险法也将"最大诚信原则"列为基本原则，《中华人民共和国保险法》第五条规定："保险活动当事人行使权利，履行义务应当遵循诚实信用原则"，要求保险合同双方当事人在订立及履行保险合同的过程中，必须以最大的诚信全面而完整地履行自己应尽的义务，互不欺骗和隐瞒有关保险标的的重要情况，严格遵守保险合同的约定和承诺。在保险法中，最大诚信原则不仅是一项基本的法律原则，还通过诸多具体法律规范进行确认和保障,具体包括投保人或被保险人如实告知的义务及保证义务,保险人的说明义务及弃权和禁止反言义务。《保险法》第十七条和第十八条规定:"订立保险合同,保险人应当向投保人说明保险合同的条款内容,并可以就保险标的或者被保险人的有关情况提出询问,投保人应当如实告知","投保人故意隐瞒事实,不履行如实告知义务的,或者因过失未履行如实告知义务,足以影响保险人决定是否同意承保或者提高保险费率的,保险人有权解除保险合同。投保人故意不履行如实告知义务的,保险人对于保险合同解除前发生的保险事故,不承担赔偿或者给付保险金的责任,并不退还保险费。投保人因过失未履行如实告知义务,对保险事故的发生有严重影响的,保险人对于保险合同解除前发生的保险事故,不承担赔偿或者给付保险金的责任,但可以退还保险费。""订立保险合同,保险人应当向投保人说明保险合同的条款内容","保险合同中有关保险人责任免除条款的,保险人在订立保险合同时应当向投保人明确说明,未明确说明的,该条款不产生效力。"第三十七条规定"在合同有效期内,保险标的危险程度增加的,被保险人按照合同约定应当及时通知保险人,保险人有权要求增加保险费或者解除合同。被保险人未履行前款规定的通知义务的,因保险标的危险程度增加而发生的保险事故,保险人不承担赔偿责任。"由此可见,最大诚信原则作为保险法的基石,其效力贯穿于整个保险法。除保险法外,我国其他经济法中也确立了诚实信用的原则。如《消费者权益保护法》规定"经营者与消费者进行交易,应当遵循自愿、平等、公平、诚实信用的原则。"《广告法》规定"广告不得含有虚假的内容,不得欺骗和误导消费者。"《反不正当竞争法》规定"经营者在市场交易中,应当遵循自愿、平等、公平、诚实信用的原则,遵守公认的商业道德。"《证券法》也明确禁止内幕交易、虚假陈述、证券欺诈等违背诚信原则、扰乱证券市场的行为,并对其进行规制。

对于民商事领域违反诚实信用原则的行为,不仅民商事立法作出了规制,这种严重的欺诈行为如果构成犯罪,还将进行刑事制裁,追究当事人的刑事责任。我国《刑法》第二百六十六条规定了诈骗罪,规定行为人以非法占有为目的,用虚构事实或者隐瞒真相的方法,骗取国家、集体或个人的财物数额较大的行为构成犯罪。《刑法》还具体规定当事人以非法占有为目的,在签订、履行合同过程中,骗取对方当事人财物,数额较大的行为构成合同诈骗罪;违反国家金融管理法规,妨害国家金融管理活动,使国家金融管理秩序和经济利益遭受严重损害的行为构成破坏金融管理秩序罪,具体包括金融诈骗罪、保险诈骗罪、信用卡诈骗罪等。除此之外,诚信原则也体现在具体的诉讼程序中。《民事诉讼法》将诚实信用原则确立为基本原则,除规定"民事诉讼应当遵循诚实信用原则"之外,还提出了对当事人不遵守诚信原则的行为的救济途径。"当事人之间恶意串通,企图通过诉讼、调解等方式侵害他人合法权益的,人民法院应当驳回其请求,并根据情节轻重予以罚款、拘留;构成犯罪的,依法追究刑事责任",诉讼参与人如有"伪造、毁灭重要证据,妨碍人民法院审理案件的"行为,人民法院"可以对其主要负责人或者直接责任人员予以罚款、拘留;构成犯罪的,依法追究刑事责任。"

除上述将法律诚信界定为"诚实信用原则"进行探讨以外,还可以从更广的维度探讨诚信原则。从道德诚信的发展脉络来看,诚信是人作为个体在社会生活中形成的道德规范,相应的,道德诚信法律化也更多地表现在私法领域,尤其是在民法中,诚信这一道德规范被明确表述为诚实信用原则纳入民法的基本原则。一般认为,诚信的法律原则不直接体现在公法领域中。但是,如果将诚信的内涵加以拓展,不仅理解为个体在民商事活动中诚实守信,更将诚信的概念延伸至公权力的作用领域,将其视为规范公权力行使的原则,这将赋予诚信原则以更广泛的适用空间。

公共利益是公法的出发点,现代国家中政府的基本使命是提供公共产品与服务,维护和实现公共利益。从根本、长远、全局的角度来看,公共利益与社会成员的个人利益具有一致性。但从公共利益与个人利益的配置方式上看,公共利益的实现往往意味着对个人利益的适度限制,公法的核心利益冲突就是公共利益和个人利益的冲突,公法的主要内容就是调整这一利益冲突,限制政府权力的行使边界,保障公民的正当权利。首先,公法中的诚信原则体现为国家在立法层面上保持法律在一定时期内具有确定力,杜绝朝令夕改,频繁变动法律。法律丧失确定力将会破坏社会秩序,使人们的行为失去法律的明确指引,丧失对法律的信心。只有相对稳定的法律才能取信于民,甚至可以说,法律的诚信较之于它的公正更为重要。其次,公法中的诚信原则还体现在司法层面的溯及力问题,即法不溯及既往。在司法机关适用法律规范裁判案件的过程中,行为判定的标准应适用行为发生时的法律,今天的法不能溯及昨天的行为。司法过程中的法不溯及既往原则能使行为人基于法律对行为后果作出合理预期,符合信赖利益原则。第三,公法中的诚信原则还体现在政府行使权力的执法过程中,将真诚善意、恪守信用的本来内涵加以拓展,形成利益平衡的原则,要求政府权力的行使必须符合尊重和保障公民权利的目的,行使权力的行为不但要在形式上符合法律的规定,而且要求行使权力的内容要具有正当性和合理性。尤其是在公共利益和个人利益发生冲突时,诚信原则体现为行使权力必须具有充分的、合理的根据,即只能出于维护公共利益的需要、按照最小侵害标准才能限制公民的个人利益,维护的公共利益与侵害的个体利益之间要符合比例原则。从更广的维度来看,公权力的行使也应遵循诚信的原则。

五、从法律角度探索推进诚信建设的思路

近几年来,随着经济的快速发展和社会的急剧转型,由于市场经济和市场文化负面影响的冲击,我国社会面临着诚信缺失的严重困扰。诚信缺失不仅严重损害他人的经济利益,也使人们之间失去基本信任,人们无法对社会交往作出正常的预期,并且引发社会道德失范。面对严重的诚信缺失和信用危机,2001年中共中央颁布了《公民道德建设实施纲要》,提出要把诚实守信作为公民道德建设的重点。党的十六大进一步明确要求公民道德教育要"以诚实守信为重点",十六届三中全会提出"要增强全社会的信用意识,政府、企事业单位和个人都要把诚实守信作为基本行为准则。"党的十八大将"诚信"列为社会主义核心价值观

的基本内容加以倡导。2013年12月,中共中央办公厅印发《关于培育和践行社会主义核心价值观的意见》,提出"注重把社会主义核心价值观相关要求上升为具体法律规定","用法律的权威来增强人们培育和践行社会主义核心价值观的自觉性"。由于诚信既是一个道德问题,也是一个法律问题,解决诚信缺失和信用危机需要综合治理,除了道德教育和舆论引导之外,更主要的是从制度上解决问题,依靠法律的规范、引导、保障、促进作用建设诚信社会,形成有利于培育和践行社会主义核心价值观的良好法治环境。

(一)正确认识诚实信用原则的法律功能

诚实信用原则作为民法基本原则,重要性不仅体现在其具有法律原则的一般功能,如指导立法、解释法律、规范行为等,更重要的原因在于,它在司法机关遭遇法律漏洞、矛盾性法律规定、恶性法律规定、不合理法律规定等情况时,赋予法官进行创造性司法活动的自由裁量权,以在具体个案中填补法律漏洞或撇开上述法律规定,以求案件得到公平、公正、合理的处理。可以说,诚实信用原则的实用还体现着法益平衡与社会和谐。法益平衡是诚实信用原则这一"帝王条款"对民事法律关系做调整所要求的当事人之间及当事人与社会之间的利益平衡,而法益的平衡不外乎在于通过纠纷的处理与矛盾的解决以实现整个社会的和谐。该价值目标的实现有赖于诚实信用原则自身价值与手段价值的契合。

1. 诚实信用原则在立法上的指导功能

诚实信用原则体现民法的基本精神。诚实信用原则本身作为一种原则性的规定,代表法律的理想状态、应然状态,虽然指向性较为明显,但缺乏具体的权利义务规范作为支撑,具有一定的概括性。规定的不明确难免会在具体个案的运用过程中导致适用法律的不同结果。因此,在立法上不仅要在民事基本法上确立诚实信用原则,而且还应在法律原则之外制定法律规则,即根据需要制定体现诚实信用原则的具体条款,将诚实信用原则具体地运用在司法活动中,以更好地指导某一具体案件的判决。立法者在制定民事法律规范时,应以体现民法基本精神与根本价值的诚实信用原则作为指导。

2. 诚实信用原则在司法实践中具有解释法律功能与授权裁判的功能

由于立法技术的局限性和成文法本身所固有的滞后性,法律规范可能出现歧义、模糊和空白等,由当事人自行签订的合同更是难免出现漏洞。诚实信用原则对补充这些法律漏洞具有重要价值。在司法实践中,诚实信用原则对法条的解释具有指导意义,使之不违背民法的基本精神。即在法律和合同规定都不明确的情况下,可以依据诚实信用原则的根本理念,对法律和合同进行合适的解释。同时,诚实信用原则可授权司法机关在缺乏具体规定或遭遇恶法的情况下,进行能动的创造性司法活动,以填补法律和契约的漏洞。也就是说,诚实信用原则授予法官一定自由裁量权。当然这种自由裁量权具有双面性。伴随我国司法体系的不断健全,诚实信用原则的功能发挥也会更加有效。

3. 诚实信用原则对当事人行为的规范与引导功能

民事主体应该诚实善良的原则,善意地行使权利、履行义务,尤其是在民事立法对某具体事项缺乏明确规定时,更应以此来规范自己的行为。引导当事人,明确其权利应当如何行使、义务应当如何履行,这是诚实信用原则作为民法基本原则的应有之意。同时,必须强调的是,当诚实信用原则由道德规范上升至法律规范时,它对当事人行为的规范与引导作用就有了强制性。

4. 诚实信用原则保障交易安全的功能

诚实信用原则要求当事人互相尊重,讲究信用,重视合同签订的约束性,既保障了交易的安全,又促进了交易的便捷,从而提高了交易的效率。将诚实信用原则纳入法律规范的范畴,有助于减少当事人之间的欺诈行为,从而保障交易的安全。不仅如此,减少交易中的欺诈行为,减少了不必要的成本,提高了经济的效率。由于诚实信用原则更好地保护了当事人的利益,平衡了当事人之间的关系,以此就更好地保护了交易的安全,大大地降低了交易的风险。

（二）进一步完善我国诚信法律体系的基本思路

1. 不断完善法律体系，加强诚信的立法保障

目前我国涉及诚信的法律单一，有诚信法律原则而无诚信法律规范，有民事基本法但缺乏专门针对信用体系建设的专门法律。从立法的角度亟须填补这一空白。

信用立法对人的诚信行为起到有针对性的规范作用：一是对欺诈行为的惩戒。欺诈是市场经济中发生频率最高、最为严重的破坏社会信用的行为，信用立法，首先就要制定惩戒这种人的具体的、操作性强的条款；二是确立良好的信用法律环境，尤其是建立信用信息公开制度，使政府和信用管理专业公司既可以快速、连续、合法、公开地取得真实、完整的信用数据，又能保护商业秘密和个人隐私，维护市场公平竞争。

在西方，规范社会信用的法律已经相对完善。例如，美国建立起了以《公平信用报告法》为核心的十多个有关信用管理的法律，形成了一个完整的信用管理法律框架体系，构建了保障美国国家信用管理体系建立并正常运转的法律环境；德国制订了《通用商业总则》《个人数据保护法》；欧盟有《欧盟数据保护纲领》；英国有《消费信贷法》；日本有《信用保证协会法施行令》《信用保证协会法施行规则》《分期付款销售法》，等等。这些法律体系，是西方国家建立信用体系的法律基础。反观我国，虽然在《中华人民共和国民法通则》《中华人民共和国合同法》《中华人民共和国商业银行法》等多部法律中，都有对诚实信用原则的要求。但这些法律一般只把确立诚实信用原则作为基本原则之一来考虑，以之作为信用体系建设和管理的法律依据是不够的。

由于我国现行的信用法律体系从总体上看不完善、不配套、不协调，缺乏可操作性，所以借鉴美国经验，尽快出台一个中国的类似《公平信用报告法》这样的信用龙头法律就非常必要。信用立法规范的社会对象应该包括政府、个人、企业，必须有一系列的法律，形成一个体系，使一系列法律既相互关联、相互补充，

又各有针对性,共同发挥作用。

2. 通过严格执法为诚信提供制度保障

立法使社会有法可依,但诚信的真正实现有赖于这些已有的法律或将来制定的法律能够在社会现实生活中切实有效发挥作用。因此,要消除当前诚信缺失现象,还必须严格执法,做到有法必依。只有坚持严格执法才能在全社会逐步树立法律意识,增强法治观念,真正树立法律的权威,使人们从鲜活的现实中去感受和体会法律的正义、法律的威力和价值。如果执法不严,法律就会因为失去人们的信任而减损了其应有的社会调整功能。另一方面,严格执法也是激励社会成员恪守诚信品德的直接动力。使诚实守信者能获得相应的回报,或者至少不因其诚信而遭受损失;使欺诈行为受到应有惩罚,或者至少不因其欺诈而获利。唯其如此才能在全社会形成扬善抑恶的良好风气,诚信的人们才会从中体会到诚信的价值与意义。严格执法是在全社会培育诚信文化、构建诚信体系的重要保障。

一直以来,"执行难"是我国司法领域的顽疾。部分民事案件的债务人在法院的生效判决作出后不自觉履行债务,甚至在法院执行部门介入进行强制执行也想方设法规避、抗拒法院的执行。这一问题长期得不到解决,不但严重损害了司法权威,也对社会诚信建设形成了严重挑战。2014年1月,中央文明办、最高人民法院、公安部等8部门共同会签了《"构建诚信、惩戒失信"合作备忘录》①,决定联合行动惩戒失信被执行人,促使其自觉履行义务,并教育和引导其他被执行人自觉守法、恪守诚信。通过解决法律纠纷判决后执行难的问题,营造"守信光荣、失信可耻"的良好风尚,推进社会诚信建设。

根据《备忘录》,信用惩戒的对象包括最高人民法院失信被执行人名单库中所有的失信被执行人和被法院发出限制高消费令的其他被执行人,并建立对上述信用惩戒对象的动态管理制度。信用惩戒的内容主要是最高法院统一在"全

---

① http://news.xinhuanet.com/politics/2014-01/16/c_119003006.htm

国法院失信被执行人名单信息公布与查询平台"上对失信被执行人发出限制高消费令,与相关部门一道限制失信被执行人高消费,禁止失信被执行人乘坐飞机、列车软卧,限制其在金融机构贷款或办理信用卡,以及作为自然人的信用惩戒对象不得担任企业的法定代表人、董事、监事、高级管理人员等。除此之外,《备忘录》还明确了信用惩戒的实施方式,即由最高人民法院公布失信被执行人名单,相关部门收到名单后,在其管理系统中记载包含相应惩戒措施等内容的名单信息,或者要求受监管的企业或单位实时监控,进行信用惩戒。在媒体广为发布,对失信被执行人形成强大的舆论压力,营造构建诚信、惩戒失信的浓厚氛围。

3. 通过培育守法精神为诚信建设提供思想保障

徒法不足以自行。法律除非被遵守,否则形同虚设。诚信作为一种法律原则,要在现实中得到有效的落实,同样也离不开公民的自觉遵守。任何法律的实施都要求社会全体成员具有守法的精神,不仅要求他们正确理解法律规范的内容,而且还要求其具有相应的法律意识,自觉地维护法律的尊严。要在全社会形成诚信的氛围,不仅要依赖法律的强制力,更要将诚信的意识融入社会全体成员的日常生活,将诚信发展成为指导、预测、评价、教育社会成员日常行为的基本原则。当前社会上存在的普遍诚信缺失,很大程度上源于人们守法精神的缺乏。无论是作为道德诚信抑或是作为法律诚信,其建立无不包含着对社会守法行为的依赖和对守法精神的呼唤。因此,要培养全体社会成员的诚信精神,必须大力加强以提高公民基本法律素质为目标的普法教育,努力提高全民族的规则意识与守法精神。

参考文献

［1］史尚宽. 债法总论［M］. 台北:荣泰印书馆,1978.

［2］徐国栋. 民法基本原则解释［M］. 北京:中国政法大学出版社,2001.

［3］梁慧星. 民法解释学［M］. 北京:中国政法大学出版社,1995.

［4］杨明. 论民法原则的规则化———以诚信原则与情势变更原则为例［J］. 法商研

究,2008.

[5] 魏振瀛. 民法[M]. 北京大学出版社,高等教育出版社,2000.

[6] 徐国栋. 诚实信用原则研究[M]. 北京:中国人民大学出版社,2002.

[7] 徐国栋. 诚实信用原则二题[J]. 法学研究,2002.

[8] 葛洪义. 法律原则在法律推理中的地位和作用[J]. 法学研究,2002.

[9] 范进学. 法律与道德——社会秩序的规制[M]. 上海:上海交通大学出版社,2011.

[10] 江平. 江平文集[M]. 北京:中国法制出版社,2000.

[11] 罗马法教科书[M]. 黄风,译. 北京:中国政法大学出版社,2005.

[12] 欧洲合同法中的诚信原则[M]. 丁广宇,等,译. 北京:法律出版社,2005.

[13] 徐国栋. 客观诚信与主观诚信对立统一问题——以罗马法为中心[J]. 中国社会科学,2001.

[14] 徐国栋. 民法基本原则解释[M]. 北京:中国政法大学出版社,2001.

[15] 刘云林. 道德法律化的学理基础及其限度[J]. 南京师大学报:社会科学版,2001.

[16] 葛洪义. 法理学[M]. 北京:中国政法大学出版社,2002.

诚信的伦理学分析及其培育途径

刘 燚

【提要】当前中国社会的诚信失范既是规范失落,也是德性沉沦。这与诚信伦理发展滞后、强势群体消极示范、失信行为成本低等原因相关,因此,要从建设诚信监督制度、德才兼备的人才观、学校教育等途径着力培育诚信之风。

诚信既是规范,也是德性。当前中国社会的诚信失范既是规范失落,也是德性沉沦。前者表现为以法律、规则形式的诚信规范较少,执行也不到位;后者则表现为社会成员的诚信行为缺乏自律,失范行为普遍发生,社会成员对规范本身失去信心,对不诚信的行为默许,难以形成良好的舆论监督。虽然社会公众在自己买到假冒伪劣商品时会有愤怒,但是,对于唐骏公然宣称"能骗很多人就是本事"竟也表现出极大的宽容;对说假话的官员、名人虽有反感,也至多编个段子娱乐而已;在各种需要表态的情况下,"应当说什么"常常优先于"真诚说什么",成为人们的行为选择标准。诚信成了中国社会的奢侈品,诚信缺失已经不是某一领域、某一人群的问题,而是社会共性的问题,人们或主动情愿或被风气裹挟着,一边痛骂诚信缺失,一边以失信言行"自保",对诚信的渴望和嘲讽、漠视同时弥漫于社会氛围,崇尚诚信的思想受到剧烈冲击,影响着人们的道德认识和道德选择。培育社会诚信已是当务之急。

作为社会规范的诚信是人们诚信德性的现实反映,而诚信规范是否得以认同和执行则是现实社会多方力量博弈的结果。

一、诚信是道德规范之首

"诚"与"信"是密切联系的两种道德要求。对"诚"与"信",王海明作如此定义:"诚,真诚,是传递与自己的思想相符合、相一致的信息的行为,主要表现是'心口一致';信,守信,是传达与自己的实际行动相符合、相一致的信息的行为,其主要表现是'言行一致'"①,可见,二者的共同点是真实的信息表达。在不说谎言这一含义上,诚与信是同一意义。真实的言语才有可能兑现为实际的结果,这才具有"守信"的可能性,而虚假的言语本身就是缺乏现实依据的,因而也没有必要期待其兑现。二者的区别在于"信"的比照对象是自己的行动,发生于人与人的互动关系中,"诚"的比照对象是自己的内心,是一个人言行的内心准则,是一个人的修养。要在人我关系中做到"信",前提是自己内心要有"诚",当信息输出之前就没有心口一致的意愿,那么,源自于心的行动又如何能与这偏离内心的信息保持"言行一致"? 一个人有"诚"的意愿,就会讲真话,并真切地愿意兑现话语中指向未来的信息,做到了这一点,就能最大限度地发挥主观能动性去兑现承诺,从而体现"信"。

然而,有"诚"并非必然有"信",例如,传达信息时是有诚信之心的,但是,由于种种外部原因最终未能兑现诺言的行为。而这种失信行为,依然能从"诚"的表现上去找原因。"诚"体现于行为可以有两个方面:一是不自欺,忠实于事物的客观属性,不因情感、利益、立场或偏好等各种原因而歪曲对客观事物的认识;二是不欺人,真实地传递自己关于该事物的认识信息,不说谎言。人们常常在意不欺人的重要性,而忽视了不自欺对诚信的影响,事实上,这两个方面对于"信"各自产生着重要作用。不欺人,保证言行同出一心,为言行一致打下基础;不自欺,对行为所需客观条件有正确认识,为行为落实提供保障。不欺人,却未能守信,常常是因为在"不自欺"上有瑕疵,自己认为真的信息,如果是与客观实际有误差的,这时,尽管信息表达者有诚意,但是传递出的信息却已经是不符合实际的伪信息了。因此,诚信的起点在于"诚","诚"是"信"的基础和前提,是"信"的内在依据;"信"是"诚"的结果,是"诚"这一内在品质的外化。

1. 诚信是一个人最基本的道德修养

我国古代先哲认为,诚信是一种根本性的道德,中国传统思想是将诚信作为

---

① 王海明:《新伦理学》,商务印书馆 2008 年 2 月第 1 版,第 1385 页。

人伦道德的本原,是人之为人的必需品质,《中庸》说:"诚者,人之道也。"《论语·为政》中说"人而无信,不知其可也。大车无輗,小车无軏,其何以行之哉!"在圣人看来,诚信不是为了利益,而是完全超越功利的道德修养、道德信仰。诚信反映着一个人对道德的基本态度,并影响着个体一般道德品质的形成。传统思想认为诚信是其他一切美德的基础,即"忠信,所以进德也。"欧洲文艺复兴时期,布鲁诺也把诚信列为人生众美德之首,其他道德品质不能跨越诚信而树立。这是因为,道德信念的形成与道德品质的养成皆以诚为基础,有诚方有德与善的可能性。只有以诚信待人,才可能真实地承担责任和义务,才可能有真正的善意,其他的美德都要以诚信为基础才得以树立。缺少诚信则难以确认一个人的其他良好品质,因为道德总是表现于客观存在的言行,人们总是根据这些言行来评价某人具有或缺少某种道德。言行是真实可信的,那种与言行相连的品德才可能得以确认。如果没有诚信,个体所有的态度和行为都具有不真实、不可信的特征,也就无法确定其具有美好的品性。我们无法想象一个言行虚伪、有诺无践的人,能在社会活动中表现出怎样的美德。

诚信是一个人价值观的核心组成成分,它会广泛影响到一个人的道德品质、行为方式,以及对待他人、工作、社会和家庭的态度。一个诚信的人倾向于采纳长期策略来处理人际关系,即求真务实,做事踏实,不浮夸,审慎承诺,努力践诺。这样的人容易建立起彼此信任的交往人群,并形成长期、稳定、互惠的交往关系,交往方式轻松随意,氛围祥和,这样的交往状态容易养成宁静而愉悦的心态,提高个人生活幸福感。反之,一个虚伪、欺诈的人与人交往中容易采纳短期策略对待他人,即虚饰的、敷衍的和利用的方式,从而在自己身边也容易集合了同样的人,彼此不信任,于是容易长期处于防备、算计状态,造成身心伤害。在短期关系中,不诚信行为有可能使行为者获利,在长期关系中,虚假行为要达到"在所有事情上欺瞒所有的人"才能获利,可是,这个目标哪里有实现的可能!那些能够为个体提供社会支持的关系,如友谊、婚姻、亲情等,恰恰都是需要以长期策略建设的,在不诚信的人那里,这些关系都会削弱其支持力度,甚至会彻底失去支持,人生的风险因此增大。

2. 诚信是最重要的道德规则

道德规则是根据道德原则而形成的行为准则。所谓伦理就是人与人之间的关系,要建立伦理,现实的条件就是要建立起人与人之间客观存在的共处、交往关系。人类只有合作才能生存,要实现长期合作则必然需要彼此表述真实信息,因此,诚信是人们在追求利益时自发的要求。社会成员彼此诚信相待,社会合作就能顺利进行,如果某成员采取欺诈手段就会被合作者背弃,从而断送利益来源。然而,因为利益存在的方式以及分割利益的方式多样且复杂,有时如果采取欺诈行为可以获利更多,这就刺激着一些人为攫取最大利益而摒弃诚信。社会个体之间失去了诚信,任何长期、安全的人际关系都难以建立,社会合作无法完成,人与人的疏离必然导致社会纽带解体,失去彼此"关系"的社会不再成为社会,只是一群身体在一个空间的人而已,伦理也就失去了存在的现实条件。

诚信就其本质而言,是"一种从道德上整合人们相互间利益关系的现实机制"。① 产生欺诈行为的可能性越大,合作中为了防欺诈而采取的预防措施就会越繁复,简单的合作行为变得更复杂,甚至难以实现。社会伦理道德状况将直接关系到国家与民族的长治久安与社会发展的大局。诚信缺失轻则造成社会个体间纠纷不断,重则导致社会整体失序。当前,诚信缺失已经造成了政府公信力下降,从而导致官方信息常被公众质疑,公众渴望知道真相,却又不敢相信官方说法,这是诞生谣言的最佳条件,而谣言进一步带来更多的不信任。政府与民众之间、个人与个人之间的不信任,是酝酿社会混乱的温床。因此,诚信是社会存在的重要条件,是建立社会伦理道德的基础。

然而,这并不是说要无条件地、绝对地、极端地以诚信为标准来衡量一个人的行为是否道德。因为道德规则是从属于道德原则的,要诚信是为了实现诸如善良、仁爱和公正这些道德原则的,而为了实现这些道德原则的具体道德规则不

---

① 王良:《社会诚信论》,中共中央党校出版社 2003 年 6 月第 1 版,第 22 页。

止诚信一条,还有自尊、谦虚、勇敢等原则。在某些情况下,诚信的规则会和其他规则有冲突,甚至,有时若遵守诚实的规则就会伤及更高一层的道德原则。此时,就要根据"两善相权取其重,两害相权取其轻"的原则,通过衡量各规则的利害关系来确定取舍。例如,如果一个无辜者逃命躲入一户人家,这家的人是否该对追杀无辜者的凶手说真话呢? 不该,因为保护生命的善大于说真话的善。所以,孟子曾说:"大人者,言不必信,行不必果,惟义是从",孔子也认为"言必信,行必果,硁硁然小人哉!"他们不是反对诚信,也不是认为其不重要,而是认为应当结合具体情况以更高的道德原则来判断诚信规则的价值。

二、诚信失范的原因分析

社会转型阶段要求伦理重建。诚信具有社会性特征,即作为一种文化共识,人们的诚信认识、诚信行为受制于社会发展状况,因此,在不同历史阶段所言的诚信,其内涵、行为表现、社会调节手段都会不同。

(一) 诚信伦理的发展滞后于社会经济发展水平

中国传统社会是小农经济社会,商品交换不发达,社会分工较粗略,人与人之间的联系主要是精神情谊和道义支持。因此,传统的诚信文化包括了三个方面的内涵:其一,诚信是为人之道。孔子认为"人而无信,不知其可也。"人性善的观点认为,仁义是人性中固有的品质,诚信是为人的内在规定性,是人之为人的本质特征之一,人若没有诚信则与禽兽无异。因此,人应该时刻警醒自己务必将诚信作为处世准则,这样才能塑造高尚的人格与完美的人性。其二,诚信是交往之道。古往今来,凡是关于社会交往的著述无不强调诚信的重要,诚信是人际往来的前提与基础,缺少诚信交往是无法进行的:"交友不信,则离散郁怨,不能相亲。"其三,诚信是治国之道。弟子子贡一次曾问孔子如何治国从政,孔子回答说:"足食,足兵,民信之矣。"子贡又问:"必不得已而去,于斯三者何先?"

孔子就说：先去兵后去食，因为"自古皆有死，民无信不立。""信"比"食"和"兵"更重要，足见在孔子眼里，"信"对于治理国家的重要意义。

上述的诚信内涵在今天虽然仍有其现实意义，但是，新的诚信文化已不仅限于此了。在现代意义上，诚信的内涵不仅仅是个人道德修养的目标，而且还是在处理个人与他人、社会关系时最有利于自己利益最大化的理性策略。因此，较之古代纯粹的诚信信仰，当今的诚信概念多了法律意识——契约观念、理性观念、公共观念。

在现代社会，社会分工越来越细，进行劳动合作的人们，彼此之间可能是陌生的。他们彼此之间需要一份合作契约，这份有形或无形的契约需要靠法律的监督，而不是人情的自觉，保证契约各方都能以诚信的态度立约，并兑现承诺。对契约的尊重构成了现代诚信的内涵之一。

兑现契约的过程就是各自承担分工责任的过程，不能兑现契约承诺的行为不仅会导致对方利益受损，还会导致自己丧失相应利益，甚至要承担相应的法律责任，违背诚信的结果是合作双方两败俱伤。在这个过程中，当事人出于为自身利益着想，在诚信与否的选择中必须对自己的当前利益、长远利益做一些理性分析，其诚信表现不仅仅取决于内在修养，更体现于理性分析后的方式与结果。诚信是人们根据游戏规则对承担责任及违背诺言的代价进行分析中建立起来的理性观念，这是现代诚信的另一内涵。

在传统社会只有君主要求人民的忠诚，而人民无法对君主提出诚信的要求。现代社会的诚信建设不是为了培养对王公贵族的愚忠，也不仅仅是为了维护亲情近邻的交往，现代的诚信是为个体融入社会大环境而取得的通行证。在道德秩序良好的社会里，诚信行为更易获得社会良性反馈，诚信的公共环境与诚信的社会成员之间形成良性互动，每个成员都会因此降低行为成本。在破除了等级观念的现代社会，建立人人诚信的公共环境是现代诚信的内涵之一。

(二) 社会强势群体的消极示范作用

根据社会学习理论的观点，人们通过对他人行为的观察，逐渐掌握道德行为标准,并在实际行为中予以表现,受到进一步地强化,最后固化为非常稳定的态度观念和行为倾向。社会强势群体的社会示范作用对道德建设意义重大。

近三十多年来的改革开放,随着财力、权力的消长、分配,带来中国社会阶层重组,强势群体被社会赋予高度的关注度、话语权,以及由此而来的社会示范作用。然而,对于诚信文化的建设而言,当前社会强势群体起到的示范作用比较消极。

最为强势的莫过于政府,官德堕落、政府失信的消极影响也最大。在有人治传统的中国,领导层的道德形象是最能打动民意、吸引民心的。中国历来有"上梁不正下梁歪"的俗语,官德对公民道德的引领作用在今日中国仍然很重要。长官能身先士卒,百姓就能奋勇向前,这是中国的国情。改革开放以来,官员腐败的问题日益突出,贪污数额日益攀升,道德堕落日益令人瞠目结舌,不可容忍。从"周老虎""红豆汤"等新闻事件中政府官员或明目张胆为造假护航、担保,或不顾常识的低劣辩解、推卸责任,到毒奶粉、瘦肉精等事件中反映出管理部门的失职,再到接连曝出的公务员录用中的"体检门",有些官员弄虚作假到了肆无忌惮的程度。政府失信于民还表现在公共事件处理上的装聋作哑。例如,对社会诚信产生深远影响的彭宇案,真相到底如何?对红十字会产生剧创的郭美美事件中诸多的疑点,真相到底如何?公众有质疑的权利,政府却不履行答疑解惑的义务。公众只能看一场热闹伤一次心。政府掌握着最多的社会资源,面对着最多的社会成员,没有任何一个群体的影响力能超过政府。政府公信力的降低对社会诚信的影响无论怎样严重的评价都不为过,作为社会的管理者都公然作假,公众还能相信谁说真话呢?

公众人物因其名声、曝光率、言语权,言行的影响力,尤其对青少年的影响力极大。唐骏假学历事件,令多少他的崇拜者偶像幻灭。高晓松为醉驾诚恳认错、老实伏法,获得了极高的社会评价,似乎因祸得福。这恰恰是因为这样诚恳、老实的名人形象太稀缺。最为关键的是,名人撒谎、造假之后,没有任何的惩罚性后果,连舆论都是批评、辩解和同情杂陈一堂。大众难以从社会中获取诚信道德的积极信息,自然难以产生积极的诚信需求。

强势群体的失信行为,无异于向社会做着活生生的反诚信教育。

(三) 不诚信行为的成本过低

人们在进行道德选择时,不仅依据内心的价值判断,还倾向于综合考虑道德行为成本与收益的关系。不诚信的成本过低,就会削弱诚信动机,最终减少诚信行为。不诚信的成本一般就是法律和舆论两方面。

法律发展滞后于经济发展。市场上无限的机会,会刺激人产生并强化提高自我价值的冲动,从而带来积极的创造活动;同时,市场上无限的利益也会刺激人的贪欲,产生或许不道德但是有收益的行动。此时,法律的作用会在人们行为选择中产生导向。法律之手能及时触及,愿意铤而走险的人就少,反之,贪欲就会膨胀。遗憾的是,当市场经济蓬勃发展的时候,法律建设的步伐没有及时跟上。偷税漏税、以次充好、假冒伪劣、短斤少两等行为给行为者带来的好处远远大于法律惩罚的风险。前有利益引诱,后无法律之忧,诚信自然就被搁置一边。

另一方面道德舆论缺位。中国人注重面子,所谓"人活脸,树活皮"。很多事,隔着一层窗户纸就肆无忌惮,捅破窗户纸就必须收敛。窗户纸应该就是指舆论了。舆论无形却有力,它反映了公众对道德行为的主流意见,褒贬之间,影响着一个人的荣耀或耻辱。有人称舆论是立法权、执法权、行政权之后的"第四种权力",舆论的监督是道德建设不可缺少的。但是,在改革开放之初,为了帮助人们尽快打破头脑中左的思想禁锢,也是矫枉过正的惯性,舆论导向有"重功利,轻价值"的倾向。如今,"一部分人"已经富起来了,人们的观念早已不是革新的障碍,建立价值导向的舆论是时候了。现在,网络的普及为道德舆论的形成提供了平台。无论是公众获取信息的途径,还是表达态度的平台,都在网络世界里获取了新的机会,而这个虚拟的世界与现实世界已经实现对接,甚至可以说已经是现实世界的重要组成部分,借助网络实现舆论监督已经是各界的共识。

三、诚信伦理的培育途径

张维迎认为诚信道德所需要的社会条件有三个：人们有追求长远利益的动机；当事人的非诚信行为会被及时地观察到；当事人有足够的积极性和可能性对违约者进行惩罚。[①] 因此，要在全社会培育出尊重诚信，并自觉遵守诚信规范的文化氛围，需要从个人的主观愿望、社会评价、社会奖惩机制等方面进行努力。结合以上诚信缺失的原因分析，可以从以下途径着力培育诚信文化。

（一）认真落实诚信监督制度

熟人监督的体系已经逐渐失效。传统中国社会是典型的"熟人社会"，社会的组织主要在父子、君臣、夫妇之间的宗法原则下组织起来。这就决定了中国传统诚信观念的调节对象只会是互有血缘亲情、朋友情义、社会人情和封建国家宗法关系的人，他们相互构成诚信行为的监督者。今天，现实中广泛存在的商业功利关系需要道德规范，基于熟人社会、精神情谊、道义支持的诚信，就不能满足现实的需求了。在熟人社会非常有效的舆论监督也因社会化大生产造成的人的隔离而失效。这就需要建立现代社会的监督制度。

要加大法律监督、惩罚的力度。在一个诚信全面崩溃的年代，要单单依靠教化的力量改变道德现状，那将是一个漫长的过程。唯有用法律这把快刀去斩诚信缺失的一地乱麻。健全法律，有法必依，加强群众监督。用法律语言向社会释放伦理导向的信息，是一条高效的路径。

加强舆论监督。在"诚"与"信"的关系中，"诚"更是根本。如果说"诚"更多地强调一种文化心理状态，"信"则是在"诚"这种文化心理状态影响下的言与行的一致性。诚作为信的根本，是一种不带功利性的高度自觉，是重要的道德规

---

① 张维迎：《博弈论与信息经济学》，上海三联书店、上海人民出版社 2002 年版，第 544 页。

范,更是道德修养必需的基本态度与道德境界。没有"诚"心,所谓"信"不过是权宜之计。正因为如此,忽略诚信的道德属性,将其彻底法律化是有缺憾的,道德建设自身的手段仍然是有用的、长效的,那就是要通过社会舆论、内心信念和传统习惯的形式将诚信的信念植入人心。在网络时代,一些"网络反腐"的成功案例也启示人们新工具可以产生新的生活、生产方式,舆论监督有了方便而强大的技术支持,可以发挥更大的作用。而加强舆论监督的前提是信息公开,真实而全面地向民众公开信息,本身就可以提升政府诚信度,减少信息不对称带来的消极影响。唯其如此,舆论才可能是明确的。

建立诚信档案,利用现代信息技术监督诚信行为这种方法可以适用于各行各业、各类人群。人们在选择行为方式时会考虑不同行为方案的成本,倾向于从成本和收益的对比中选择利益最大化的方案,诚信档案就是增加不诚信行为成本的途径。网络技术可以使信息共享,如果一个学生因为考试作弊,就会减少将来购房贷款的额度;如果一个人因为乘车逃票,就会影响到自己的就业机会,那么,愿意铤而走险的人必然减少。

监督的对象要以强势群体为主——政府机构和官员、社会名流等。对于他们的不诚信行为,用法律的、行政的、舆论的手段加以惩戒,不仅对于他们本人会产生约束力,而且,通过他们的示范作用能警示社会公众。

(二) 树立德才兼备的人才观

人才选拔标准对于社会风尚的引领作用不可小觑。经济高速发展造成重才轻德的人才观。经济高速发展映衬出人才相对短缺,中国人急于摆脱贫困的渴望推动着人们去更快更多地创造财富,于是只能唯才是举,给人们造成直观感受就是——德并不重要。唐骏在学历门中的态度,以及众多评论者无所谓的态度,反映了当今社会上许多人在人才选拔上重功利,轻品行。具体在对诚信的态度上,就是诚信无用,本事第一。

随着步入小康社会,中国社会在人才观上不能再延续"白猫黑猫,抓住老鼠就是好猫"的观点了。摆脱了赤贫状况的人们,需要有精神享受才会有幸福感。社会建立起良好的道德文化,才能长期、良性发展。我们必须看到,根据当前的社会发展需求,那些有能无德的人对社会的伤害大于他们对社会的贡献,甚至,能力越大,伤害也越大。树立德才兼备的人才观是符合社会发展需求的。

通过奖惩机制将德才兼备的人才观落到实处。在公务员的聘用、晋职条件中,不仅应加大道德考核的权重,更应该有对不诚信行为的一票否决制。针对公务员作这样的严格要求,是因为《公务员法》就规定了公务员要模范遵守社会公德。

通过媒体宣传德才兼备的人才观,营造良好舆论环境。大力弘扬良好道德行为也是对社会的巨大贡献,反对唯能力是取的人才观,尤其反对"一能遮百丑"的态度。通过媒体宣扬诚信模范人物的事迹,为社会道德学习提供榜样。

(三) 加强学校教育

学校教育要与不良社会风气争夺年轻人,要有社会责任感,将匡扶社会诚信视为己任。教育培养的是社会的合格的建设者,合格的建设者应当既能创造物质财富,又能奉献精神成果。学校教育不是要教育一批批只会参加物质生产的"机器人"。

学校应加强师德建设。"学高为师,身正为范",道德建设需要榜样。校园里的强势群体就是领导和教师,诚信建设就要从这两个强势群体着手,为学生作表率。每一位教师都要树立育人的思想,而不仅仅是教书。教师要严格自律,不弄虚作假,不敷衍了事;教师要在自己的教学管理环节体现诚信规则,例如,对于作业抄袭、考试作弊等现象的检查、教育。对于社会失信现象,教师应给予学生建设性的思想指导。

学校应在课堂教学环节加强道德教育。高校可以在相应专业开设职业伦理课,如:经济伦理学、教育伦理学、医学伦理学等。还可以要求在专业课程中设置必要的课时,探讨与课程相关的诚信建设问题。我们的学校不应只关心专业技能而不在意学生人文道德素质的全面发展。没有诚信品质的人在其生活、工作中都潜伏着许多危机，而学生未必都能认识到这一点，未必相信诚信的力量，学校教育应该竭尽所能，告诉学生"在怀疑的时代依然需要信仰"（卢新宁在北大中文系2012年毕业典礼致辞）。

学校的文化活动中突出诚信的规则。在学生社团活动的管理、文体活动的比赛规则中，引导学生活动组织者从制度、选人等环节注重诚信、公正。在活动中自觉遵守诚信的规则。学校各项活动是学生进入社会前的实践活动，在这些活动中学生感受、操作的规则，就成为他们进入社会后最先的社会适应经验，对于他们在社会活动中的诚信理念和行为起到引导作用。

伦理的培育是相对缓慢的，由认同诚信规则的可行性，到自觉选择诚信行为，再到内心形成对诚信的信念，高度自律，这需要一个过程。在这个过程中，随着个体的变化，社会诚信伦理文化也逐渐形成。目标虽远，只要走，总能达到。

参考文献

［1］王海明.新伦理学［M］.北京：商务印书馆，2008.

［2］王良.社会诚信论［M］.北京：中共中央党校出版社，2003.

［3］张维迎.博弈论与信息经济学［M］.上海三联书店，上海人民出版社，2002.

［4］王宗岐.圣贤论诚信［M］.北京：北京工业大学出版社，2003.

［5］陈平.新中国诚信变迁：现象与思辨［M］.中山大学出版社，2010.

5 转型社会诚信文化的社会学分析

王守杰

【提要】当前我国正处在社会急剧转型时期,由于传统社会诚信观念、社会诚信组织、社会诚信制度受现代市场经济、政治民主化及现代公民社会因素的冲击和影响,整个社会的诚信意识正受到前所未有的冲击和挑战。究其原因在于非政府组织在我国发展不足,政、社不分,非政府组织发展空间小;政、企不分,非政府组织社会影响力弱;企、社边界不分,非政府组织属性变异。治理的逻辑思路在于界定非政府组织、政府与企业的各自行为边界,推动非政府组织的健康发展。

当前我国正处在社会急剧转型时期，由于传统社会诚信观念、社会诚信组织、社会诚信制度受现代市场经济、政治民主化及现代公民社会因素的冲击和影响，整个社会的诚信意识正受到前所未有的冲击和挑战。在当今的社会环境中，经济领域的假冒伪劣；人际交往中的相互不信任；政治领域中的以权谋私、钱权交易等。使得人们已经开始习惯不诚信现象在社会中的普遍存在，造成人际关系的危机、冷漠，以至于我们都感到"活得累"。如何认识当前社会中的诚信问题及如何重建诚信成为当前我们面临的一个重大课题。

传统文化中"诚""信"和"忠"共同的意思是诚信、诚实。但传统诚信与现代诚信建立的制度环境与社会基础是不同的。传统诚信是建立在传统身份等级、血缘为基础的臣民文化社会，传统文化强调的是忠君与顺从；现代诚信是建立在权利平等、契约交换为基础的公民文化社会。传统诚信文化建立、维护的基础是封建宗法礼仪，现代诚信建立、维护的基础是现代社会法治。因而现代诚信具有与传统文化中不同的内涵，具有现代市场经济、民主政治及公民社会所需要的现代化内涵。

现代诚信建立的制度基础体系是公民社会、民主政治与市场经济。换言之，现代诚信是以政府诚信、市场诚信及公民诚信组成的社会制度系统。

现代市场经济的诚信观体现的是：建立在保护公民权利包括财产权利基础上的平等、自由交换、诚实守信。因而，现代市场经济的诚信追求合法、理性致富。而我国传统文化中的财富观包含很多非理性因素，如儒家，主张平均地权，法家主张节制资本，商业官办。但无论平均地权还是节制资本都是重农抑商的。

中国历代社会崩溃的原因都在于"经济上分配的不平均,最高的治法是能使之平均"[1]小农经济的财富观否定了对财富的追求,包括正当与不正当的任何追求。"君子喻于义、小人喻于利",孔子奉行乐天安命的价值观"饭蔬食、饮水,曲肱而枕之,乐亦在其中,不义而富且贵,于我如浮云"。[2]这种平均主义财富观演变到今天发展为两个极端,富人方面,要么藏富或炫富,穷人方面则是仇富。

现代民主政治的诚信观体现的是权为民所赋、权为民所用、利为民所谋;在现代社会,民主政治的含义是民有、民治、民享的权力观,习近平主席曾在2010年9月10日中央党校秋季开学典礼上把马克思主义权力观概括为权为民所赋、权为民用。[3]"权为民所赋"所要解决的是权力来源问题,实质上是解决"主权在民"问题,也就是我们所说的人民当家作主。权为民所用实质是解决人民如何当家作主的问题,即如何推进政治民主化进程问题。利为民所谋在当代社会就是划清政府与市场的界限,政府的归政府,市场的归市场,政府管好规则,当好裁判,不与民争利。

民主政治的诚信观就是平等和公义,而这和儒家核心主张是冲突的。孔子尊王忠君思想是中国传统社会政治思想的核心和灵魂;中国传统政治中自奴隶社会发展到君主制度的封建社会,就自然产生了以"忠君"与"逆反"为斗争主线和判断是非的精神标准,波及民间,就逐步形成为忠者不反,反者不忠的社会文化。历数十朝,基本有一个共同规律:初起之君鉴于前朝之败,一般较体恤民情,而衰亡之君则利令智昏,穷奢极欲。

公民社会组织的诚信观体现的是倡导新的公共规则、公民意识、公益观念,引领新的社会风尚与潮流,在从现代化向现代性转型已完成的当代发达国家,从社会组织的自治性看,由于其非政府性,非市场性决定它既不是政府的附属物,也不是市场的附属物。一方面它与政府、与市场紧密联系;另一方面,它又与政府市场保持一定的界限。它与政府的界限通过宪法划定政府的公权力与公民的私权利的范围。保护公民私权利必然限制政府公权力的任意扩张;可以说在发达经济体,法治的原则是,对政府而言,法无许可的都是禁止的,对公民而言,法无禁止的都是许可的。

它与市场的界限在于它的非营利性,它的使命在于从事公益、慈善,虽也营利,但其利润不可以分配。营利只能办公益,它与市场的界限通过法律如普通民法或税法禁止分红,这就从法律上禁止了通过办教育、办医院来营利、发家致富的市场冲动。公民社会组织的公益践行在发达市场经济体,有其宗教文化基础,有强大的社会志愿精神。这种志愿公益精神则是在漫长的历史长河中,经过公民社会的自我发展、自我训练而成。

可以说公民社会组织不为官、不为利,只从事公益慈善,乐行善施。

一、现代诚信文化缺失的社会表现

我国当前诚信文化部分缺失一方面是传统诚信文化的解体;另一方面是现代诚信文化的发育不足所致。以现代治理视角看,政府诚信、企业诚信和公民社会诚信是政府、企业与公民社会支撑的一个治理体系,而诚信部分缺失则是现代治理缺失的表现。治理缺失体现在政治社会领域、经济社会领域与公民社会领域。

(一)政治社会领域诚信缺失

1. 地方政府官商不分,以权经商,以权谋利,与商争利,与民争利,甚至官商勾结,相互牟利。在政府与市场的关系中,政府和官员一旦失去了中立裁判的身份和地位,陷入某一方经济利益的圈子,就失去了公正、公平、诚信的基础和资格。在公民心目中,这些政府部门的形象也就从正义的主持者、公正的仲裁者,变成了霸道、说一不二的利益追逐者。

2. 一些部门和地方政府中,层出不穷、前赴后继的官员贪腐个案和窝案,极大损害了政府在民众中的公信力,使民众逐渐丧失了对政府和官员的信任感。民间普遍的印象是,无官不贪,官员不贪就要被潜规则了,很难站住脚,丧失了政府和公务人员的公信力。

3. 不少领导干部退休退职不退权，利用自己在职时编织的关系网，参与到各种经济利益组织中，不少地方出现了权力家族化、世袭化，甚至太子党横行，由权力造成的贫富两极分化日益加剧。

（二）经济社会领域诚信缺失

由于市场经济体制改革不到位，市场作为配置资源的主导作用还没有起到应有的作用。

1. 企业之间失信，不守合同相互拖欠

我国企业坏账率高达1％～2％，且呈逐年增长势头，而相比较下，成熟市场经济国家企业坏账率通常为0.25％～0.5％；我国每年签订约40亿份合同中，履约率只有50％；我国企业对未来付款表现缺乏信心，近33.3％的企业预计情况将"永不会改善"。而据有关机构的调查，2009年，我国逾期账款平均超过60天的企业占33％，较2008年同期增长了50个百分点。[4]

2. 企业对消费者与社会的失信

假冒伪劣活动猖獗，市场中的注水肉、黑心棉、陈馅月饼、假文凭、假农药、假种子等时见报端，不法厂商制售假冒伪劣产品、质量欺诈、商标侵权、专利侵权的范围已渗透到生产、销售、融资、借贷等各个方面。当前制假售假现象不仅表现出数量巨大、品种繁多、范围广泛、后果严重的特点，而且已经明显呈现集团化、区域化的发展趋势，出现产供销"一条龙"的现象。国务院发展研究中心对制假售假总体现状的全国抽样调查表明，我国市场上的制假售假现象的危害程度已超过商品走私，成为仅次于贩毒的第二大社会公害。

信息欺诈层出不穷。中介机构活动中的虚假审计报告、资产评估报告，时有曝光或被揭露。股市欺诈手法可谓层出不穷，如虚假包装上市，披露虚假会计信息，股市"黑幕"操纵，利用增发、配股、可转换债券等融资方式，行"圈钱"之实等。这些行为不仅扰乱了市场秩序，也严重挫伤了投资者的信心。各种虚假广告铺

天盖地,大话、空话、假话,令人眼花缭乱。

3. 企业财务作假,财务失真现象严重

在企业的财务工作中,许多企业做假账、搞两本账,严重违反财经纪律的行为比较普遍。这样的企业一般有两本账本,两本假账,各有妙用:一本是亏损账本,主要是给税务部门审查,其目的是偷税漏税;另一本则是赢利账本,主要是给银行查阅,其目的是为了骗取贷款。我国部分企业的会计信息严重失真,企业做假账现象已成为我国企业的致命毒瘤。

(三) 公民社会领域诚信缺失

由于公民社会与政府行为边界的模糊不清,政府对社会的不当干涉,在涉及公众利益的决策中,广泛充分听取吸收民众意见很不够;政府控制的群众组织和慈善组织的经费使用,完全不透明,饱受质疑。极大削弱了包括红十字会在内的慈善组织的公信力。也影响了公民社会的正常发展和人文精神的发育。正如中科院院士杨叔子先生所讲:"一个国家,一个民族,如果没有现代科学,没有先进技术,一打就垮;而如果没有优秀的历史传统,没有民族人文精神,不打自垮"。在一个没有信用的社会里,人与人之间相互防范,相互猜忌。你打交道的每一个对手都是你的假想敌。真诚的赞美被怀疑成"蒙汗药";无私的帮助被怀疑为陷阱;诚挚的忠告被怀疑为挑拨离间;甚至连有意无意的一瞥,都会被疑心为谋害的暗号。而你衷心相信的,没准恰恰是你的敌人! 这将是一个怎样的世界呢?道德滑坡成为社会健康发展的败血症。

人们陷入难以自持的精神迷茫。心理疾病以前所未有的速度蔓延,人与人相互为敌,冷漠残忍,宗教信仰萎靡,精神理想破灭,真理和信念被相对主义腐蚀,人生意义变得越来越虚无。《瓦尔登湖》的作者梭罗讲到:文明改变了人类的住房,但没有同时改变住房里的人。今天,我们的收入越来越高,但道德水准确未见突飞猛进;我们的财富在成倍地增长,但自身的价值却越来越模糊;我们拥有的知识越来越多,但判断力却越来越弱;我们已经征服了宇宙外层空间,却好

像遗忘了我们自己的内心世界。人的精神家园面临着前所未有的挑战。

由于健康的社会组织的缺乏，转型社会最容易发生公共规则、公共意识的断层。托克维尔在分析当年法国大革命社会转型期，写道"传统体制下的人们在市场经济的冲击下，人与人之间越来越原子化，尽管各阶层之间的利益冲突越严重，但无论是富翁还是穷人，无论是官员还是平民，具有同样的思想、同样的嗜好，人们之间是彼此相似，却对彼此的命运互不关心。在这彼此一致的人群中，竖立着无数小障碍物，将人群分割成许多部分，在每个部分的小圈子里，出现了一个个特殊社会，它只顾自身利益，不参与全体生活。"同时这也成为当前中国社会转型中公民社会缺失的真实写照。

二、现代诚信文化缺失的社会原因分析

正是传统诚信观与现代诚信观的诸多区别才导致转型期的中国社会中一系列冲突，我国当期正处于从传统农业社会向现代市场经济社会转型阶段。现代市场经济体制及市场经济主体正在加速形成，现代法治政府和现代市场经济体制正形成中，可以说一切传统诚信理念的丧失、现代诚信理念的形成都处在转型中。

现代市场经济最主要的诚信观就是建立在平等基础上的交易，需要协商、谈判、适当的妥协，这与传统的封建等级的宗法社会的忠诚观不相容。但随着现代市场经济的冲击，"它把一切封建的、宗法的和田园般的关系破坏了，它无情地斩断了把人们束缚于天然尊长的形形色色的封建束缚，它把宗教虔诚、骑士热忱、小市民伤感这些情感的神圣发作，淹没在利己主义打算的冰冷中。它把人的尊严变成了交换价值，用一种没有良心的贸易自由代替了无数特许的和自力争得的自由，它把医生、律师、教士、诗人和学者变成了它出钱雇用的劳动者。一切固定的僵化的关系及与它相适应的观念与见解都被消除了，一切新形成的关系等不到固定就陈旧了。一切等级的和固定的东西都烟消云散了，一切神圣的东西

都被亵渎了。"[5]在市场经济的冲击下,以身份为主导的传统封建宗法制度解体了,而以契约法治为主导的法治社会正逐步建立。以等级世袭为主导的不平等的臣民社会解体了,以权利平等的公民社会逐步形成。

人们不得不用冷静的眼光重新衡量他们彼此的关系。重新衡量人们与政府的关系,人们与市场的关系,人与人的关系。在中国的社会转型中,传统与现代交织,政府与市场交织、政府与社会、市场与社会相互交织,界限不清,公私不清,传统的诚信体系与新生的现代诚信体系并存,形成了一种中国社会的转型图景。

(一) 政、社不分,社会组织发展不足致公民社会诚信缺失,政府功能错位

作为社会潮流与社会风尚的引领者,非政府的民间组织应有其独立的发展空间,自我发展、自我管理和自我训练,逐步培育具有独立人格与公共精神的公民社会组织。政府与社会职能不分体现在政府对非政府组织的管理实行双重管理,但政府治理的碎片化程度惊人,且部门间各自为政、多头管理。职责模糊不清、履职不到位,各种管理和执法力量分散。增加了非政府组织的登记成本,也提高了非政府组织的准入门槛,导致大量草根组织游离于政府的监管之外。

政府部门与非政府组织争利。目前我政府仍直接管理大量社会事务,职能转变进程滞后于社会需要,且大量的社会组织从政府部门中脱胎出来,其机构、人员、设施等大都来源于政府,主要领导大多由政府部门的领导或政府机关改革分流出来的官员担任,形成与政府部门千丝万缕的联系,导致对政府的依赖性较强,非政府组织的自治程度较低。

因而,社会组织缺乏生存发展所必需的权利、资源、空间和机会。更严重的是如果政、社长期不分还会在社会风气、公共道德等方面造成更大危害。一个国家的繁荣,不取决于它国库之殷实,不取决于它城堡之坚固,也不取决于它的公共设施之华丽;而在于它的公民的文明素养,即在于人们所受到的教育,人们的远见卓识和品格的高下。这才是真正的利害所在,真正的力量所在。世界银行

前任行长克劳森认为,经济发展的背后是人们的行为准则,即道德判断,它最终决定了经济发展所能达到的水平。

如果一个国家的社会组织既不独立于政府,又不独立于市场,那这个国家的人民要么是拜金主义,要么是拜官主义。

良好的社会风尚的形成是公民社会自我教化、自我发展的长期结果,道德教化不是依赖政府的空洞说教,而是依赖现代法治保护公民社会的自治性、独立性,引导公民社会的道德教化与自我发展。政府取代公民社会对于道德教化的危害会随着时间发展而越发严重。"如果一个民主国家的政府到处都代替社团,那么,这个国家在道德与知识方面出现的危险将不会低于它在工商业方面发生的危险。在现代国家,结社的学问是科学之母,其他一切学问的进展都取决于这门学问的进展。在规制人类社会的一切法制规则中有一条法则是最明确的,那便是要是人类打算文明下去或走向文明,那就要使结社的艺术随着身份平等的扩大而正比地发展与完善。"[6]

(二) 政、企不分,非政府组织社会影响力弱

随着市场经济的发展,我国非政府组织近年来也有一个大的发展,根据《民政事业发展统计公报》,从 1989 年的 4446 个发展到 2009 年全国登记的社会组织共有 43.1 万个,年均增长速度达 34%,远远超过我国经济 9.6%的增长速度。但在政策的影响力及社会影响力方面都远远小于少数垄断国企。

传统观念认为,人多力量大,大型组织比小型组织力量大,但奥尔森通过研究则认为,小组织有时比大组织力量更大,因为大型组织虽然人数众多,但也存在搭便车的现象,凝聚力小,不容易采取集体行动,小型组织决策成本低,容易采取集体行动。[7]

中国的垄断国企虽然数量相对不多,但相对于众多的消费者及利益相关者而言,正在形成一个非常庞大的利益集团,每年的利益有数万亿。他们没有效率,利用公权力掠夺,导致社会丧失公正。尤其是世界金融危机以来,国进民退

已成趋势,这将给政府和社会带来很大危险,不约束这类利益集团,将会铸成大错。

庞大的利益集团的形成造成了上层集团的小组织化与广大民众的原子化与碎片化。从而造成社会阶层间流动受阻,社会冲突风险加大,社会诚信缺失。

(三) 企、社边界不分,非政府组织属性变异

我国非政府组织近年来也有发达国家的商业化、营利化的倾向。一是一些非政府组织为弥补资金缺口,被迫追求营利;二是一些非政府组织为提高效率,借鉴企业经验而商业化;三是在市场营利的冲动下要保持传统意义上的独立性和公益性立场日益艰难。我国还有一些问题是发达国家没有的如企业办社会的问题,尤其是一些大型国有企业背负很重的社会负担。

这里主要涉及非政府组织的营利化及利润分配问题。我国企业行为与社会公益组织之间的界限不清,源于法律条令政出多门,相互矛盾、冲突。如在发达的现代性国家,企业行为与非政府组织的社会公益行为界限清楚,企业与非政府组织虽都可以营利,但两者的区别是企业可以上市,利润可以在股东之间分红,而非营利组织虽然也可以营利但利润不可以在股东之间分红。

但在我国非政府组织依据民办非企业条例规定,利润不可以分红,但民办教育促进法实施条例却允许出资人根据民办学校章程的规定可以从民办学校的办学结余中按一定比例取得回报。类似这样的繁多且相互冲突的法例条规致使非政府组织市场化、商业化倾向加剧。这直接背离了非政府组织的公益性宗旨与特征。

此外,我国非政府组织自身存在着很多问题,发展不成熟。具体表现为内部制度建设不规范,诚信透明和自律机制缺乏,有 13.7% 的机构没有设立董事会,44.6% 的机构每 6 个月开一次董事会,有 50% 单位没有信息公开。[8]

综上所述,我们看到非政府组织在我国功能缺乏,与其说是由非政府组织本身能力弱小致功能失灵,不如说是我国政府职能转变滞后、市场化进程滞后及企

业行为与社会组织公益行为边界不清而造成的。

三、诚信文化的传承与现代诚信文化的重构

诚信文化的规则体系建设在中国涉及的是传承传统文化的诚信理念,发展现代诚信体系。

1. 批判地吸收中国传统公益文化诚信理念

诚信、真实、无伪,君子一言,驷马难追等,老吾老及人之老,幼吾幼及人之幼等成为几千年来的优秀文化传统,需要发扬光大,但另一方面又要扬弃传统文化中亲疏远近的公益原则,树立现代平等的大爱无疆的公民责任意识、责任理念。

2. 批判地吸收发达市场经济体的互惠主义公益诚信理念

我国传统中的"君子喻于义、小人喻于利"的重义轻利诚信理念实际是现代大公无私的理念的延续,这与现代市场经济的重义重利、互惠互利相冲突,发达市场经济体大多认可利他主义、互惠主义理念,应该说纯粹利他主义在现代社会中确实存在,但那是一种只有少数人能达到的个人精神境界,而互惠主义的公益理念则应成为大多数公民的必备公共品德。

3. 推进政企分开,理清政府行为与企业行为的边界

建立现代产权制度是建设现代诚信的前提,政企分开在改革之初就已经提出来了,但至今仍没有达到设想目标,政企关系实际上一直处于矛盾状态:一方面,出于国有资产保值增值的考虑,政府依然以各种理由、各种身份(改制以前以行政长官的身份,改制以后则以国有股权代表的身份)对企业实施行政干预,结果政企不分现象仍十分普遍;另一方面,政府作为国有资产所有权代表,受信息、利益、人力等多方面因素的限制,并没有很好地履行所有者职责,相当一部分国有资产处于失控状态,"所有者缺位"和"内部人控制"现象严重,大量国有资产流失。而更严重的是挤占了非政府组织的发展空间和发展所需要的资源,会加重各种社会矛盾与社会问题的发生。

4. 推进政、社分开，理清政府行为与非政府组织行为的边界

推动政、社分开、培育社会组织的独立性自治性是建设现代诚信的基础。

目前我国政府对社会组织采取双重管理，归口登记、分级管理的体制，虽然对社会组织的发展起到很大促进作用，但是管理体制、管理法规之间还存在相互矛盾、协调不顺的问题。推进政、社分开的路径在于解决政府部门与非政府组织职能交叉问题，就是要解决"管干不分"的问题，将部分重叠在如民生服务领域的职能剥离给相关的民间组织。

另外需要把政府行政管理权与基层群众自治权分开，解决政府包办社会的体制性问题。

5. 推进企、社分开，完善组织内部治理结构

通过政府与非政府组织及公民三方互动方式规范非政府组织与企业行为的各自边界，研究解决不同政府部门对非政府组织的不同规定，换言之解决政出多门问题。

完善与重构非政府组织理事会、监事会；加强对非政府组织高层管理人员的有效管理；弱化政府对非政府组织准入制度的监管，强化政府对非政府组织活动过程的监管。

通过独立的第三方监管机构，加强社会监督。规范行业监督，加强行业自律。

建设与发展现代诚信理念及与其相关联的制度系统，需要一个公民社会自我训练的漫长过程，它需要政府切实转变职能，需要公民社会的自治发育。更需要每个公民的日常点滴努力。

［本文系上海市教委创新项目《非政府组织功能失灵与第三方治理》12YS155 阶段性成果］

参考文献

［1］吕思勉.中国通史［M］.北京：中国商业出版社，2010.11：67.

［2］茅于轼.中国人的道德前景［M］.广州：暨南大学出版社,1997:122.

［3］习近平.领导干部要树立正确世界观权力观事业观.中国新闻网,2010.9.1.

［4］安邦咨询.中国企业信用缺失代价惊人 每年损失达6000亿元［N］.经济参考报,2011.
5.4.

［5］马克思.马克思恩格斯选集第一卷［M］.北京:人民出版社,1995:253.

［6］托克维尔.论美国的民主［M］.北京:商务印书馆,2002:640.

［7］［美］曼瑟尔奥尔森.集体行动的逻辑［M］.上海:上海人民出版社:30.

［8］国务院发展研究中心社会发展研究课题组.社会组织建设:现实、挑战与前景［M］.北
京:中国发展出版社,2011.8:58.

6 诚信文化的心理学分析及培育途径

熊 会

【提要】本章通过文献梳理当前在心理学领域对诚信研究的成果,以心理学视角为着眼点,从诚信认知、需求、意志、行为、行为反馈五个阶段对诚信心理机制进行阐述,同时针对诚信个体提出实施诚信心理的培育途径。

现代社会，社会转型和多元文化既带来社会进步，同时也使传统的诚信观念发生变化，关于诚信的话题，无论是诚信或非诚信都普遍存在于工作、生活、学习与人们交往之中。无论是政治界、学界、还是企业界，无一例外都作为客体现象体现诚信品质的交往。很显然，诚信从个体品德品质上升为责任意识，达到国家和社会对公民的基本道德要求。积极探究诚信的内在心理运作机制是达到教育诚信品质和认识的基础。本章将从心理学角度对诚信进行解读。

一、当前在心理学领域对诚信研究的成果

从古至今，诚与信是人们一直谈论的话题，无论从哲学、伦理学，还是社会学等领域都有对诚信的探讨。在经济学中，人被定义为一个纯粹追求经济利益的经济人，但这却无法解释人在没有经济利益的前提下的守信行为和人们舍己为人等行为的内在原因。即人不仅是经济人，人也是有道德的人，而且人也是有心理活动的人。中外关于诚信的研究源远流长，但从各自的发展历史看，两者的研究主体有不同的变化，对诚信涵义的理解也存在着异同。西方早期诚信研究的主体是哲学、宗教领域的学者，20世纪后企业的繁荣发展，诚信研究进入了一个活跃的时期。此时首先加入诚信研究主体的是心理学工作者，随后经济学、管理学、伦理学和社会学等学科的工作者也对诚信进行了研究。

（一）心理学领域关于诚信问题的探讨

近年来，心理学对诚信问题的研究多集中在社会心理学领域，它把人的诚信

行为(主要是信任行为)置于人们无法直接看到的心理层面上予以解释,逐步深入到对诚信意识、诚信行为发生的内在机制的剖析。已有的研究通常是从"信任谁"及"谁信任他人"这两个角度来看问题,前者把信任作为一个两人相互的概念,后者把信任作为一个个体的心理概念,由此就出现了两种主要观点:

一是将信任理解为对情境的反应,是由情境刺激决定的个体的心理和行为。美国社会心理学家多伊奇(M. Deutsch)[①]认为,人际信任的有无以双方合作与否来反映,两个人之间的信任程度,会随着实验条件的改变而改变。在这种情况下,信任被看作一个由外界刺激决定的因变量。这种受情境反应决定的信任又被认为是一种在人际交往过程中遇到两难情景时的决策行为。当考虑他人是否值得信任时,人们要利用到多种信息,不仅会考虑自己的利益,还会考虑对方的利益。当判断在当时具体条件下,对方的利益与信任预期并不冲突时,人们才倾向于做出信任决策。[②] 目前,对中国人人际信任的研究多从关系情景的角度进行研究。研究者认为[③],在中国人的信任行为中,被信任者的因素,尤其是人格因素在一定程度上是由双方交往关系因素决定的,包括天赋的及后天的连带关系及人情。张建新、张妙清、梁觉[④]探讨了不同社会情景下,泛化信任、殊化信任以及可信任性知觉等对信任行为起作用的理论模型,认为三种交往情景下的人际信任路径模型之间的异同主要表现在:殊化信任在所有情景下对信任行为都有直接而显著的作用;泛化信任则只在与熟人和陌生人交往时才起作用。与目标任务的关系越疏远,对他们作出信任行为时所需的心理资源也越多。还有的研究(Johnson George & Swap,1982;Good,1988;Wrights man,1992;Remple,Holmes & Zanna,1985)主要从被信任者(trustee)可信性的角度来研究,并主要针对被信任者的能力、才干、行为一致性、可靠性、动机、责任感等来研究。

---

① HardinR, Trusting porsons, trustinginstitutions. Strategy in Choico. MAMIT, 1991:487.
② 陈劲:《中国人诚信心理结构及其特征》(博士学位论文),西南大学,2007 年。
③ 扬中芳、彭泗清:《中国人人际信任的概念化:一个人际关系的观点》,社会学研究,1999 年 2 月。
④ 张建新、张妙清、梁觉:《暂殊化信任与泛化信任在人际信任行为路径模型中的作用》,心理学报,2000 年 3 月。

二是将信任理解为个人人格特质的表现,是一种经过社会学习而形成的相对稳定的人格特点。[1] 这种研究从信任者(trustor)的角度来看个体信任他人的性质及程度。其研究主要从两方面进行:其一,研究信任者对其所面对的社会成员(或世人)的一般性、概括性的信念及态度(包括对人性、人的可信性等看法)。例如,罗森伯格(Rosenberg,1957)、赖特曼(1992)等的研究;第二,将信任者对他人的信任当成其稳定的人格特质因而从个别差异的角度来加以测量及研究,例如罗特尔的研究(1967,1971,1980)。近年来,组织管理研究中也逐渐开展对信任个体差异的测量,并利用测量结果来选聘和评定值得信任的员工。还有社会心理学家 Lewis,Weiger 等人从信任的特点、维度、基本类型入手,通过系统分析,提出了理性和情感是人际信任中的两个重要维度。

在现实生活中,二者的不同组合可以形成不同类型的信任,其中认知性信任和情感性信任最为重要。随着研究的深入,他们发现,认知性信任在现代社会中越来越成为社会关系的主要基础。

上述研究以社会心理学的理论方法为基础,使诚信研究逐步深入,基本注重在对诚信行为(即信任)的内在意识过程进行研究,但所有的研究方向在对这种意识本身的结构内容及特征的深入挖掘上较少或没有。而人格心理对诚信的研究又偏重于生理特征的探究,忽视了社会文化对诚信人格的重要影响。

(二) 诚信心理的实证研究

在国外的研究中,对诚信心理的探究是伴随着测谎科技的进步而发展。亚里士多德曾在公元前 200 年通过脉搏进行说谎判定。美国工业心理学的鼻祖斯滕伯格首先使用四种指标进行诚实的测量。在国外,基本上采用四种诚信的测量的方式,分别是:测谎仪、电子记录分析法、隐藏目的测验法与诚信测验。具体包括:爱德华社会期望量表,MMPI 中的 K 量表与 L 量表。国外对于诚信的测

---

[1] 陈劲:《中国人诚信心理结构及其特征》(博士学位论文),西南大学,2007 年。

量研究更加注重实用性,主要用于两个方面,一是通过笔试的形式对聘用人员的诚信的测量研究;二是对学术诚信的培养测量研究,如对于论文伪造与剽窃等。国外诚信实证研究的另一个重要方面是运用于人力资源管理中的相关研究。

在大学生的诚信测量中,陈欣银[1]则编制大学生的道德问卷,从律己、尊老、责任、真诚、报答、理他性、集体、平等等八个角度对大学生诚信的重要性调查排序,调研结果显示真诚是第一位的。蔡海江[2]等应用编修的基本人格诚实量表,主要有 60 个测题,按照自我效能、条理性、责任感、成就驱力、自我约束与谨慎等6 个方面和中国人诚实方面的问卷,该问卷共有 20 个题,通过了解被测试的人周围诚信状况、被测人对于整个社会的奖惩机制的观点、被测人对于社会主流行为是否诚信认同、被测人的人性观点、被测人的勇气等,对台州学院 488 名大学生进行了调查。结果显示,现代中国大学生诚信水平与美国常模比较,水平相当。桂亚莉[3]制定对于高校学生诚信方面的问卷,分别对学生的"诚"与"信"开展调查,通过探索性因素分析得到高校学生诚信方面的问卷"诚"有诚实和无欺两个方面;"信"有信任、重诺、守信和信用四个角度。大学生对于诚信的各个维度的看重程度是不一样的,其重要程度的顺序为:信用>诚实>守信>重诺>无欺>信任。

(三) 对中西诚信文化的比较分析

张永岳等人认为,由于世界经济发展的不平衡和东西文化底蕴的差异,西方社会早在古罗马时期,诚信原则就已将道德规范与法律规范合为一体;而中国在其历史发展过程中,诚信主要是作为一种道德规范,更多地通过倡导信誉来维系经济活动的进行,而不是法律法规。陈丽君、王重鸣认为,在诚信研究的应用问

---

[1]　陈欣银:《道德价值现结构研究的几个问题》,华东师范大学学报(教育科学版),1987 年 2 月。
[2]　蔡海江、章可敦、杨华琴:《现代大学生诚信水平与诚信观的调查》,中国临床康复,2005 年 9 月。
[3]　桂亚莉:《大学生诚信心理初步研究》(硕士学位论文),西南师范大学,2004 年。

题上,西方诚信的研究应用体现出三大特色:一是重操作高于重理念,重分解高于重概括;二是重制度高于重宣教,重他律高于重自律;三是重防范高于重补救,重过程高于重结果。而中国文化强调重理念高于重操作,重宣教高于重制度,重视自律而忽视他律。这反映出中国的诚信研究在实践上应用不足,即对诚信的研究滞后于对实践的要求。孟勤国以中美比较为例指出,中国的诚信出于礼教,美国的诚信出于功利;中国的诚信重在感化,美国的诚信重于规则;中国的诚信决于精英,美国的诚信决于百姓。涂永珍认为,中国传统伦理文化中的诚信是建立在中国封建社会自给自足的小农经济基础上的,属于一种由人格信任、亲缘(熟人)信任所构成的道德规范,强调的是伦理性;而西方诚信是建立在商品经济的契约关系之上的法律范畴,强调的是规范与监督,体现了平等、自由与正当权利的法治精神。应该说,现代的诚信思想正走向中西融合的道路。西方一些合理的诚信理念,已影响了现代中国人的诚信观。

二、从心理学角度解析诚信运行机制

我国自孔子起诚信一直是哲学领域关注和研究的问题,近代对诚信的研究、思考以及应用,直至当代社会主义市场经济的发展,才有管理学相关学科的研究。之前诚信的研究主要是在社会学、经济学和法学领域展开,主要是把诚信作为一种道德规范、社会规范和法律规范来理解。从心理学角度在个体层面对其发生发展变化进行探讨较少。诚信是人的一种心理活动与行为表现,只有先明确基本的心理机制,才可能系统地作为道德规范或社会问题被研究。诚信心理运行机制是指诚信的心理形成,是人的诚信行为产生的动力源泉和心理模式。从道德心理的角度看,诚信心理由诚信认知、需要、动机、行为、行为反馈机制组成。

诚信心理运作的个体机制,是诚信的行为实践产生的基本依据。主要从四个阶段解析诚信心理运作机制。以诚信认知为基础,由诚信需求引发诚信实践,通过外在环境和个体意志品质的综合作用对诚信认知进行反作用,进而再建构循环心理过程。诚信心理机制包括:认知(认知程度),需求(建立情感),意志(克服困难),行为(落实在行为中)。行为是以需求为导向的,需求建立在一定的认知基础之上,诚信行为与心理反馈是相互作用的。这是一个动态系统。

(一) 诚信心理的认知基础

诚信认知即对具体的人或事的诚信判断以及对诚信本身的认识,它以对外界的感知为基础。诚信认知是认知过程在处理诚信相关事件中的具体表现。在认知过程中,个体通过感觉、知觉、记忆、想象、言语方式,获得和运用信息,去认识客观事物的特性和联系。就如同个体通过五官感知来自外界的信息,进而对外界作出明亮与黑暗、动听与嘈杂、飘香与刺鼻、正义与邪恶、善良与无情、诚信与奸诈等综合判断一样,个体对诚信的认识和判断也建立在对诚信的感知之上。某个人诚信吗,某个人值得信任吗,诚信能给自己带来利益吗,诚信的人会得到奖励吗,诚信的人能获得工作伙伴的支持吗,诚信有助于人们的学习、工作与生活吗? 个体对这些问题的探索和回答就是诚信认知。诚信认知是诚信心理结构的基础。个体通过父母、师长、同学、朋友、公众人物、报纸、杂志、书籍、影视、网络等来源和途径获得诚信相关信息,从而形成对诚信的一般看法,形成对某个具体的人或事的诚信判断。个体对诚信的认识和判断又作为一个重要的内在因素影响个体的诚信行为。

(二) 诚信心理的需求动力

需求是主体心理活动的内驱力。从马斯诺的需求层次理论来看,在自我实现的范畴中,诚信的实现是其中之一。在马斯诺的需求层次理论中,人的需要有系统有层次的,低级需要的满足是高级需要满足的基础,低级需要满足后,就会产生下一级高级需要。当基本需要得不到满足时,讲诚信是隔靴搔痒,是不现实的,仓廪实知礼节,衣食足知荣辱。只有在基础的需要满足后,才能谈高一级的需求。因此对于在市场经济条件下,少数人为追求眼前利益,甘于冒法律风险,或者道德失信的原因正在于此。需求是内在动因,是内驱力,但是仅有需求无法激发动机,创造一定的外在环境和条件是需求酝酿的土壤。诚信行为的外在因素是在对诚信行为的肯定和预期满足后实现的,即对诚信行为鼓励或推广在某种范围影响诚信观念的培育与养成,在不诚信行为受益的模式环境中,则鼓励了非诚信的行为。

(三)诚信心理的意志品质

当心理产生需要以后,由动机引起的诚信行为很有可能由于某种原因而中断,那么就需要有意志的参与。这样才使得诚信行为得以持续下去。在诚信的需求驱动下,克服冲突后确立目的,目的越明确,越具有实现可能。明确了行为目标后,并不必然实践诚信行为,因为在实践过程中,会遇到各种困难和问题,这需要意志的作用。在克服原有的干扰困难之下,实践行为中出现的新情况与新问题以及各种矛盾,需要实践主体努力与坚持。在实现目标,克服困难的时候,在意志品质的努力下,不断调整原有方案,继续实践达到目标。

(四)诚信心理的行为实践

在认知基础上建立的诚信需求,通过一定的意志品质的努力,从而践行诚信行为。一般认为,认知越明晰,越符合诚信个体需求,从而诚信信念就越坚定,从而对于克服困难与跨越障碍的意志品质就越坚定,从而诚信行为才能更好地实施,反之,如果认知不明晰或不能产生符合个体的需求,则信念和意志的建立存在一定的薄弱性,从而减弱行为的实施。诚信个体的诚信行为并没有意味着诚信终结。从教育心理学和社会心理学角度来看,行为的终结并非意味着心理活动的终结,行为的完成,心理活动则从一个阶段进入另一个循环阶段,即对行为结果的评价和反馈阶段。

（五）诚信心理的行为反馈

诚信行为结束后，主体的诚信心理活动是不会结束的，它将诚信的认知反馈给主体，主体对其进行评价和反省，这属于另外一个阶段，经过主体自己的认识，使得主体对诚信行为有了新的认识，达到了平衡的阶段。

以上五个阶段就是对诚信心理运作的个体机制解析，从这五个阶段的循环运作分析可以认清诚信行为产生并维持一贯性的基础和条件的机制原理。诚信心理机制的探析应考虑不同群体和个体的独特的心理过程。传统的诚信培育大多是讲述式教育，对诚信情感、诚信体验和意志培养则相对不够，缺乏科学系统的教材和训练课程，把外在的诚信要求内化为个人诚信品质。同时诚信的教育和训练不能仅仅运用说教的方式，要有科学认知角度的引导，还要激发对诚信的情感体验，培养诚信的意志品质。

三、在诚信心理运行机制上加强诚信培育

以心理学视角为着眼点，从诚信认知、需求、意志、行为、行为反馈五个阶段对诚信心理机制做了较详尽的阐述，同时针对诚信个体提出实施诚信心理的培育途径，即传递诚信受教育者知识信息；实现诚信个体的情感体验；培养诚信个体的意志品质；提高诚信个体对不诚信的自我控制能力。

（一）传递诚信个体的诚信知识信息

对于诚信的知识认知是诚信个体的个体诚信心理与行为建立的基础。首先，诚信个体必须明白诚信的重要性。内诚于心，外信于人。诚信是人与人之间相互信任相互合作的基本要求。其次，诚信个体应认识不诚信的危害和严重性。在传播个体诚信的科学知识时，可以通过多种方式传递诚信的要求和知识。讲座、培训、海报、宣传栏等都可以传递有关诚信的知识信息。通过多种载

体形式,还可通过建立诚信档案、签订承诺书和诚信年度人物评选等多种多样丰富多彩的活动载体,树立诚信品质的典型榜样。鼓励诚信个体加强对诚信认识,消除不诚信的观念。

其次,要具体提高个体对诚信在认知基础上的认同度。一方面,促成主体对诚信道德相关知识的理解,其中特别要注重对个体进行"诚信"现代意义和当代价值的诠释;另一方面,促成个体对诚信重要性以及达到诚信可能性的认可。通过教育,必须让个体了解诚信道德和诚信精神。个体对诚信的认知与认同是诚信行为产生和持续的前提。

在诚信心理产生过程中,全社会良好的诚实守信氛围是个体诚信的前提条件。诚信心理仅靠个体自发的积累是不够的,外在的教育与示范在诚信心理形成过程中起着重要的作用。尤其是个体处于诚信心理的持续阶段,外界环境对诚信行为会产生深刻的影响,如果遇到困难和干扰,可能会导致诚信行为的波动和终止。如果社会舆论对它进行积极的引导,使主体能够排除干扰,坚定诚信信念,那么个体就顺利完成其诚信行为。政府和各类组织的作用是举足轻重的,他们所进行的各类活动本身就在昭示诚信是否应被提倡和遵循。若政府行为或组织行为遵循了诚信的准则,则在很大程度上预示着社会诚信水平的提高。特别在我国,政府及其工作人员行为的诚信度更是直接影响着整个社会的诚信水平。同时,还应充分认识到,大众传媒是在全社会范围内进行诚信道德培育的一个主要力量,应该有意识地利用大众传媒的力量对广大受众进行诚信道德的宣传和提倡,以正确的价值取向教育人、引导人,帮助人们树立诚信的道德信念,培养坚定的道德操守,强化道德自律精神。

(二)创造诚信个体的情感体验

情感体验是人的需要满足与否的反映。一般情况,需要得到满足就会引起积极的情绪体验,不满足需要就会引起消极的情绪体验。这种情绪体验可以引起行为强化和消退。积极的情绪体验会强化行为,而消极的情绪会抑制或消退行为。在诚信个体的养成与培育中,需要引导个体情感体验由诚信带来的积极情绪,强化诚信行为,同时还可以体验由不诚信导致的消极情绪,使不诚信行为消退。当个体表现出诚信行为时,政府、社会或组织要给予表扬和鼓励,激发积极情绪。当个体表现出不诚信行为时,要给予引导,使其体验由不诚信导致的消极情绪,从而慢慢消退不诚信行为。如提升企业不诚信的机会成本等。

当然,实现个体积极的情感体验,激发个体的诚信行为动机,需结合个体的切身利益来激发个体的诚信行为动机是颇为有效的方法。在市场经济不断发展的今天,人们的行为多少会与自身的利益相结合,诚信观的教育也应充分注意到这一特点。在教育和日常生活中,引导个体分析自己的需要,强调高级需要,弱化已经基本得到满足的低级需要,并帮助个体正确理解诚信与满足需要的关系,即诚与利的关系。

例如,在学校诚信培育中,美国强化诚信的做法可供借鉴。美国大学有一种"信誉规则"制,学生进校后就要在一份"信誉规则"上签字,一方面表示学生以个人信誉承诺绝对遵守这些规则,包括不偷窃,不作弊等;另一方面表示只要学生进了该校园,学校就会默认其为有信誉的人。但,一旦学生违规了,那么对他的惩罚将是严重的,最重是永远开除。这样,为了切身利益学生就会有意识地诚实守信。当然,这种做法并不仅仅为了惩罚,最终目标是要唤起人的自尊心、荣誉感,自觉地不辜负所受到的信任。所以,在进行诚信道德的培育过程中,就应充分利用这一点,将诚信道德与受教育者自身的发展和利益相结合,让其认识到"人而无信,不知其可也"的道理,不断激发其诚信行为动机,促成诚信行为的形成。

(三) 培养诚信个体的意志品质

人的行为受到诸多内因外因的影响,如知识水平、道德水平、人格因素、环境因素等。而把作为外在要求的诚信规范转化为内在的人格品质,是诚信意志的关键。诚信意志的品质养成,主要通过直接经验和社会学习两个途径。直接经验是体验对态度产生的直接影响。因为直接经验更容易获得，而且源于直接经验的认知活动更活跃。当个体直接体验诚信的正面影响时，它就会迅速地融进意识，形成稳定的诚信品质。在社会学习中，家庭、同辈群体，以及社会文化等，都以非直接的方式塑造个体态度。当个人因为观察而发现他人由于诚信受到表扬，那么个人也会因此受到强化，进而形成态度。对于个体的教育与引导，需要及时奖励和强化诚信行为，使个体有诚信地坚持自己的行为，还有能为其他同学树立榜样，形成内化的自觉的意志品质。

（四）巩固个体的诚信行为倾向

在个体践履了诚信行为之后，需巩固和加强个体的诚信行为倾向。如让个体体会实行诚信行为后所具有的自豪感、成就感，不断促成这种情感的内化，让个体分享诚信行为带来良好的后果，以巩固主体采取诚信行为的决心。当然，依赖相关制度和法律对不诚信行为进行相应的惩戒也是巩固主体诚信行为倾向的一条重要方法。完备、详尽、具体的社会制度和法律法规对巩固受教育者的诚信行为倾向具有无法替代的作用，因为个人的道德理性和道德意志是有限的，在强调道德自律的同时，还应当强调包括制定和完善一系列行为规范和建立监督机构在内的多种法律手段。

就道德主体而言，教育者本身即是道德行为的主体，更是受教育者的表率，他们的道德素质如何直接关系到教育效果的好坏，关系到诚信道德培育的成效。教育者要率先垂范，做好表率，特别是在进行教育的过程中，若教育者能够以身作则，遵循诚信的道德原则，对包括受教育者在内的所有人采取诚信的态度，则能够给受教育者造成巨大的心理震荡，促使他们对失信行为的排斥和对诚信行为的认同。总之，教育者在对受教育者进行诚信道德的培育过程中，一定要更为严格地注重自身的形象，坚持诚信的态度和精神，践履诚信的行为，给受教育者以强大的典型感召，同时注意生活中重要人物（如父母、教师、偶像）和同伴群体的榜样示范作用。

在诚信培育的过程中，在进行认识教育的同时，多加强行动教育。多在实际情境中体验诚信、实践诚信，进一步认识诚信。另外，引导个体向有利于诚信的角度进行归因，即诚信可以导致更大的、长远的成功，而失去诚信只能换来微利、短利，最终是更大的损失。

（五）提高个体不诚信的自我控制能力

如果个体能自觉形成对不诚信的自我控制，那么社会的诚信行为将大大提升。自我控制中最重要的一点是能形成有效的自我监控能力。自我监控指人们的行为在多大程度上取决于他人或情境所提供的线索，这一特征对组织中的行为有着巨大的影响。自我监控能力强的人关注在特定情境下，何种反映是恰当的，同时也关注采取行动的依据。反之，自我监控能力比较弱的人，对外在环境不敏感，更多的是根据自己想法任意行事，而不关心环境因素。在对个体引导中，可使用自我慎独法、他人提问法、知识传授法等方法训练和提高个体的自我监控能力，从而使个体接受诚信要求，表现出诚信行为。

不诚信的自我控制能力，既受到客观条件影响，也体现个体内在要求。营造有序有规则的外在条件，为不诚信的自我控制提供客观保证。对诚信个体而言，不诚信的自我控制既有道德层面的自我要求，又受制于个体内在素质条件。

参考文献

［1］燕国材. 论诚信教育的心理学问题［J］. 江西教育科研, 2003.

［2］邱思胜. 诚信建设要抓根本［N］. 湖北日报, 2002.

［3］陈丽君, 王重鸣. 中西关于诚信的诠释反应用的不同与启示［J］. 哲学研究, 2002.

［4］盂勤. 中美诚信之比较［J］. 法学评论, 2004.

［5］涂永珍. 中西方"诚信"文化的差异及其现代整合［J］. 伦理学研究, 2004.

［6］杨中芳, 彭泗清. 中国人人际信任的概念化：一个人际关系的观点［J］. 社会学研究, 1999.

［7］张建新, 张妙清, 梁觉. 殊化信任与泛化信任在人际信任行为路径模型中的作用［J］. 心

理学报,2000.

[8] Kipnis D. Trust and yechnology. Thousand Oaks. CA：Sage. 1995：39-50.

[9] 姜晶花.诚信心理的深层剖析[J].苏州大学学报(哲学社会科学版),2003.

[10] 陈劲.中国人诚信心理结构及其特征[D].2007.

[11] 宋玲,吴继霞. 诚信的心理机制探析[J].牡丹江师范学院学报(哲社版),2009(1).

[12] 杨再勇,朱永新. 员工诚信的心理结构模型及管理启示[J].当代经济管理,2007(3).

[13] 黛布拉.L.纳尔逊,詹姆斯,坎贝尔·奎克著,桑强,等,译.组织行为学——基础、现实与
       挑战[M].北京:中信出版社,2004.4.

[14] 司继伟,张庆林.自我监控策略的培养[J].学科教育,1999(2).

中篇

7 学校诚信教育现状调查与分析

（以上海地区为例）

王煜华 刘 燊

【提要】对高校诚信教育展开研究，必须充分了解现实环境以及诚信教育主体的实际状况，需要通过必要的调查来获取有效信息。考虑调查的可靠性与便利性，我们选取上海地区为调查范围，调研对象涉及中小学、高校学生和老师，可进行不同年龄段、不同人群的比较研究。

根据诚信教育体系建设研究的要求,我们于 2011 年 11 月至 2012 年 4 月期间,以网络问卷调查形式为主、个别访谈形式为辅,在上海地区开展了诚信教育现状的调研。考虑到调查的科学性和严密性,本课题组分别采集了教师和学生两大类群体对诚信教育现状的观点数据,以作横向比较,并将调查范围覆盖大、中、小学的不同教育阶段,以作纵向比较,尽力挖掘调查中不同群体诚信观念的发展变化状况,多角度、多方位地展现诚信教育现状,确保调查分析结果的科学有效。

至调研截止日期,共得到教师有效样本 2 436 份(其中,大学教师 121 份,中学教师 773 份,小学教师 1 540 份),学生有效样本 20 998 份(其中,大学生 3 190 份,中学生 8 187 份,小学生 9 564 份)。

经过对样本的分类整理,考虑到成人与学生有较大的差异性,课题组按照教师组与学生组两大部分对数据分别展开分析。

一、教师组诚信教育调查

本次教师组调查问卷从诚信观念、校园诚信现状、提高诚信的途径和方法等三个方面设置问题 19 项,课题组对所得到的数据作如下解读。

(一) 教师的诚信观念特征

教师对于诚信的意义、内涵认识较统一,认同度较高。但是,在学术造假、人际交往等具体情境中,诚信观念的差异较大。大学教师、男教师的诚信观念比相应对照组更分散;中学教师对学术造假最"见多不怪",对人际交往中的诚信最宽容。

表1

您认为讲诚信						
答案	全体教师（%）	大学教师（%）	中学教师（%）	小学教师（%）	男教师（%）	女教师（%）
太傻,会吃亏,难以坚持	2.18	4.96	2.72	1.69	3.80	1.79
是做人的基本原则,吃亏也会坚持	71.72	78.51	71.93	71.04	73.00	71.38
会根据情况有选择地讲诚信	26.11	16.53	25.36	27.27	23.21	26.84

　　教师对诚信意义有较高认同,有较强的遵循诚信原则的意愿。在教师中,认为"诚信是做人的基本原则,吃亏也会坚持"的是主流,大学教师、男教师对此观点的认同度超过了各自对照组,他们在"会根据情况有选择地讲诚信"这一选项上低于各自对照组。这是否说明大学教师、男教师中诚信观念坚定者多于对照组,他们对诚信更具有义无反顾的色彩呢?从后面题目的数据看,还不能得到这个简单的结论。因为从理念到行为还会受到许多其他认识、情境因素的影响,对诚信观念泛泛的认同,并不代表一个人在具体情境下就会选择诚信的原则。同时,大学教师、男教师对"太傻,会吃亏,难以坚持"的认同度高于对照组,这与"吃亏也会坚持"选项的情况有较大的矛盾性,说明此类群体较其他群体更为个性化、更有主见,不喜中间路线。

表2

您认为一个人讲诚信主要体现在(多选项)						
答案	全体教师（%）	大学教师（%）	中学教师（%）	小学教师（%）	男教师（%）	女教师（%）
不说假话	54.23	52.89	46.31	58.31	50.84	55.05
兑现诺言	72.50	61.16	69.47	74.94	66.03	74.08
讲职业道德,有敬业精神	86.58	80.99	85.64	87.47	79.96	88.16
遵纪守法	68.35	64.46	64.94	70.32	60.34	70.26
其他	1.97	5.79	2.20	1.56	2.11	1.94

对诚信的主要表现,教师们最重视的是职业道德(这一点与学生组相同),其次是遵纪守法、兑现诺言、不说假话,这体现了人们对诚信问题的宽容度,在职场以及涉及规则的环境中,诚信问题最为敏感,诚信原则得到普遍认可,而在道德层面上,人们的宽容度较高。另外,这四个选项都是男教师认同度低于女教师;中间三项的认同度依小学、中学、大学教师的顺序递减;中学教师选择"不说假话"的最少;"其他"选项的大学教师高于中小学教师。这说明,大学教师、男教师对诚信表现方式的看法比相应对照组更分散。

下面几题就学术腐败、人际交往对上述选项作进一步了解。

表3

您对校园内学术腐败情况怎么看					
答　　　案	全体教师 (%)	大学教师 (%)	中学教师 (%)	小学教师 (%)	男教师 (%)	女教师 (%)
正常,这是社会腐败在校园的反映	23.32	22.31	26.78	21.69	28.06	22.19
无所谓,见多不怪	8.00	5.79	9.31	7.53	7.59	8.11
坚决抵制,学校是神圣的知识殿堂,不容许这种情况泛滥	68.68	71.90	63.91	70.78	64.35	69.69

表4

对于某著名科学家学术造假,因而受到法律处罚,并被首尔大学开除,您认为					
答　　　案	全体教师 (%)	大学教师 (%)	中学教师 (%)	小学教师 (%)	男教师 (%)	女教师 (%)
他得到的处置合理,诚信是做人基础,这样有助于纠正不良学术风气	90.31	87.60	89.13	91.10	88.61	90.71
没必要,学术造假大家心知肚明	3.24	4.13	4.40	2.60	5.49	2.70
处罚过重,毕竟他曾做出过巨大贡献,这样太不近人情	6.44	8.26	6.47	6.30	5.91	6.58

教师对学术造假有强烈的不满,又显得很无奈。对首尔大学教授造假被罚,各类别一边倒地表示"处置合理",认为对学术腐败要"坚决抵制,学校是神圣的

知识殿堂,不容许这种情况泛滥"的也是主流。可是,认为学术腐败"正常""无所谓"的也占到三成以上,其中尤以中学教师、男教师居多。是他们工作压力更大?职称晋升更激烈?对不公平更敏感?中学有更多的学术腐败?这些有待于进一步研究。"正常"仅仅是对事实的转述,并不代表赞成的态度;"无所谓"里虽然有些许漠然、超脱,但是也不能排除因不满、无奈而衍生出的怨气。大学教师在"这样太不近人情"的选项上(8.26%)高于平均水平(6.44%),课题组认为这与目前我国大学教师科研压力大有着很大关系,相当一部分大学教师对此深有感触,借此表达出对当事者的同情。

表 5

您对朋友同事在诚信方面要求的底线是						
答　　案	全体教师 (%)	大学教师 (%)	中学教师 (%)	小学教师 (%)	男教师 (%)	女教师 (%)
只要对您讲信用,对别人无所谓	5.79	17.36	5.43	5.06	10.13	4.74
会原谅朋友偶尔的失信行为	48.28	38.84	54.72	45.84	47.68	48.47
无所谓底线,大不了互相欺骗	1.48	3.31	1.29	1.43	1.90	1.38
对任何人都能言必行,行必果	44.46	40.50	38.55	47.66	40.30	45.41

教师在人际关系中既坚持诚信底线,又有较多的灵活性。主张"对任何人都能言必行,行必果"的人与主张"会原谅朋友偶尔的失信行为"的人相近,二者共有92.74%的得票率。大学教师显得比较自我中心,他们选择"只要对您讲信用,对别人无所谓"的多于中小学教师,选择"会原谅朋友偶尔的失信行为"的少于中小学教师。这种差异源于工作环境不同,大学教师与同事的联系远不如中小学教师那么紧密,交往频率低,"偶尔"行为的意义反而被放大。中学教师则显得比较宽容,小学教师对交往对象的要求最严格,中学教师长期与叛逆期的学生打交道,可能有助于他们接受人的多样性。相同道理,小学生的单纯听话也容易养成小学教师对他人的高标准严要求。同样的情况也存在于男女教师的对比中,可以理解为男教师的自律意识要弱于女教师,部分男教师在面对诚信选择的

问题时容易出现摇摆不定的情况。

（二）教师对校园诚信状况的反映

教师对校园诚信的评价高于对社会诚信的评价,对过去校园诚信的评价高于对当前校园诚信的评价,对自己学生时代诚信的评价高于对自己学生的诚信评价,对自己诚信的评价高于对环境诚信的评价。对校园诚信状况最乐观的是小学教师,较悲观的是大学教师。社会诚信状况影响了教师的助人方式,但对助人意愿的影响不明显。

表6

您认为现在的社会诚信状况						
答　案	全体教师（％）	大学教师（％）	中学教师（％）	小学教师（％）	男教师（％）	女教师（％）
与10年前相比进步了	11.82	14.88	8.93	12.99	9.70	12.30
与10年前相比退步了	77.46	67.77	81.89	76.04	76.58	77.70
和10年前比没什么大的变化	10.71	17.36	9.18	10.97	13.71	10.00

表7

您认为现在学生群体的诚信素质与您自己当年的情况相比						
答　案	全体教师（％）	大学教师（％）	中学教师（％）	小学教师（％）	男教师（％）	女教师（％）
更好了（1）	14.45	19.83	8.93	16.75	16.03	14.03
更差了（2）	56.77	57.85	69.86	50.13	58.02	56.48
差不多（3）	28.78	22.31	21.22	33.12	25.95	29.49

无论对诚信现状,还是对学生的评价,教师都认为"过去的时光很美好"。

大多数教师认为现在的社会诚信状况比10年前退步了,尤其中学教师作此选择的居多。这或许是因为中学教师对社会失信状况的接触机会较多——大学教师与学生联系松散,除了上课别无瓜葛;而中学生在考学过程中会因推优、录取等原因与教师有更多的互动,家长也会参与其中,中学教师有可能会比小学教师、大学教师看到更多的"故事";此外,小学生的人生观、价值观总体而言比较简单,教师容易管理与掌控,大学生经过高考的筛选,总体而言综合素质较高,而中学生面广量大,综合素质良莠不齐,并且正处于人生观、价值观形成的关键时期,容易产生各种变数,相对于其他群体诚信素质表现不佳,可以理解。同时,此选项若与中学教师在关于学术腐败的态度(表4)相联系,他们感到诚信退步或许也可能与十几年来对中学的某种制度改变有关,例如:职称晋升制度、业绩考核制度等,容易产生利益纠葛,引发关于诚信的疑问。上述解读未经进一步考证,仅供参考。

大多数教师认为学生的诚信素质比多年前有下降。对学生诚信进行评价的教师就像鲁迅笔下的九斤老太,痛感一代不如一代。超过半数的教师认为现在学生群体的诚信素质与自己当年的情况相比"更差了",持这种观点的中学教师最多,达到七成。而评价"更好了"的中学教师最少,不足一成。这可能源于愈演愈烈的择校风导致普通学校生源质量下降,也可能源于独生子女以自我为中心的情况表现突出导致不诚信更易发生,更可能源于人们的认知习惯及偏见——老子当年英勇,尔辈怎可相比!老一辈总是对晚辈不满意。记忆会漏掉很多信息,也会改变很多体验。所以,调查数据也许不能当作客观事实,但是,作为一个心理事实,却会对教师的思想、情感、行为产生影响。

表8

您对您所在学校诚信建设情况的总体评价					
答　案	全体教师（%）	大学教师（%）	中学教师（%）	小学教师（%）	男教师（%）	女教师（%）
很好,不值得担忧	32.68	24.79	25.74	36.75	31.65	32.91
一般,不诚信只是个别行为	56.73	63.64	60.16	54.48	53.38	57.55
较差,较多人存在不诚信行为	7.27	5.79	9.06	6.49	9.70	6.68
很差,现状值得担忧	3.33	5.79	5.05	2.27	5.27	2.86

118

表 9

您认为学校的诚信状况与社会诚信状况相比						
答　　案	全体教师（%）	大学教师（%）	中学教师（%）	小学教师（%）	男教师（%）	女教师（%）
学校比社会总体要好（1）	88.79	80.17	88.36	89.68	88.40	88.88
学校比社会总体要差（2）	1.48	4.13	1.68	1.17	2.74	1.17
两者没什么差别（3）	9.73	15.70	9.96	9.16	8.86	9.95

　　九成教师都对学校诚信现状给予"一般"和"很好"的评价,而且同样多的人认为"学校比社会总体要好"。这种认识是有实际经验为依据,还是"坏事都在别人家"的印象使然?校园环境较单纯,利益冲突相对少,所以,可能诚信状况好于社会其他领域。但是,我们也不可忽视常见思维误区的影响。对于新闻发生地,人们习惯于分为此处、彼处,此处是有限的(我家,我校),彼处近似无限的(社会),发生在甲乙丙地的都是彼处,所以,彼处的信息总是多于此处的。因此,调查结果仅仅反映了教师的认知,而未必是对事实的反映。

　　对校园诚信状况最乐观的是小学教师,较悲观的是大学教师,这源自于思想成熟度,小学生更单纯,随着年龄增长,阅历增加,学生的思想更复杂多样,也越来越不可控。同时,这也从侧面反映出现有的学校诚信教育对于学生道德品质养成的效果有限。另外,男教师(5.27%)对校园诚信状况的忧虑度高于女教师(2.86%),这可能源自于女教师的宽容度更高,男教师对待教育相对缺乏耐心。

表 10

如果一个真正诚实守信的人为满分 100,那么您对自己诚实守信行为的评价是						
答　　案	全体教师（%）	大学教师（%）	中学教师（%）	小学教师（%）	男教师（%）	女教师（%）
100 分（1）	27.55	33.88	23.16	29.29	28.69	27.30
80～99 分（2）	70.57	61.98	74.26	69.35	68.78	70.97
60～79 分（3）	1.48	1.65	2.20	1.10	1.27	1.53
60 分以下（4）	0.41	2.48	0.39	0.26	1.27	0.20

教师对自己诚实守信行为的评价极高。教师的自评分比学生的自评分还要高,自评 80 分以下的人不足 2%。自评分最高的是大学教师,三成多的大学教师给自己 100 分。然而,大学教师对校园诚信状况的评价却是比较悲观的。人人都在良好至完美之间,那么,校园失信是怎样发生的?高校失信行为发生在管理类、服务类人员中吗?从表 12 的数据看,这种推测得不到证实,只有一成的人"认为影响校园诚信环境的主要因素"是领导和管理者。这种高自评还是反映了对人对己的双重标准。无论怎样,人人高于平均数的自评特征,让人们很少能认清自身的问题,容易向别人抢大棒,却不能从我做起。另外,作为社会群体中综合素质总体而言较高的一类人,仍有近七成的教师做不到完全诚信,社会总体诚信状况可见一斑。然而,我们应认识到诚信建设的困难,选择合理有效的途径来促进全社会的诚信建设,一步一个脚印地走下去。

表 11

看过南京的彭宇案和天津的许云鹤案后,您在路上遇见摔倒的老人时会					
答　　案	全体教师(%)	大学教师(%)	中学教师(%)	小学教师(%)	男教师(%)	女教师(%)
毅然决然地上前搀扶	40.80	46.28	40.88	40.32	44.94	39.80
犹豫,在找好证人的情况下上前搀扶	38.59	33.06	38.68	38.96	35.44	39.34
拨打 110 报警,在旁围观	18.64	16.53	18.76	18.77	16.46	19.18
感到与自己无关,直接路过	1.97	4.13	1.68	1.95	3.16	1.68

此题目反映出社会诚信状况对人们行为方式的影响。尽管题目中提醒了社会诚信缺失的状况,教师们仍然选择了助人,高达 98.03% 的人表示会以不同方式对摔倒老人实施救助。只是,与学生数据相比,教师的助人方式更谨慎,更注重自我保护。大学教师、男教师比对照组顾虑少,同时,这两组中表现冷漠、选择"与自己无关,直接路过"的人也更多,这是一对矛盾,个别教师的表现显然与这类群体的身份不相符,可见我国的公民道德建设存在薄弱环节。这组数据说明社会诚信缺失的现象或多或少地影响到了公民对诚信行为的选择,但尚未扼杀

他们心中的善意。

(三) 教师对于校园诚信建设途径和方法的看法

教师认为社会风气是造成校园诚信现状的根本原因,所以,建设校园诚信应立足于建设社会诚信。他们认为在校内诚信建设中要教学、管理多方面共同努力,各学科教师都要教书育人。

表 12

您认为影响校园诚信环境的主要因素是						
答　　案	全体教师 (%)	大学教师 (%)	中学教师 (%)	小学教师 (%)	男教师 (%)	女教师 (%)
社会风气是主要因素	79.89	73.55	79.43	80.58	80.17	79.80
学校领导者行为是主要因素	4.84	5.79	5.17	4.61	5.70	4.64
学校管理者行为是主要因素	5.30	3.31	6.60	4.81	5.06	5.36
教师的教学育人是主要因素	9.98	17.36	8.80	10.00	9.07	10.20

表 13

您认为人们存在失信行为的主要原因是(多选项)						
答　　案	全体教师 (%)	大学教师 (%)	中学教师 (%)	小学教师 (%)	男教师 (%)	女教师 (%)
虽失信但可获利	39.82	39.67	38.42	40.58	37.97	40.31
对失信行为惩罚力度不够	59.03	57.85	60.41	58.44	55.49	59.90
社会失信泛滥	69.46	71.07	69.34	69.42	70.25	69.29
家庭诚信教育没跟上	42.24	38.02	37.90	44.74	35.86	43.78
学校诚信教育没跟上	20.77	28.93	19.40	20.71	20.89	20.66

表 12 的数据显示教师认为影响校园诚信环境的主要因素是社会风气,表 13 的数据显示教师认为影响个体失信行为的主要因素还是社会失信泛滥。可见,无论是表现于校园,还是表现于个体的诚信问题,教师都认为社会大环境的风气才是根本原因。表 12 中大学教师选择"教师的教学育人是主要因素"的也不在少数(17.36%),体现了该群体在大学校园内主体地位以及他们较高的责任意识,这对于强调全员育人的校园风气来说是个积极的信号。

表 14

您在社会经济行为中如遭遇到不诚信对待时,您会					
答　案	全体教师 (%)	大学教师 (%)	中学教师 (%)	小学教师 (%)	男教师 (%)	女教师 (%)
今后注意小心防范	48.07	47.11	46.31	49.09	45.57	48.72
到相关部门投诉协商处理	33.74	35.54	34.80	32.99	33.12	33.83
借助媒体舆论谴责	8.00	8.26	7.63	8.18	7.59	8.11
诉诸法律	10.18	9.09	11.25	9.74	13.71	9.34

从教师们对遭遇到不诚信对待时的反应,可以揣测社会管理对失信行为的管理有效性。在社会经济行为中如遭遇到不诚信对待时,近半数的教师首先想到的是"今后注意小心防范",对于已经受到的伤害没有强烈的维权意识;另有三成的教师会"到相关部门投诉协商处理",还有一成会"诉诸法律"。可见,在是否维权的问题上策略有分流。虽然表现为维权意识的差异,实质却有维权成本的原因。社会诚信管理制度是否健全、有效,都影响着人们的维权决策。该表数据还反映出一定的男女差异,男教师"诉诸法律"(13.71%)的比例高于女性(9.34%),显得更为直接,但不容忽视的是,现有的法律法规制度的缺陷影响着人们对法律法规的信任度。

表 15

您对学校诚信建设与社会诚信建设之间关系的态度					
答　案	全体教师 (%)	大学教师 (%)	中学教师 (%)	小学教师 (%)	男教师 (%)	女教师 (%)
学校非象牙塔,学校诚信受社会影响较大,仅靠学校无力改变社会现状	49.01	38.02	51.49	48.64	51.27	48.47
学校诚信建设可以促进社会诚信度提升,因此对师生诚信的要求要高于社会	25.49	29.75	26.13	24.81	26.16	25.31
学校应该是讲究社会诚信的坚固堡垒,是社会先进文化最后的精神家园	25.49	32.23	22.38	26.56	22.57	26.22

表 16

您认为开展诚信教育的主体应该是哪个层面						
答　案	全体教师（%）	大学教师（%）	中学教师（%）	小学教师（%）	男教师（%）	女教师（%）
家庭	29.60	28.10	28.33	30.32	29.11	29.69
学校	14.49	21.49	10.87	15.78	13.08	14.85
社会	55.91	50.41	60.80	53.90	57.81	55.46

表 15 的数据与表 12、表 13 的数据吻合,互相印证了教师关注校园诚信与社会诚信的密切关系。在二者关系中,教师看到了应然的一面,对于校园诚信在社会诚信中的重要地位给予重视,如:注重"学校诚信建设可以促进社会诚信度提升"的人,与注重"学校应该是讲究社会诚信的坚固堡垒"的人共有一半;同时,教师也非常关注实然的一面,有一半的人强调"仅靠学校无力改变社会现状"。基于这样的认识,教师认为诚信教育首先要从社会开始,其次是家庭教育,最后才是学校教育。虽然感觉有教育者推卸责任的嫌疑,但这是现实情况的反映,并且,认为在诚信教育方面家庭教育的重要性超过学校教育的观点,是教师和学生的共识。

表 17

您认为加强校园诚信建设的有效方式是						
答　案	全体教师（%）	大学教师（%）	中学教师（%）	小学教师（%）	男教师（%）	女教师（%）
制度建设	33.87	37.19	38.03	31.56	38.61	32.76
宣传教育	27.87	26.45	23.29	30.26	23.84	28.83
领导示范	15.19	18.18	16.69	14.22	17.30	14.69
道德约束	19.95	14.88	18.76	20.91	15.82	20.92
其他	0.94	2.48	1.16	0.71	1.90	0.71
未显示	2.18	0.83	2.07	2.34	2.53	2.09

对校园诚信建设的方式,在制度建设、宣传教育、领导示范、道德约束 4 个选项上均有得分,但是并没有某项目得票超过四成,显然,教师们认为校园诚信建设应该多管齐下,没有大家公认可以一招制敌的方法,需要多方努力。相对而言,制度建设和宣传教育是主要途径。大学教师、中学教师、男教师对"制度建

设""领导示范"的关注多于对照组,而小学教师、女教师对"宣传教育""道德约束"的关注较多。

表 18

您认为教师在诚信教育中应						
答　案	全体教师 (%)	大学教师 (%)	中学教师 (%)	小学教师 (%)	男教师 (%)	女教师 (%)
以身作则,并积极探索课程教学与诚信教育相结合,真正做到教书育人(1)	96.47	90.08	96.25	97.08	93.88	97.09
教学内容与诚信无关,学校要求参与诚信教育就参与,不要求就不参与(2)	2.67	4.96	2.72	2.47	4.43	2.24
怎么为人是我个人的事,我的工作只是教学而已,诚信教育与我无关(3)	0.86	4.96	1.03	0.45	1.69	0.66

认同教书育人观点的教师占绝对多数,他们愿意"以身作则,并积极探索课程教学与诚信教育相结合"的方法。但是,对于诚信教育的主体层面(表16),教师将学校排在社会和家庭之后,从中可见,教师对于自己能否在诚信上有效育人,信心并不足。

大学教师、男教师对于教书育人相统一的思想认同度低于相应对照组。这与(表11)数据基本吻合,可见我们的教师队伍思想还未统一,个别教师对育人工作缺乏责任感。

(四)调查反映教师需要注意的问题

1. 教师的诚信观念、诚信行为存在群体性差异

调查中多组数据显示,大学教师、男教师的极端化选择(比大多数人或者更激进,或者更消极)比对照组多,而在学生组调查中也表现出在大学生、男生中做"非主流"选择的人比对照组多。他们有更多的不满和与众不同的见解,其原因在于受教育水平、工作环境差异、性别差异等方面。小学教师、女教师则更容易

与群体趋同,这可能是由于小学教师以女教师为主,所以,小学教师的数据受女教师影响更大。

因此,校园诚信建设要针对教师、学生的不同群体,采取多种方式进行。尤其要注重制度建设,避免制度鼓励或暗示失信行为。

2. 教师要增强能动性,充分发挥校园引领社会先进文化的作用

教师对于校园诚信与社会诚信关系的看法虽然是合理的,但是,坐等社会环境好转了校园自然好起来的想法,显然不具有操作性。尤其大学教师不能满足于指点江山,而更应该有担当,在社会诚信建设中做出创造性、建设性的工作。故而,加强师德建设、提升教书育人的责任意识、统一教师思想,是校园诚信教育的重要组成部分。

二、学生组诚信教育调查

本次学生组调查问卷从诚信态度(理念、行为)、对诚信现状的评价、提高社会诚信水平的举措等三个方面设置问题 20 项,课题组对所得到的数据作如下解读。

(一) 学生诚信理念的特征

通过对全体数据的整理,反映出学生对诚信的理念总体态势是积极的,但不同类别学生的认知特点各异。

表 19

下列关于诚信的观点中,您认可的是(多选项)						
答　　案	全体学生(%)	大学生(%)	中学生(%)	小学生(%)	男生(%)	女生(%)
诚信是良好道德的表现,也是做人的底线 (1)	90.42	88.93	90.61	90.75	88.94	91.66
在市场经济条件下,难以确保做到诚信,尽力而为 (2)	23.53	33.54	27.10	19.24	25.71	21.10

答　　案	全体学生（%）	大学生（%）	中学生（%）	小学生（%）	男生（%）	女生（%）
讲究诚信,太老实了,会吃亏的,不会坚持（3）	6.83	7.71	7.23	6.19	8.02	5.73
别人如何我不管,反正自己要讲信用（4）	32.28	29.69	34.90	30.92	31.45	33.62

同学们高度认同诚信的意义。认为"诚信是良好道德的表现,也是做人的底线"的学生达到 90.42%,但是,存在以下问题值得注意:

一是,同学们虽然认同诚信意义,但是并不确定会身体力行。对诚信意义的认同度随着年级升高而递减,小学生（90.75%）到中学生（90.61%）,再到大学生（88.93%）逐步降低。之所以会"越大越不诚信",与不同年龄学生对于道德环境、道德行为的效果等方面的观察、体验相关。33.54%的大学生,27.10%的中学生,19.24 的小学生都认为"在市场经济条件下,难以确保做到诚信,尽力而为";还有 7.71%的大学生,7.23% 的中学生,6.19%的小学生认为"讲究诚信,太老实了,会吃亏的,不会坚持"。显然,对诚信是否能够落实为行动,各组学生都表示出一定程度的犹疑,这与家庭教育、舆论宣传不无影响,学生毕竟离社会尚有较大距离,对社会的认知大多来源于他人,反面教育过多,同时又缺乏正面引导,必然会导致学生的立场不坚定。而大学生即将踏入社会,处事更为现实和理性,在生活压力下,对社会环境更容易妥协。

二是,将诚信的涵义分解为学习工作、为人处世、自觉自律、遵纪守法等具体指标时,认同率有较大幅度的变化。

不同年级、不同性别学生对诚信具有"在学习上实事求是,工作上认真负责"的涵义认同都是最高的（总体比例为 81.16%）,对于"在生活中待人真诚,恪守信诺"的重视程度（76.55%）则次之。显示同学们对学习工作和为人处世两方面的诚信要求都有较高认同,并且对学习工作诚信的重视超过为人处世,这与教师组（成年人）的选择基本保持一致。

表 20

您认为讲诚信应该包含哪些方面的内容(多选项)						
答　　案	全体学生 (%)	大学生 (%)	中学生 (%)	小学生 (%)	男生 (%)	女生 (%)
在学习上实事求是,工作上认真负责(1)	81.16	84.67	85.07	76.69	78.16	83.33
在生活中待人真诚,恪守信诺(2)	76.55	83.2	79.77	71.70	70.91	80.80
说老实话,办老实事,做老实人(3)	68.38	64.64	72.53	66.20	64.38	72.58
在法律和道德框架内,做到言而有信(4)	64.57	71.16	70.78	57.18	59.11	69.36
答应别人的事,即使力所不能及或违反法律法规也要设法做到(5)	35.15	33.42	43.69	28.49	32.98	38.87
其他	2.11	1.41	2.67	1.88	2.30	2.04

认同诚信要"说老实话,办老实事,做老实人"的同学只有68.53%,这可能与"老实"一词的涵义复杂有关,老实既有诚实守信的意思,又有木讷寡言的意思,后一层意思在当前并不受人青睐。该选项大学生组的认同率(64.64%)低于中学生组(72.53%)和小学生组(66.20%)。

认同诚信是"在法律和道德框架内,做到言而有信"的同学有64.57%。该选项的认同率由小学生组(57.18%)、中学生组(70.78%)、大学生组(71.16%)呈现出递增趋势。反映随着学龄增长,法律意识、道德意识呈现增长,学生们综合考虑行为效果的能力有提高,但大学阶段提高不明显。对"答应别人的事,即使力所不能及或违反法律法规也要设法做到"表示认同的学生有35.15%,这提示学生们需要增强法律意识,提高综合判断、处理诚信与道德、法律规范之间关系的能力,毕竟法律法规在相当程度上规定了道德底线,逾越法律界限的行为不是诚信行为。

三是,从小学到中学对诚信的积极认知逐步增强,但是,这种发展趋势在大学阶段并没有得到全面延续。

中学生对诚信的态度最执著，诚信态度受到环境影响的程度相对较低。赞成"别人如何我不管，反正自己要讲信用"的中学生有 34.90％，而大学生有 29.69％，小学生有 30.92％。大学生在该项目上更接近小学生，不像中学生那样有锐气。认同"答应别人的事，即使力所不能及或违反法律法规也要设法做到"的中学生（43.69％）也多于大学生（33.42％）和小学生（28.49％）。该项目上中学生与大学生接近。数据显示出中学生强烈的自我意识、叛逆精神，以及单纯的思维方式。大学生虽然一定程度上保留着与中学生相似的青春期特征，但是，因阅历稍深广一些，他们显出比中学生更圆通、更现实一些的特点。

大学生对"在法律和道德框架内，做到言而有信"的认同率（71.16％）超过对"说老实话，办老实事，做老实人"的认同（64.64％），而其他类学生正相反，这与年龄增长而思想渐趋成熟有关，说明大学生更重视社会行为规范的作用，诚信行为更具有变通性。中、小学生对社会的关注和了解低于大学生，因此，中、小学生的视角更容易落在自我身上，更容易在"应然"的层面思考问题；而大学生则更强调外部规范的作用，更容易在"实然"层面思考问题，面对社会环境，他们对一己之力的态度也不像中学生那样积极了，少了一份理想化，多了一份务实性。

四是，女生比男生的诚信理念更积极，更注重主观能动性，变通性低于男生。

女生对诚信意义的认同率（91.66％）高于男生（88.94％），对"别人如何我不管，反正自己要讲信用"的认同率（33.62％）也高于男生（31.45％），但是，对于"在市场经济条件下，难以确保做到诚信，尽力而为""讲究诚信，太老实了，会吃亏的，不会坚持"的认同率（21.10％，5.73％）又都低于男生（25.71％，8.02％）。表现出不以环境和他人左右自己诚信的心态，对诚信的道德坚守度超过男生。

对于诚信内涵的理解，在学习工作、为人处世、自觉自律、遵纪守法 4 个方面女生的认同度都高于男生 5～10 个百分点。但是，有趣的是，认同"在法律和道德框架内，做到言而有信"的女生（69.36％）比男生（59.11％）多，但认同"答应别人的事，即使力所不能及或违反法律法规也要设法做到"的女生（38.87％）也比男生多（32.98％）。显示出学生们对诚信行为的理解并不成熟，反映了目前校园诚信教育的薄弱处,同时也显示出女生的诚信理念更刻板,不善于兼顾多种行为规范。

(二)学生行为特征反映出的诚信态度

问卷中设置了多个具体的行为和假设情景的问题,从行为选择的角度了解人们对诚信的态度,以及影响行为选择的因素。

1. 对考试作弊的态度随年级升高越来越消极

表21

您对学生考试作弊怎么看?						
答　　案	全体学生(%)	大学生(%)	中学生(%)	小学生(%)	男生(%)	女生(%)
作弊者应感到羞愧,并受到处罚(1)	65.45	60.25	66.34	66.43	64.21	65.63
有时也想作弊,却又不敢(2)	9.64	19.12	9.89	6.25	9.80	8.63
无所谓,有机会我也会作弊(3)	2.07	8.06	3.20	1.06	3.45	2.12
即便"安全",我也不作弊。(4)	23.08	18.60	20.57	26.27	22.54	23.62

虽然高达82.93%的大学生认为诚信就要"在学习上实事求是,工作上认真负责",却在考试作弊的问题上,所有指标都显示大学生对诚信考试的态度远远比中、小学生消极,支持"作弊者应感到羞愧,并受到处罚"的大学生60.25%,比中学生66.34%和小学生66.43%要少6个百分点;承认"有时也想作弊,却又不敢"的大学生19.12%与中学生9.89%和小学生6.25%也有10～13个百分点的差别;认为"无所谓,有机会我也会作弊"的大学生8.06%,中学生3.20%,小学生1.06%;认为"即便'安全',我也不作弊"的大学生18.6%却低于中学生20.57%、小学生26.27%。综合上述,对待考试诚信的抱有坚定态度的同学并不多,而且,年级越高,作弊的意愿越强,羞愧感越弱。这究竟是学校诚信教育乏力导致,还是社会不良环境对学生的侵蚀所导致,课题组认为两者皆有影响,但哪方面占主要地位有待进一步论证。

在这 4 个选项上，男生都显得稍微比女生消极，但是男女生的差异只在 1～2 个百分点。

2. 对交往对象诚信水平的期望值随年级升高而递减，男生的期望值低于女生

表 22

您对朋友同事在诚信方面要求的底线是						
答　　案	全体学生（%）	大学生（%）	中学生（%）	小学生（%）	男生（%）	女生（%）
只要对您讲信用，对别人无所谓（1）	13.74	14.01	14.17	13.28	17.21	10.42
会原谅朋友偶尔的失信行为（2）	44.47	53.11	47.01	40.37	43.90	45.04
无所谓底线，大不了互相欺骗（3）	2.27	3.43	2.32	1.94	2.92	1.63
对任何人都能言必行，行必果（4）	39.52	29.45	36.50	44.41	35.98	42.90

关于"您对朋友同事在诚信方面要求的底线"，回答"对任何人都能言必行，行必果"的大学生 29.45%，远低于中学生 36.50%，小学生 44.41%，男生 35.98%明显低于女生 42.90%；回答"只要对您讲信用，对别人无所谓"的大、中、小学生都在 14%左右，区别不大，但是，男生（17.21%）和女生（10.42%）的区别比较明显；"会原谅朋友偶尔的失信行为"的大学生 53.11%，多于中学生 47.01%和小学生 40.37%，男生 43.90%与女生 45.04%差异不大；认为"无所谓底线，大不了互相欺骗"的大学生 3.43%略多于中学生 2.32%和小学生 1.94%，男生 2.92%略多于女生 1.63%。

课题组认为，关于社会诚信状况的信息影响了同学们的诚信态度，在对别人的诚信不抱高期望的背后，应该是对社会诚信水平偏低的无奈接受，以及由此滋生的玩世不恭。大学生在这方面的表现更为突出。人际交往中缺乏对诚信行为的约束力，这也是社会诚信建设在道德层面上的一个难点。

3. 各组学生都很重视经济财务方面的诚信,相比于公共领域,更注重私人之间的财务诚信

表 23

因临时需要,向别人借钱,您会					
答　　案	全体学生 (％)	大学生 (％)	中学生 (％)	小学生 (％)	男生 (％)	女生 (％)
按承诺及时归还(1)	85.38	82.98	86.92	84.85	83.84	87.25
因忘记,过期归还(2)	3.42	4.58	3.73	2.76	4.43	2.30
提前归还(3)	10.24	11.22	8.50	11.45	10.66	9.65
经常不还(4)	0.94	1.22	0.86	0.94	1.07	0.80

表 24

如果您在学校就读期间申请了助学贷款,毕业后您会					
答　　案	全体学生 (％)	大学生 (％)	中学生 (％)	小学生 (％)	男生 (％)	女生 (％)
按期还款(1)	88.42	83.01	87.11	91.35	86.45	90.68
视经济收入状况而定(2)	9.4	14.26	11.02	6.38	10.51	7.91
不打算还(3)	1.28	1.76	1.14	1.24	1.91	0.69
如果没有强制归还措施,能拖就拖(4)	0.9	0.97	0.73	1.02	1.14	0.72

表 25

如果通过网上购物,您收到快递送来的一个精美工艺品,但拆包时不小心自己弄坏了,您会					
答　　案	全体学生 (％)	大学生 (％)	中学生 (％)	小学生 (％)	男生 (％)	女生 (％)
懊恼自己的粗心,重新再买一个好的(1)	89.53	88.46	89.23	90.13	86.39	92.16
理直气壮要求对方换货(2)	4.06	3.82	3.91	4.27	5.78	2.54
联系网上店主,希望换个好的,不过没说是自己弄坏的(3)	6.42	7.71	6.86	5.60	7.83	5.30

因临时需要向别人借钱,会"按承诺及时归还"的82.98％,"提前归还"的

11.22%，大学生选这两项的人合计94.2%；而"因忘记，过期归还"的只有4.58%，"经常不还"的1.22%，可见学生对于经济领域的诚信还是相当重视的，绝大多数人的行为表现属积极正面。

在校就读期间申请了助学贷款，毕业后会"按期还款"的大学生83.01%，中学生87.11%，小学生91.35%，男生86.45%，女生90.68%；"视经济收入状况而定"的大学生14.26%，中学生11.02%，小学生6.38%，男生10.51%，女生7.91%；只占极少比例的"不打算还"（1.28%）、"如果没有强制归还措施，能拖就拖"（0.9%）中，大学生、男生的比例略多于对应组。

对于"如果通过网上购物，您收到快递送来的一个精美工艺品，但拆包时不小心自己弄坏了"，会"懊恼自己的粗心，重新再买一个好的"的大学生86.36%少于中学生89.23%和小学生90.13%，男生86.39%明显少于女生92.16%；相应地，在"理直气壮要求对方换货"的人（4.12%），"联系网上店主，希望换个好的，不过没说是自己弄坏的"人（6.53%）里，男生、大学生也都高于相应对照组。

在上述数据中，我们看到绝大多数学生对待经济财务诚信问题都是积极正面的，敢于承担诚信责任，但也存在部分消极、负面的选择。比如，同样是借钱还钱，大学生和男生对偿还助学贷款的积极性明显低于偿还个人借款，这里有借款额度的原因，也有失信成本的原因：对私人失信会立刻造成人际关系的麻烦，对贷款失信可能没有立即体验到惩罚，这与目前社会征信体制不健全有着必然联系。另外，在很多人头脑中有一种认识：占个人便宜是伤害别人，占公家便宜没有谁受伤害。这也是造成对损害商品后不愿意自担责任的理由。由此可见，即便是大学生，那些有不诚信倾向的学生在认识上比较短视，只注重眼前利益，他们也缺乏对社会公利与个人私利之间辩证关系的认识，可以说社会责任感不强。而这些人群虽然在总体比例中所占不多，但论绝对数量却不容小视，毕竟我国人口基数大，而本调查所限范围仅在校园内，就全社会而言，此类人群数量应大于校园数据的比例，在媒体效应巨大化的当代中国，这类人群产生负面影响将被大幅扩展，成为威胁诚信社会建设的重要因素，故必须重视这类人群的教育、引导。

4. 对社会新闻的评价中，同学们对诚信的敏感度不高，其态度受到多种复杂因素的影响

表 26

答　　案	全体学生（％）	大学生（％）	中学生（％）	小学生（％）	男生（％）	女生（％）
对于彭宇案等案例中，那些被扶起的老人反诬好心人的举动，您认为						
很正常，我要是那老人也那么做（1）	20.36	14.33	19.03	22.83	23.43	17.42
理解，有便宜占谁都会动心（2）	14.07	15.49	14.02	13.76	14.66	13.49
老人可能是被摔昏了才认错人的（3）	27.79	21.57	27.67	29.31	25.53	29.94
这些人真没良心，他们应该受到惩罚（4）	37.78	48.61	39.28	34.11	36.38	39.15

对于彭宇案等案例中，那些被扶起的老人反诬好心人的举动，同学们的观点比较分散，没有出现前面那种一边倒的情况。这与彭宇案本身的扑朔迷离有关，社会上流行很多版本，难辨真伪，态度也会多样化。比较集中的是"这些人真没良心，他们应该受到惩罚"，大、中、小学生分别有 48.61％、39.28％、34.11％ 的人持这一观点；认为"很正常，我要是那老人也那么做"的大学生 14.33％ 低于中学生 19.03％ 和小学生 22.83％，男生 23.43％ 明显高于女生 17.42％。大学生在这两个选项上表现出比中小学生更积极的诚信道德情感和认知，在本调查中比较鲜见。认为"老人可能是被摔昏了才认错人的"大学生 21.57％，中学生 27.67％，小学生 29.31％，显示年级越高越少作人性善的推论；认为"理解，有便宜占谁都会动心"的学生（14.07％），各组间差距不大。反映出学生对于见利忘义的行为有一定的宽容，由此可见，这必然会影响学生在自己碰到类似情况时的行为选择，更多的自我保护意识不可避免，甚至"事不关己"的冷漠行为的产生，也就找到根源。

另一题目，方舟子揭露唐骏在自己学历上说假话，唐骏回应："如果所有人都被你欺骗到了，就是一种能力，就是成功的标志。"对唐骏所做所言，同学们的观

点也是比较多样。

表 27

方舟子揭露唐骏在自己学历上说假话,唐骏回应:"如果所有人都被你欺骗到了,就是一种能力,就是成功的标志。"对唐骏所做所言,您认为					
答　　案	全体学生（％）	大学生（％）	中学生（％）	小学生（％）	男生（％）	女生（％）
没有觉得他有什么错（1）	19.10	23.01	20.58	16.85	22.08	16.19
有点同情他,被人揪出来真倒霉（2）	12.23	11.78	12.07	12.45	14.03	10.51
这事跟我没关系,所以没看法（3）	9.32	18.88	9.76	6.80	9.08	9.55
对他的话很反感（4）	59.36	46.34	57.59	63.90	54.81	63.75

"对他的话很反感"的大、中、小学生依次递增（46.34％、57.59％、63.90％）,男生 54.81％明显低于女生 63.75％;但是,同样考察情感反应的项目"有点同情他,被人揪出来真倒霉",各年级学生（12.23％）却差别不大,其中,男生 14.03％,女生 10.51％。可见男生对不诚信行为有些惺惺相惜的感受,而大学生对社会新闻的态度较少带情感色彩,它们比中小学生更注重理性分析。这一特点在下列两个选项得到印证。

"没有觉得他有什么错"的大、中、小学生依次递减（23.01％、20.58％、16.85％）,男生 22.08％明显高于女生 16.19％;认为"这事跟我没关系,所以没看法"的大学生 18.88％,远远多于中学生 9.76％和小学生 6.80％。男女生差异不大。

唐骏学历门包含了诚信、学历与能力、名牌与杂牌、成功与手段等多种话题,课题组认为,不觉得唐骏有错的学生,有很多是去关注除诚信之外的话题,不一定是对于唐骏说谎本身的认识,但是,这种对名人诚信与否不在意的态度恰恰说明,在有些同学的价值体系中诚信没有一席之地。男生、大学生组表现出更多的对诚信无所谓的态度,然而,那种不关我事的态度,是玩世不恭的慵懒,还是面对现实的无力无助感? 还需要进一步的了解。

总体而言,在经济高速发展的现实环境中,学生的是非观、正义感都出现了波动,对不诚信行为的宽容,同时也是对社会正义、社会道德的弱视。学生是未来社会发展的栋梁,这样的表现显然会阻碍建设一个公平正义的和谐社会。

(三) 学生眼里的社会诚信现状

1. 学生对校园诚信状况给予中偏上评价,但是,随着年级升高这种肯定在降低

表 28

您认为本校学生的总体诚信状况						
答　　案	全体学生（%）	大学生（%）	中学生（%）	小学生（%）	男生（%）	女生（%）
很好,不值得担忧（1）	39.86	24.39	39.00	45.80	42.59	39.99
一般,不诚信只是个别行为（2）	52.21	63.51	52.62	48.06	48.96	53.63
较差,较多人存在不诚信行为（3）	5.85	8.59	6.29	4.58	6.06	4.90
很差,现状值得担忧（4）	2.07	3.54	2.09	1.57	2.38	1.48

认为本校学生的总体诚信状况"很好,不值得担忧"的学生(39.86%)和认为"一般,不诚信只是个别行为"的学生(52.21%),总数达到92.07%。但是,随着年级升高,认为"很好"的递减(大学生24.39%),认为"一般"的递增(大学生63.51%)。

表 29

在校园生活中您是否曾做过不讲诚信的行为?						
答　　案	全体学生（%）	大学生（%）	中学生（%）	小学生（%）	男生（%）	女生（%）
是（1）	25.04	33.76	26.92	20.52	29.95	18.94
否（2）	74.96	66.24	73.08	79.48	70.05	81.06

对学生诚信行为的自评数据与上述数据可以互相印证。承认"在校园生活

中曾做过不讲诚信的行为"的学生有 25.04％,组间对比显示以大学生(33.76％)、男生(29.95％)居多。

2. 学生评价诚信状况时,严人宽己

表30

如果一个真正诚实守信的人为满分 100,那么您对自己诚实守信行为的评价是					
答　案	全体学生 （％）	大学生 （％）	中学生 （％）	小学生 （％）	男生 （％）	女生 （％）
100 分 (1)	22.40	16.51	18.40	27.16	22.82	22.00
80~99 分 (2)	70.06	75.46	72.20	67.04	67.40	72.62
60~79 分 (3)	6.38	6.82	7.94	4.89	8.11	4.69
60 分以下 (4)	1.16	1.21	1.47	0.90	1.67	0.69

如果一个真正诚实守信的人为满分 100,那么 22.40％的学生对自己诚实守信行为的评价是 100 分,70.06％的学生自评 80~99 分。这样的分数应该是良好,而不是一般了。对比上述数据,可见,在评价别人的语境中,和评价自己的语境中,学生对诚信的评价标准发生了微妙变化。这种严人宽己的评价方式,也可以表现为在改善诚信环境时,人人等着别人先改变,而不是从自己做起。

3. 学生的不诚信行为主要表现在同学交往中

表31

您的行为属于以下哪个类别(在承认有过校园不诚信行为的基础上选择)(多选项)					
答　案	全体学生 （％）	大学生 （％）	中学生 （％）	小学生 （％）	男生 （％）	女生 （％）
同学交往 (1)	58.27	44.19	58.99	65.06	63.84	55.6
论文、作业 (2)	43.61	66.77	43.72	30.7	37.96	41.02
考试 (3)	20.6	24.23	19.24	20.13	21.57	20.01
师生交往 (4)	16.37	12.44	18.57	16.03	18.03	16.68
其他	3.83	3.52	4.38	3.36	3.4	4.96

在有过不诚信行为的同学中,属于同学交往范畴的有 58.27％,论文、作业的 43.61％,考试的 20.6％,师生交往的 16.37％,其他 3.83％。这与诚信的本

质是道德范畴保持一致,人际交往过程中的诚信行为无法制定规则,只能依靠自律。而对于许多诚信行为可以通过规则规范,这些规则的制定,能够起到约束作用,增加失信成本,所以学生的失信行为在这些环节中的比重反而不大。由此可见,在诚信行为可以规范的领域,规则的制定与完善是多么的重要,这可以最大限度地限制失信行为的发生,从而影响社会诚信的整体环境。

4. 社会失信行为对学生助人动机的影响小于对助人方式的影响

表32

您在路上遇见摔倒的老人时,会						
答　案	全体学生（%）	大学生（%）	中学生（%）	小学生（%）	男生（%）	女生（%）
毫不犹豫地上前搀扶（1）	66.63	40.5	64.96	76.73	67.28	69.41
犹豫,在找好证人的情况下上前搀扶（2）	23.72	41.22	26.00	15.95	23.01	22.43
拨打110报警,在旁围观（3）	6.25	10.75	5.19	5.68	6.23	5.34
感到与自己无关,直接路过（4）	3.4	7.52	3.85	1.65	3.48	2.81

尽管在关于彭宇案的问题上学生们流露出对人性善信心不足,感到好人难做,但是,对"在路上遇见摔倒的老人时",仍有96.6%的学生会以不同的方式伸出援手。"毫不犹豫地上前搀扶"的大学生有40.5%,远远低于中学生64.96%、小学生76.73%;"犹豫,在找好证人的情况下上前搀扶"的大学生有41.22%,远远高于中学生26.00%、小学生15.95%;"拨打110报警,在旁围观"的大学生10.75%也多于中学生5.19%、小学生5.68%。

可见,大学生在助人时更谨慎,助人方式更利于保护自己,他们当中表示冷漠不管的人也最更多(7.52%),这与表26反映的情况保持一致。

(四) 学生对提高社会诚信的举措的看法

1. 学生认为家庭教育是关键

学生们认为对个人诚信素质的养成影响最大的因素是家庭教育(44.09%),

即便是关注社会现实的大学生对家庭教育投票也是最多的(52.23％)。此外,学生认为影响个人诚信的因素依次是社会风气（26.34％）、自身经历（16.38％）、学校教育（13.99％）。对于造成学生行为失信的原因,认为"家庭诚信教育没跟上"的同学(44.82％)也多于认为"学校诚信教育没跟上"的同学(32.87％),不苛责学校教育,与学生认为对于诚信品质的培养主要依靠家庭培养有关。这一数据结果与教师组数据保持一致,可见,对于诚信教育,家庭教育为主,学校教育为辅。学生的诚信观更多地受自于家长,而家长的诚信观选择与他的社会经历和所处的社会环境密不可分,因而,归根到底,社会诚信建设是关键。

表 33

您认为对您个人诚信素质的养成影响最大的因素是					
答　案	全体学生（％）	大学生（％）	中学生（％）	小学生（％）	男生（％）	女生（％）
家庭教育（1）	44.09	52.23	42.35	42.93	42.04	44.85
社会风气（2）	26.34	30.66	28.58	22.93	25.83	26.03
学校教育（3）	13.99	7.18	12.65	17.38	15.39	13.07
自身经历（4）	16.38	14.66	16.42	16.76	16.74	16.06

表 34

您认为学生存在失信行为的主要原因是(多选项)					
答　案	全体学生（％）	大学生（％）	中学生（％）	小学生（％）	男生（％）	女生（％）
虽失信但可获利（1）	36.4	34.92	40.52	33.33	40.39	33.95
对失信行为惩罚力度不够（2）	39.44	32.6	46.26	35.93	43.01	38.68
社会失信泛滥（3）	53.1	60.31	61.39	43.47	50.04	55.89
家庭诚信教育没跟上（4）	44.82	44.94	50.78	39.77	42.11	47.47
学校诚信教育没跟上（5）	32.87	35.16	38.65	27.45	31.10	34.59

2. 社会诚信状况影响着学生的诚信行为,男生比女生更关注失信行为成本

对于学生存在失信行为的主要原因,60.31％的大学生和61.39％的中学生

都认为是"社会失信泛滥",持此观点的男生(50.04％)少于女生(55.89％)。有40％以上的中学生和30％以上的大学生认为失信行为的原因是"虽失信但可获利"以及"对失信行为惩罚力度不够",持这两个观点的男生(40.39％,43.01％)比女生(33.95％,38.68％)多。

可见,学生的诚信行为是社会诚信状况在校园的反映,学生对社会认识越多,就越容易受到影响,前面多项数据显示出大学生的诚信水平比中小学生低,这个原因是主要的。男生更关注功利因素对行为策略的影响,女生更关注环境的熏陶和引导。

3. 学校诚信教育要拓宽渠道

表 35

答　　案	全体学生(％)	大学生(％)	中学生(％)	小学生(％)	男生(％)	女生(％)
很多老师都讲过(1)	69.45	62.41	75.94	66.27	68.99	72.40
有少数几个老师讲过(2)	26.36	31.97	21.29	28.80	26.58	24.16
没有讲过(3)	4.19	5.61	2.77	4.94	4.44	3.45

除了思政课以外,还有其他课程的教师曾在课堂上讲过诚信问题吗?

表 36

答　　案	全体学生(％)	大学生(％)	中学生(％)	小学生(％)	男生(％)	女生(％)
基本不会受惩罚(1)	15.12	29.64	14.65	12.18	16.52	13.72
个别课程的老师会惩罚(2)	23.66	33.67	23.28	21.74	23.18	24.13
多数课程的老师都会惩罚作业抄袭的人(3)	52.00	26.02	53.88	56.32	51.45	52.58
不知道(4)	9.21	10.67	8.20	9.77	8.85	9.57

如果您或您的同学在作业中有抄袭现象,会因此受到惩罚吗?

表 35 中,除了思政课以外,还有其他课程的教师曾在课堂上讲过诚信问题吗?认为"很多老师都讲过"的学生有 69.45％,认为"有少数几个老师讲过"的有26.36％。可见,从量的方面讲,学校不缺乏诚信教育,如果有不足,当在质的方面。

另外,通过对大学生的数据统计,在"很多老师都讲过"选项上,课题组发现大学之间存有较大差异,间接说明各校对诚信教育重视程度不同,认识不相统一。

表36中,如果在作业中有抄袭现象,会因此受到惩罚吗?回答"基本不会受惩罚"的大学生有29.64%,中小学生只有14.65%和12.18%;回答"个别课程的老师会惩罚"的大学生33.67%,中学生23.28%,小学生21.74%;回答"多数课程的老师都会惩罚作业抄袭的人"的大学生26.02%,中学生53.88%,小学生56.32%。可见,大学教师对诚信的教育仅限于口头说教,而中小学有更多的诚信行为管理。

表 37

您认为加强校园诚信建设,最应该从哪个方面入手						
答　　案	全体学生 (%)	大学生 (%)	中学生 (%)	小学生 (%)	男生 (%)	女生 (%)
制度建设(1)	18.33	26.07	19.20	15.80	21.21	15.56
宣传教育(2)	38.03	25.83	33.57	44.62	37.70	38.35
领导示范(3)	18.58	22.45	19.48	16.98	17.46	19.68
道德约束(4)	22.47	23.33	24.92	20.16	20.83	24.01
其他	1.25	0.97	1.55	1.06	1.36	1.15
未显示	1.34	1.35	1.28	1.39	1.43	1.25

关于加强校园诚信建设的途径,中学生(33.57%)、小学生(44.62%)最青睐"宣传教育",男生(21.21%)、大学生(26.07%)比对照组更愿意主张"制度建设",女生则更注重"领导示范"(19.68%)和"道德约束"(24.01%)。课题组认为学生群体对于行为规范更倾向于软约束,而非硬约束,因为硬约束会对他们的自由度造成影响,损及自身利益,而部分较理性的学生群体对此认识较为清晰,软约束成效有限,合理的硬约束才是保障。

(五) 就加强学生诚信教育的几点建议

1. 引导学生以建设的心态去认识社会诚信的状况

教育中回避社会诚信的消极面,试图以积极面遮掩消极面的做法是有害的,当学生随着年龄增长认识到真正的社会与教师描述的不同时,会毁掉学生对教育者的信任,重建信任是很困难的。但是,不回避的同时,也一定要以建设的心态去对待消极面,而不是引导学生屈服于现实。分析消极状况的成因及改变的途径,引领学生树立"从我做起"的信心。

学校教育在传递积极信息的时候同样也要有建设心态。不能只是停留在道德感情的渲染上,尤其是对于中学生、大学生,要加强对诚信的理性教育:诚信与社会发展的关系,诚信行为的成本以及短期、长期效果,诚信品质对人生的意义,个人诚信与社会合作的关系,法律与诚信的关系,等等。对诚信的理解越深刻,就越容易坚持诚信。

并且,需要积极关注那些对诚信持漠视态度的少部分学生,加强沟通交流,加强教育引导,争取转变其思想,端正人生观、价值观,降低未来失信行为发生的可能性。

2. 对社会诚信的积极、正面的信息要充分宣传

尤其要重视网络这种宣传。这是青年学生的重要信息来源。网络上的负面信息多于正面信息,要在学生们聚集的网站通过灵活的途径(如游戏、光荣榜等)宣传讲诚信的先进事迹,帮助学生建立诚信是做人基本准则的认识,树立诚信光荣,失信可耻的风气。

3. 加强行为管理,奖诚信,惩失信

行为管理对确立诚信理念很重要,奖惩可以起到预防作用。考试、作业等环节加强管理力度,杜绝抄袭。尤其对大学生、男生更要注重行为后果的反馈,因为他们对诚信的态度更容易受到功利的影响。

4. 大学诚信教育需要加强

家庭教育对大学生基本上已经无能为力了,学校对学生的诚信教育就显得格外重要。

调查显示中学生比小学生的诚信认知更成熟、稳定,但是,这种趋势到大学阶段就戛然而止,甚至有倒退。大学生对社会接触更广了,理性认识却没有提

高,责任感、道德感也没有增强,他们对诚信的认识常流露出玩世不恭、无奈无助的心态,这也是内心迷茫、焦虑的一种表现。大学生的诚信理念、诚信行为都比中小学生显得消极,这说明大学诚信教育没能跟上学生德行、认知发展的需要。

大学的诚信教育要增强学理性,在社会发展的整体格局中理解如何建设诚信社会,在个人与社会、道德与法律的关系中去加深理解,在制度奖惩中强化行为,不能继续停留在感化、熏陶的层面上。

三、当前大学生诚信现状及归因分析(基于调查组调查结果)

(一) 当代大学生诚信现状:优中存忧

随着党和国家对国民诚信素质培养教育的重视以及高校诚信教育的深入开展,当前大学生的诚信道德状况总体是好的,绝大多数大学生认识到诚信是大学生的首要品德,是自我修养的准则,是安身立命之本;在日常学习和生活中能恪守诚信品格,把诚实守信当作人生的要义认同与笃行。然而,不可否认的是,随着社会主义市场经济的深入发展,大学生就业竞争压力的不断增大以及大学生对现实利益的日趋关注,在享乐主义、物质主义等不良社会思潮的影响下,当今部分大学生的诚信道德正受到前所未有的挑战,在学业诚信、生活诚信、交往诚信等方面存在着一些诚信缺失的问题,影响了他们的健康成长。这必须引起思想教育工作者的重视。

1. 学业失信

当前大学生在学习生活方面的诚信缺失现象较为普遍、也较为严重,主要表现为考试作弊、学术作假,以及求职过程中简历造假等。

(1)考试作弊、学术作假

部分大学生考试作弊、学术作假的现象在大学里已经是无可争议的事实。

部分大学生在学习过程中不认真学习,态度不够端正,经常找借口缺课、旷课;上课教师点名时,个别大学生出于个人义气帮他人点到。对于教师布置的课后作业,部分大学生靠抄袭他人作业或者从网上随便下载、拼凑来应付老师。由此带来的后果便是,在各类考试中,部分大学生"铤而走险",通过各种方式应对考试,携带小抄、偷看他人答案、运用手机等现代通信手段作弊,甚至雇佣枪手代考,作弊手段不断更新,令人防不胜防,严重影响了学习效果及学校的学风、校风。课题组在调查中发现,大部分学生对于作业抄袭、上课替他人点到等不诚信行为持否定态度,但是部分大学生认为情有可原、可以理解;对于考试作弊和论文抄袭行为,个别大学生甚至认为取得高分且不被老师发现何乐而不为?

与部分大学生考试作弊同样应该受到重视的是大学生的学术作假行为。培养大学生具有一定的学术科研能力是高校人才培养的内在要求,也是大学生成长成才的必备素质。然而在调研中,课题组发现部分大学生对学术科研并不重视,经常是将互联网上的资料复制粘贴,很短时间完成学期论文、学年论文,甚至在毕业前的最后一项学习任务——毕业论文(设计)中也抄袭他人学术科研成果。

(2)求职简历造假

毕业求职是大学生踏入社会的最重要一环。随着市场经济发展带来的就业机会竞争的日趋激烈,大学生的就业压力也逐步加大,部分大学生在求职应聘的过程中,夸大个人能力,捏造虚假履历,对自己进行"虚假包装"。比如部分大学生为了吸引用人单位的注意,在个人简历上大做文章,添加"学生会主席""党支部书记"等重要学生干部职务,编排全球 500 强企业的实习经历,甚至个别大学生通过非法渠道花钱购买辅修假文凭、假四六级证书和假国家计算机等级证书等,对自己进行虚假包装以骗取用人单位的赏识和信任。《中国青年报》的一篇题为"一所高校冒出近百名学生会副主席"的报道,数百名应届毕业生在填写《就业推荐表》时,竟然都填上"学生会副主席",或者班级某干部。还有的学生篡改成绩单,伪造计算机证书、英语证书、毕业证、学位证等,一些学生不严格要求自己,养成了不诚实的坏习惯①。类似情况还存在于面试环节,为了赢得面试单位较好的第一印象,不少毕业生会夸大自己的能力和素质,以各种面试技巧去争取录用机会,这些技巧往往游走在诚信缺失的边缘。根据调查,越来越多的招聘单位明确表示不喜欢这样的职业面试者,因此无论从道德理性还是经济理性来考虑,在面试中展现真实的自己是最好的策略。

课题组在调查中还发现,大学生求职、择业中不诚信行为的发生与大学生的契约观念不强也有很大关联。当前随着我国社会主义市场经济的深入改革发展,高校计划分配制的就业政策已经转变为用人单位和毕业生之间的双向选择,双方之间通过就业协议、劳动合同等确定契约关系。这就要求毕业生具有较高的契约意识和履行合同的义务,但是部分毕业生现实功利性强,找到条件更好的单位时便"放鸽子",单方面废除就业协议等,这不仅影响了招聘单位的招聘计划,也给学校的信誉带来消极的影响。

2. 生活失信:主要表现在经济领域的不诚信

(1) 恶意拖欠学费和国家贷款

恶意拖欠学费和国家贷款是大学生生活中不守诚信的最突出表现。学费是高校维持运作对学生收取的必要的经费。部分大学生不配合缴纳学费,故意拖欠,以家庭经济条件差为由骗取学校减免学费;甚至个别学生拿着家长出的学费,购买笔记本电脑、手机、高档化妆品等,任意挥霍而不上交学校。在国家助学贷款方面,为了帮助部分家庭经济困难大学生顺利完成学业,我国在 1999 年出台了国家助学贷款政策。《助学贷款管理办法》规定:学生申请助学贷款不需要担保,且在校期间为无息贷款,贷款期限也比较长,一般可延长至 8 年,有特殊情况还可以申请延期。从实施这一政策的情况来看,国家的确帮助一些贫困大学生圆了大学梦,并支持他们顺利毕业。然而,个别大学生钻国家善意帮助贫困大学生的空子,或者提供虚假家庭困难信息,占用助学贷款资源,影响真正困难学

---

① 叶佳等:《大学生诚信教育的现状与对策》,兵团教育学院学报,2012 年 6 月。

生获得资助;或者随意更改通讯方式、无故拖欠还贷,给银行和学校的管理工作加大了难度,既影响了国家助学贷款的后续发放工作,也打击了贷款银行的积极性。根据某新闻报道,全国借贷学生平均违约率高达千分之二,有的高校甚至高至千分之五以上,全国有 100 多所高校被银行列入黑名单①。大学生恶意拖欠国家助学贷款造成了严重的不良影响。

(2)以虚假贫困信息申请奖助金

近年来,政府、社会、企业、个人和学校不断加大对优秀学生奖学金和困难学生助学金的资助力度,很好地促进了大学勤奋好学氛围的形成,但在实施过程中也出现了一些利用虚假信息进行资格申请的失信行为,不仅对其他更有资格获得资助的同学造成了伤害,也增加了管理者的审核负担。

(3)欠人财物不还

部分大学生在日常生活中还存在着欠人财物不还、信用卡恶意透支等不诚信行为。大学生在生活中出现暂时的经济困难向他人借财物是正常的,但拖着不还就不应当了,比如部分大学生以生活困难没钱吃饭为由向任课老师和同学借钱,然而借到手后,就故意不还或者"忘记"不还,甚至到快毕业时也没有归还的迹象。调查中,部分大学生反映,欠人财物不还的大学生并不是没有钱,他们经常买高档消费品、穿名牌服饰、通宵上网、喝酒唱歌等。这种欠人财物不还行为,严重影响了同学之间、师生之间的相互信任和情谊。部分同学还恶意透支信用卡、手机欠费,等信用卡额度用完或者手机欠费停机后就弃之不用,不仅影响了银行和电信运营商的经济秩序,还给自己抹上了不良信用记录,得不偿失。

3. 社交失信

(1)恋爱动机不纯正

大学生谈恋爱是一种很普遍的现象,但个别大学生对待恋爱虚情假意,不是怀着寻找人生伴侣的目的,而是把谈恋爱当做满足虚荣心、证明自己能力强、打

---

① 贺林平、朱慧卿:《助学贷款违约曝光能否管用》,人民日报,2007 年 8 月 10 日。

发无聊时间或者满足性需求,恋爱动机不纯。个别大学生在恋爱过程中缺乏责任感,抱着"游戏""娱乐"的态度,"玩玩"而已,造成对方的伤害。有数据显示,"73.08％大学生是因为被对方吸引而恋爱。另外还有精神寄托型动机和从众动机。13.85％大学生因弥补空虚而恋爱,13.07％大学生因为大家都有恋人,自己没有觉得很没面子而谈恋爱"[①]。近年来,频发的大学生因失恋自杀、抑郁、伤害对方的案件,在一定程度上说明了当前大学生恋爱不诚信的严重后果。

(2)公共生活诚信缺失

学校是一个小社会,班级、党支部、社团等群体生活是学生踏入社会后融入企业、社区、行业协会等组织并理性、积极地参与公共生活的前期准备和有效预演,本应在校园公共生活中树立真诚、包容、理解的信念并锻炼自身的理性、逻辑、常识,但在实际情况中,很多学生积极竞选学生干部却消极服务同学,组织生活高喊口号却疏于执行,社团活动宣传得轰轰烈烈却又虎头蛇尾、草草收场,公共生活中信守承诺、言行合一的观念并没有深入人心。

(3)网络失信

随着信息科学技术的发展和信息社会的到来,网络、移动通讯等成为人们学习生活中的不可分割的一部分。信息科学技术带给人们前所未有便利的同时,带来负面冲击。由于网络具有虚拟化等特征,每个人都是信息发生、传播的主体,人们之间的交往也在相互陌生的条件下进行。因此,生活中熟人之间不方便说的话、不敢做的事情,多可以在网络世界中得以实现。在这种无节制的自我膨胀和个人宣泄中,诈骗、不负责的言行等不诚信行为接踵而至,使得传统道德关于诚信的约束在虚拟世界中被极大地消解和弱化。部分大学生沉溺于网络世界,因自我控制能力和辨别能力不足,要么散播虚假信息、诽谤侮辱他人,要么浏览黄色、暴力、反动网站,甚至交友不慎误入歧途,去诈骗别人或者上当受骗,给自己、他人和社会带来不同程度上的伤害。

---

① 赖勇、叶青:《"80后"大学生恋爱观调查与大学生思想政治教育创新》,网络财富,2010年,第8期。

（4）其他人际交往中的不诚信行为

因学习生活环境的局限性,大学生的人际交往主要是家长、同学和教师。个别大学生在与家长交往中,容易出现谎报学习成绩、欺骗父母,为了得到父母的"奖励",不惜向父母撒谎。与老师交往中,出于种种目的,阿谀奉承、阳奉阴违,在学生干部竞选、奖学金评定、党团组织发展中欺骗老师,通过各种手段以获取相关荣誉和好处;还有学生谎报各种理由请假、课堂不遵守纪律等。与同学交往中,因大学生多为独生子女,相互宽容能力差,彼此之间相互算计,个别同学将室友、班级同学之间的交往看成是赤裸裸的利益交换,将是否对自己有利看做是与人交往的前提条件,随意承诺、心口不一,个别大学生甚至为了自身利益,出卖同学等。

（二）当前大学生失信行为发生的归因分析

导致大学生失信行为发生的原因是多样的,既包括社会大环境的影响,学校、家庭教育的不足,也包括大学生自身的原因。思想政治工作者应客观评价大学生所处的环境,全面分析大学生诚信缺失的综合归因,以此在具体工作中提出具有针对性的对策。

1. 社会层面

（1）传统文化习惯的影响

中国传统文化源远流长,上下五千年,形成和积淀了丰厚的诚信文化资源,不仅成为中华民族凝聚与发展的精神动力与源泉,也是中华民族立世的道德基础和根本。作为中国传统伦理文化重要范畴和主要的道德规范,传统文化中的诚信是以人情伦理为基础的,很大程度上是建立在自律意识上的诚信和熟人圈子里的诚信,具有一定的局限性。人们很难跨越家庭血缘亲情的局限而对家庭之外的人产生信任,即使有所跨越也只指血缘关系扩展与延伸之外的人。受此影响,许多人讲诚信只是对周围的熟人社会负责,而这个圈子以外,不讲诚信则习以为常。当前中国社会处于向工业化社会急剧转型、快速城市化的时期,这种传统诚信观念作为一种社会心理,也在一定程度上影响了大学生们的思想和行为,甚至他们一些不诚信的行为发生。例如,传统中"无商不奸"思想使得部分大学生认为当前的企业都是不诚信的,产生"人诚信会吃亏"等消极思想,影响了他们对诚信行为的恪守。

(2)市场经济中产生的趋利思想及现实生活中的诚信缺失的影响

我国正处于传统型社会向现代社会转变,社会结构、利益分配方式的改变也使得人们的思想观念发生改变。特别是随着市场经济的发展带来的不可避免的负面影因素,人与人之间形成了错综复杂的利益关系,每个参与经济活动的个体都在追求个人利益最大化,利用市场经济存在的自发性和盲目性,唯利是图、弄虚作假。个别人甚至为了物质利益而放弃了道德修养。这一阶段,社会上出现的拜金主义、物质主义等趋利思想在很大程度上对大学生的思想行为造成负面冲击。例如,当大学生看到坚持诚信的人们获得的报酬远远低于部分人非法所得收入时,这种差距动摇了大学生的诚信信念。与此同时,因市场经济体制尚未完善,市场发育不够成熟,宏观调控不够到位,部分企业和个人受经济利益的驱动,造成了一系列失信行为:染色馒头、瘦肉精、地沟油、老酸奶等。这些失信行为的发生从根本上讲是不法企业无休止地追求利润导致的。当失信成本小于失信收益,失信行为有利可图时,部分企业会考虑甚至主动选择失信行为。这种失信的成本和收益的不对称性就使得失信从可能转化为现实,失信现象就会大量发生。经济活动中的负面影响成为部分自我控制力不强的大学生失信行为发生的外部诱因,同样从大学生身上发生的失信行为也可以看出,社会诚信缺失对大学生的影响的印迹。

(3)诚信保障机制不健全

健全的制度是保障秩序有效形成的重要基础和约束人们行为的主要途径。在党和政府的正确领导下,我国社会主义市场经济取得了长足发展,但是与之相适应的社会诚信制度建设相对落后,缺少相关制度的约束和规范,诚信行为就会缺少有力的保障,就会给不良失信行为的发生提供制度上的漏洞。一是相关法律法规不健全,法律法规是保障社会诚信建设最有力的武器。目前我国关于社会诚信制度建设的法律还不健全,立法不够完善,各种法律条款散见于不同的法律法规中,尚未形成完整的诚信保障法律体系,这使得对部分失信行为的处罚缺少法律依据。二是社会信用体系建设不成熟。尽管目前人民银行已初步建立征信数据库,但是依然面临较多的问题,如缺乏信用信息的公开披露与使用制度,缺乏对失信行为进行惩罚的法律依据;信用体系不健全,个人和企业的信用评级制度、信用登记制度尚未建立;信用中介机构发展缓慢,作用发挥不够;政府在社会信用体系中的定位和作用问题还未得到较好的解决。社会诚信保障机制的不健全导致我们的社会逐渐形成了一种劣币驱逐良币的逆向淘汰机制,正如北岛的诗歌所说,"卑鄙是卑鄙者的通行证,高尚是高尚者的墓志铭",缺少鼓励诚信与遏制失信的奖惩机制,使得造假者获利丰厚而惩罚轻微,诚信者公平竞争却屡屡失败,在这种制度环境下,为大学生失信行为的发生提供了外部动力。

(4)社会媒体的引导有失平衡

进入21世纪信息化时代以来,社会媒体有了跨越式发展,形式更多样、内容更丰富、时效性更高,新老媒体的各种信息铺天盖地映入老百姓的眼帘、闯入大众的耳朵,其影响力迅猛提升,这自然而然需要如今的媒体承担更多的社会责任。然而,目前我国的社会媒体运行并不规范,更有不少媒体和媒体从业者一心追求经济利益,而罔顾法律法规、忽视社会文明发展,媒体造假时有所闻,报道内容只管夺人眼球,多为负面消息,而宣扬公平、正义、诚信、友爱的节目却大为不足。长此以往,由于媒体的放大效应,必然会让老百姓觉得世风日下,从而影响其价值观和实践行为,并直接影响家庭教育,影响下一代的健康成长。故对社会媒体的规范迫在眉睫,对社会建设的正面宣传亟须加强。

2. 学校层面

随着社会主义市场经济的深入发展和社会转型的加快,全社会呼吁加强大学生诚信教育的声音日趋高涨,然而由于高等教育体制改革的滞后性,目前高校还没有对大学生诚信产生足够的重视,在诚信教育内容、方式方法上存在着明显的不足。

（1）部分高校重智育轻德育，对诚信教育不够重视

由于受长期以来应试教育的影响，部分高校注重高升学率、高就业率，对诚信教育的认识不到位，对诚信教育重视不够。表现为：部分教育管理者认为，大学生诚信教育从属于思想政治教育，只要思想政治教育课和辅导员工作到位，诚信教育就没问题，因此忽视了诚信教育师资队伍建设，这样导致部分大学生的诚信缺失行为得不到及时纠正和惩罚，使得大学生诚信意识薄弱。部分教育者认为诚信教育只是认知问题，只要大学生知识学习好了，就不会出现失信行为，把传授大学生诚信知识等同于诚信道德教育，致使大学生诚信知行脱节。以上这种对诚信教育认识的偏差和重视不足，远远脱离了开展大学生诚信教育的实际，也不符合全社会加强大学生诚信教育的呼吁和要求，必需予以纠正。

（2）诚信教育内容空洞，教育制度不完善

大学生诚信教育是一个系统的工程，从入学到毕业、从考试学习到学术研究、从知识教育到实践就业等方方面面。然而，当前部分高校开展诚信教育或者只是简单照搬思想政治教育内容，强调诚信的社会价值的内容，脱离大学生行为实际，显得空洞乏味；或者只是借助古代社会的诚信故事，内容陈旧滞后，缺乏时代性和时效性，不能有效调动大学生的学习兴趣，从整体上缺乏与思想政治教育相对独立的、全面的、系统的教育内容。与此同时，高校诚信教育还存在着制度建设相对落、教育制度不完善的问题。诚信档案制度不完善、覆盖面不够，没有建立系统的大学生诚信档案制度，不能对大学生开展有针对性、差别化的诚信教育；诚信教育奖惩机制不健全，缺乏对大学生诚信行为的正面激励机制以及对大学生失信行为的惩罚机制，往往跟大学生奖学金评定、思想道德修养鉴定等混为一谈等。除此之外，高校诚信教育信息公开制度、执行制度、评价制度等需进一步完善。

（3）诚信教育途径单调，教育方法落后

诚信教育是一个知、情、意、行的全方位的过程，加强大学生诚信教育需要诚

信理论教育与诚信实践教育相互配合、共同完成。然而在实际教育过程中,部分高校以思想政治教育课替代诚信教育,只通过思想政治教育基础课对学生进行诚信认知教育,诚信教育主题不突出,并没有充分发挥校园文化、实践教育、专业课教育等不同教学资源的价值作用,没有形成多种途径的合力。诚信教育方法上,往往采取说教的方式,运用知识灌输进行空洞的说教,忽视了大学生思想行为实际;缺乏相互讨论、正面引导激励、榜样示范等生动的教育方法,不能有效提高大学生参与诚信教育的积极性与主动性,也不能引起他们内心深处对诚信意识的共鸣,这样一来无法将诚信认知落实到行动上,使得诚信教育活动效果大大降低。

（4）部分教师诚信失范

榜样示范是道德教育所要遵循的一个重要原则。在学校诚信教育中,教师是学生养成诚信品格最重要的示范者和学生最直接、最信赖的榜样。大部分高校教师在学生诚信教育方面发挥着正能量,但也有少部分教师存在着教书与育人脱节的问题,如部分专业课教师认为大学生诚信教育是辅导员或者学校管理的事情,与自己无关,只是以完成课堂任务为主;并且由于学生评教等因素,部分教师对课堂上大学生表现出的说话、吃东西、玩手机、迟到早退等不诚信行为置之不理,助长了大学生不诚信行为的发生。部分负责学生管理的教师,不按照学校规定办事,接受部分学生的利益贿赂,帮助个别学生担任学生干部、评定奖学金等。还有部分教师生活作风、学术科研、职称评定等方面存在着不诚信现象,在一定程度上对学生产生消极影响。

（5）与社会、家庭的良性互动不足

大学生教育的主体虽是高等学校,但学生毕业就将踏入社会,家庭则是学生成长过程中十分重要的影响因素,注重社会、家庭的良性互动可以构建更加完整的诚信教育体系。通过社会、家庭的信息反馈,学校可以更有针对性地改善诚信教育方法、充实诚信教育内容。

（6）诚信教育缺乏连贯性

大学生的诚信教育是公民诚信教育的一环,通过课题组调查可知,我们的公民诚信教育缺少统筹,学校与社会连接不够,求学的各阶段之间的衔接也不足。小学的德育工作相对扎实,调查结果显示小学生对诚信的认可度,以及践行能力都较高。随着年龄增长,中学、大学阶段,学生对诚信的认可度和践行能力在逐步下滑,固然,其中有各种原因,但中学和大学在不同程度上对学生德育教育的弱化是重要因素。诚信教育要体现成效,诚信文化要深入人心,亟需对诚信教育进行统筹,需要顶层设计。自学生入学起,直至走上社会,以诚信等良好美德为核心的德育教育就应有系统地、持续性地开展,而不能因为重升学、重就业、重学术而偏废了。

3. 家庭层面

家庭是子女成长的摇篮,良好的家庭教育环境有助于大学生养成良好的诚信行为。在家庭生活中,父母的言行往往成为子女日后判断他人和事物的价值标准及言行的模仿的对象。经过研究,我们发现当前家庭教育中,部分家长的教育理念存在偏差,忽视了对子女的诚信道德教育,家长存在一定的不诚信行为影响了子女诚信品格的形成。

(1)家庭教育理念存在偏差,忽视子女的诚信道德教育

家庭教育是社会教育的重要组成部分,也受到社会大环境的影响。在我国现代家庭中,部分家长依然受到传统教育中"追求升学率""追求高分数"的影响,在教育子女的理念上存在着一定的偏差,过于注重子女的智育,而忽视了包括诚信教育在内的道德教育。这主要表现为,随着社会竞争压力的加大,部分家长坚持"望子成龙、望女成凤"的思想,对子女的期望越来越高,认为"学习好、成绩好、分数高"就能出人头地。由此,在家庭教育中,家长只重视孩子学习成绩的优劣,而相对忽视日常的思想品德教育。在这种教育理念下,往往会导致,一方面家长在子女成长的强烈期望下,一切以子女为中心,无条件、无原则地满足子女任何要求,过分溺爱子女,甚至子女出现过错,也会不及时纠正或者批评子女,长此以往子女逐步形成了"小皇帝、小公主"般的性格,唯我独尊,缺乏对他人和社会的道德责任感,更谈不上诚信品格的形成;另一方面,部分家长陷入另一个极端,对

孩子严加管教。一旦孩子成绩未达标，变大加惩罚，使子女逐步产生逆反心理和恐惧心理。为了免于父母的责骂，他们会逐步养成撒谎、不诚实的品质，部分学生甚至不惜作弊以取得高分。还有一种情况是，家长对子女开展诚信教育存有片面性，不少家长教育子女讲诚信本身就不坚决，往往只看重不说谎话的简单层面，并不严格要求子女做个诚实守信的人，以免将来吃亏，甚至有的家长完全不教育子女讲诚信，只要求子女保护好自己，不要受到伤害。这些形式的家庭教育理念从根本上来讲，不利于子女确立诚信意识，甚至妨碍了子女养成诚信品格。

（2）家长的失信行为的消极影响

家长的诚信行为直接影响到子女诚信品质的形成，调研中发现部分家长，只是形式上用言语对子女进行简单的诚信教育，而忽视了自身言传身教的引导教育作用，特别是部分家长的、失信行为给子女的诚信教育带来严重的负面冲击。比如，家庭生活中，父母教育子女要诚实为人、踏实学习，家长却不能以身作则，自己打麻将、玩游戏，当着孩子的面做一些弄虚作假、欺骗他人的事情，甚至夫妻之间吵架、与他人打架斗殴等。这种影响消解了学校及教师开展的诚信教育，正如俗话所说："5 天的学校教育效果比不上家庭的 2 天教育效果。"因此，对于学生进行诚信教育，需要引起家长的足够重视和大力配合，不能认为诚信教育只是学校和教师的事情，家长也应积极创造良好的家庭教育氛围，督促子女的诚信行为。

4. 大学生自身层面

大学生身心还不成熟，正处于世界观、人生观、价值观确立时期，他们思想活跃，善于发现与接受新思想，同样也容易受到外部环境的影响。"社会环境中的消极因素通过青年社会化过程的实践活动影响并反映到青年的头脑中，通过'内化过程'转变成主观的因素"[①]。分析大学生不诚信行为发生的原因需深入查找大学生自身层面的因素。

---

① 黄希庭、郑涌：《大学生心理健康与咨询》，高等教育出版社 2000 年版。

（1）当代大学生身心发展不够成熟，自我控制能力和价值判断能力较差，缺少独立精神和批判思维

大学生表现出来的诚信行为是外部环境与自身的内在诚信观念相互作用的结果。在大学生诚信行为选择心理机制运行的过程中，外部环境的影响是外因，作为外在条件存在；大学生内在的诚信观念状况是大学生诚信行为选择的内因。调查中我们发现，诚信作为一种人不可缺少的道德品质，已经被绝大部分大学生所认可。他们认为诚信是做人的基本素质，如果不讲诚信会被社会淘汰。虽然大学生在思想观念中对诚信有一定的正确认识，但是并没内化为约束自己的道德准则、内化为自己的诚信价值认同，当他们面临诚信选择时，由于自我控制力较差，极易产生不诚信行为，以至于产生诚信认知与行动脱节。例如，日常生活中，大学生都认为，借书不还是不诚信行为，会影响学校图书馆的正常运作和他人的图书借阅，但是还是有部分大学生因各种缘由不按时归还图书。当代大学生多处于17～24之间的青春期，他们情绪丰富且波动大，抽象思维发展迅猛且容易脱离实际，他们的社会阅历不深，在一定程度上存在道德评判能力不强，辨别能力较差，使他们不能正确地对待社会上的不诚信行为。当看到不讲诚信却获利丰厚；而守诚重信却无利可图时，在大学生内心的道德天平上，诚信观念处于低位，导致了诚信缺失。①

（2）当代大学生责任意识较为淡薄，功利心比较强

社会及家长的要求、学校的教育是对大学生养成诚信品格的外在要求，对大学生而言属于他律范围。而大学生内在的"要求自己成为诚信大学生所应完成的职责和任务"，也就是大学生应该对家庭、学校、社会应尽的责任和义务，对于大学生而言属于自律范围。当代大学生成长在社会主义市场经济发展的物质条件宽裕的时代背景下，具有较强的竞争意识和自我观念，同时责任意识较薄弱，功利心比较强。大学生在日常学习生活中，往往只注重自身利益的实现，一切以

---

① 苏小匀：《论当代学生诚信教育体系的构建》（硕士学位论文），东北师范大学，2008年。

自我为中心,而忽视了应该对他人和社会的责任。在诚信选择时,往往以是否"对自己有用"作为衡量标准,过于重视现实利益,而忽视了诚信道德修养的重要性。此外,大学生还容易受到群体中间的从众心理、攀比心理以及投机心理等因素的影响,他人因不诚信而获益时,会引发其他大学生的跟风模仿,置诚信品德修养于不顾。

由上述的分析可知,虽然学校因素是影响大学生诚信行为的次要外因,但是作为主要外因的社会因素过于宏观而难以有效、迅速地改变;而且学校是学生离开家庭和踏入社会之间重要的中间过渡阶段;所以大学生的诚信教育还是应当着力于学校这一环节,努力构建完善的诚信教育体系,并做好与社会和家庭的良性互动。

8 中外大学诚信教育比较研究

王海兵

【提要】本章通过当代中国的主流价值观和西方哲学价值观主导下的诚信文化的对比分析,对中外大学的诚信教育方式、诚信教育内容、诚信教育环境和诚信教育管理进行多维比较,借鉴国外大学诚信教育的经验,探索我国诚信教育的管理体系、方法和途径。

诚信是人类共同追求的美德，是支持社会正常运行的有力杠杆，世界各国，尤其是西方发达国家非常重视对全体国民特别是青年一代进行诚信教育。世界各国诚信教育的开展各有千秋，特色各有不同，科学分析、提炼与总结国外诚信教育的经验、做法，借鉴其成功之处，对加强我国大学的诚信教育，培养社会主义的合格建设者和可靠接班人具有重要意义。

诚信文化在中西方都具有悠久的历史，有着基本相同的内涵和价值准则，与此同时，又因其经济社会发展的历史背景和主流价值观不同，中西方的诚信文化又各具特色，具有明显的差异性。这种诚信文化上的差异，直接导致了中外大学在诚信教育上各具特色。本章从中外大学诚信教育的主要内容和特点出发，通过当代中国的主流价值观与西方哲学价值观主导下的诚信文化的对比来对中外大学的诚信教育方式、诚信教育内容、诚信教育环境和诚信教育管理进行多维比较，力图挖掘中外大学诚信教育的差异，以此寻找出国外大学诚信教育对我国大学诚信教育的价值借鉴。

一、国外大学的诚信教育

诚信教育是国外大学教育的重要组成部分。在西方发达国家，尤其是在美、日、德、英、澳大利亚、新加坡等国家的大学里，诚信教育取得了一定的成效。进一步了解、挖掘、研究美、日、德、英、澳大利亚、新加坡等国家大学诚信教育的理念、内容、做法和特色，对于促进我国大学诚信教育的健康发展，进而推动全社会诚信水平的提高,具有重要的作用和现实意义。

(一) 美国大学诚信教育的主要内容和特点

美国大学的诚信教育十分发达,诚信理念以制度化的形式渗透到国民生活的方方面面。美国大学诚信教育具有它独特的社会土壤、制度环境和文化环境,在推广诚信教育上有着深厚的社会基础和良好的制度体系保障。

1. 美国大学诚信教育的内容

(1) 荣誉准则是美国大学规范学生诚信行为的重要制度安排

美国高校非常注重大学生诚信教育的制度安排。许多高校一直以来都保持着一个传统,那就是沿袭着荣誉规章制,即荣誉誓言制。也就是,学生在入学后,学校将组织学生进行荣誉宣誓活动,学生自主承诺在一切学术活动中不作弊抄袭,不发生有违诚信的行为,坚决维护荣誉制度。通过宣誓活动,让学生在以后的学习和工作中,能够自发地从内心深处对荣誉誓言的内容产生认同、发生共鸣,从而将要我诚信转化成我要诚信。可以说,这种荣誉规章制是美国大学诚信教育的一大亮点。

在美国,马里兰大学的荣誉守则制度因其对传统的荣誉守则做出了成功改动,因而声名远播。马里兰大学的荣誉制度自 1990 年起就由学生全权负责,其主要内容也由注重学生自身道德向注重学术诚信转变,这种对传统荣誉守则的提炼、升华,聚焦重点的变化,适应了时代发展的需要。经过发展后的马里兰大学的荣誉守则制度,内容更翔实,操作更具体。比如,马里兰大学新的荣誉守则制度将欺骗、伪造或虚构、剽窃等不诚信行为详细列举出来,并且将诚信守则细化到学生学习、课程作业、研究、考试与教学等诸多方面,改变了过去学生对学术不诚信的具体表现、定义不明确的状况,也使得对不诚信行为的检查与惩罚更具有操作性。同时,马里兰大学新的荣誉守则制度也终止了过去由教师或学校管理层主观臆断某种行为诚信与否的情况发生,使得荣誉制度更客观、更公平公正。所以,两相比较而言,虽然新的荣誉制度对学生的要求更高了,但学生心理上对荣誉制度的认同感却更强了,执行起来也更加有力。

　　除了马里兰大学的荣誉守则制度之外,杜克大学的荣誉准则也具有一定的代表性。在杜克大学的荣誉准则里,详细描述了学生诚信的范围,让学生一目了然,明确无误地知道自己能干什么,不能干什么。其具体内容如下:"我不撒谎、不欺骗、不窃取别人成果,在学业上尽力而为;我及时反映每一个学业不诚实的行为;我会以留名或匿名的书面或口头形式直接和我认为不诚实的人沟通、交流;当我发现任何一门课程中有学术不诚信行为时,我将立刻书面汇报相应的教师;有关我写的检举报告,负责地指出那些我认为已违反荣誉准则的人。我加入了杜克大学学生集体,我赞成荣誉准则"。

　　荣誉准则制度对违反诚信的相关处罚措施有着详细而明确的规定,能够对学生的行为起到较强的预防和威慑作用。普林斯顿大学每年在开学新生报到时,将荣誉守则发放给每一位前来报到的新生,让学生自愿签署道德荣誉准则,而每位新生也只有在签署了承诺书后才能获准入学。普林斯顿大学的荣誉准则针对学生在校学习期间的考试、作业、研究等方面,作出一系列明确而具体的要求,学生可以选择不签字,但一经签字就表示自己承诺严格遵守学校的相关规定,并愿意承担相应的责任和后果,绝不允许推搪、蒙混过关。

　　可以说,美国大学的荣誉准则制度在其两百多年的演变过程中,从最初以口头或书面等形式规定的道德标准逐渐完善为详尽的规范体系,由模糊走向清晰,由感性趋于理性。

　　(2)有力的预防措施和严厉的惩治力度是美国大学诚信教育的重要保障

　　在美国,高校一方面注重培养学生的诚信自律能力,以期预防并减少不诚信行为的发生;另一方面,则是采取有力的预防措施和严厉的惩治力度来保障诚信教育的效果,以起到是非对错的引领作用,引导学生产生对诚信文化的认同感,从而实现人与文化的良性互动。

　　随着通信技术和互联网的迅猛发展,在美国,涌现出许多帮助学生代写论文的网站,以及大量的学术资源库。学生只需支付一定的费用,就可以从网上寻找到自己所需要的资源,直接为己所用。针对这种情况,许多高校会动用人力、物力、财力来找寻这些网站,甚至不惜付出高昂的代价,开发软件,用来比对学生提供的作业、论文等。这些措施的采取,有效防止了学生的"拿来主义",使得许多学生不敢轻易与网站进行交易。与此同时,美国还制定了严格的法律、法规来惩处考试作弊、学术违规等现象,对于情节恶劣者,则定性为触犯法律,甚至是危害国家安全。面对如此强有力的、有震慑力的措施,许多大学生能严格规范自己的行为,自觉维护诚信。

鉴于大学生还处于人生观、价值观的塑造时期,许多大学生还不能树立全面、准确的诚信意识,不能明确地区分诚信行为与违信行为的界限,美国的许多大学对学术不诚信的内涵和外延作了详细和明确的阐述,确保学生不因没有明确界限而发生违信行为。与此同时,针对形形色色的学术违信行为,制定对应的处罚措施。轻微的处罚有判令成绩不合格,严重的就是休学直至开除。

由于美国大学采取诸多有力的预防措施和严厉的惩治力度,因而学生的不诚信行为大幅减少,同时,学生的诚信意识也不断渗透于学习和生活中,内化为学生自己的诚信品质。

(3) 通识课程教育是美国大学诚信教育的重要途径

近年来,美国大学大力发展通识课程教育,并将通识课程教育作为美国大学诚信教育的重要途径。美国大学的诚信道德教育,相关课程包括"生活中的道德问题""民主问题"等,通识课程认为"务实与务虚同样重要",力图摆脱实用主义哲学,强调从美的角度理解人类文化,并且强调价值观与道德教育的培养。在美国的通识课程教学中,尤其注重学生讨论的重要性。通过思辨和讨论,去粗取精,去伪存真。其中,哈佛大学的核心通识课程就包括外国文化、历史研究、文学与艺术、科学、道德推理、社会分析、定量推理等。其中,道德推理主要从宗教与哲学的教育来让学生进行自我分析。

此外,美国高校充分运用美国大学联盟等多校合作性组织共同制定大学的学术"行业规则",许多学校还积极与学校所在地政府、社区和家庭开展合作,从范围上扩大大学诚信文化的影响力和作用力。

（4）严格大学生借贷是美国大学诚信教育的重要措施

良好的信用制度是一个国家经济发达的重要基础,将经济领域的信用制度应用到大学生诚信教育体系中,不仅十分必要,而且切实可行。

作为发达国家的美国,其社会的信用体制十分完备,美国人视信用为生命。信用观念已深入到大学生学习和生活的各个方面。诸如信用卡消费、贷款上学等,都是需要良好信用作为保障的经济活动。因此,借贷诚信教育的开展,无论是对学生自身,还是对美国的经济秩序以及社会稳定,都有着深刻的影响。每一位在校美国大学生都有一个属于自己的专属档案,包括学生的教育背景、受教育过程中道德素质方面的表现等信息。同时,每位学生只要进行经济活动,都会有一个专属的账户,在这个账户中,学生的每一次活动,无论是收入和支出,还是纳税、还贷,都详细记录在案,伴随终生。正是由于这种伴随终身的信用记录,让美国大学生高度重视自己的诚信档案,对自己的行为是否触犯诚信保持高度的警觉,以免自己的某次失信行为,造成自己终身的污点,并为此付出高昂的代价。正是由于美国大学生害怕受到惩罚而高度警惕诚信的警戒线,从而不敢触碰这根高压线,由此从外在压力下的被动地遵守诚信道德规范,到养成诚信的道德意识,最终内化为自己诚信的价值观了。

（5）妥善利用宗教是美国大学诚信教育的重要渠道

宗教是美国文化的重要组成部分,宗教活动在美国人的生活中占据着非常重要的位置。诸如自由、民主、革新、仁慈、博爱等许多处于主流地位的价值观都同宗教理想保持着千丝万缕的联系,无法割裂。

在美国,早期的大学一般都是由新教徒创立的,乃至 19 世纪 90 年代,绝大多数的州立大学还要求学生必须参加礼拜活动。随着时代的发展和进步,宗教的光环逐渐褪去,宗教在大学的影响也逐渐淡化,除了一些专门的神学院以外,现代意义上的大学已不再强制学生接受宗教教育和简单的宗教类课程,但这并不影响宗教活动成为对大学生个人道德施加影响的重要渠道。诸如亚利桑那州立大学,学校不仅有许多来自不同宗教派别的学生宗教团体,而且还有一个由代表不同信仰和传统的校园牧师组成的"宗教顾问委员会",这些宗教团体除了热衷投身一些和宗教密切相关的活动外,还积极参与学校的各种志愿服务活动,为无家可归者提供食物、衣物和住所,与所在城市和社区合作建立应急措施,帮助困难家庭走出贫困和危机,为学生的出游等提供帮助。通过这些活动,潜移默化影响学生的道德修养。

2. 美国大学诚信教育的特点

（1）注重建章立制,以制度规范诚信教育

美国大学非常注重大学生诚信的制度建设,通过制订严格规范的诚信教育制度,对诚信失范行为进行处罚。为此,美国绝大多数高校都有一整套完整、规范的诚信教育制度,也即"荣誉制度"规范、约束学生的诚信行为。一方面,对诚实守信的学生通过一定的方式进行鼓励和奖励,积极引导学生遵守"荣誉制度";另一方面,对失信行为,严厉处罚,让学生在得失权衡之间,极力避免触碰诚信的警戒线。

（2）注重营造良好的诚信氛围

美国大学善于营造诚信氛围,积极主动通过各种学生组织,大力开展丰富多彩的学生活动,宣传诚信光荣、失信可耻的思想理念。在美国,每年新生入学,许多高校都会举行庄重、肃穆的仪式,在仪式上宣传诚信行为的高尚,以及不诚信行为的可耻,还有签署荣誉准则以及宣誓。除此之外,还通过开展不同层面、各种类型的活动来加深学生对诚信的认识。与此同时,学校还积极抢占网络主动权,充分利用互联网的优势,通过各种网络平台向学生宣传、灌输各种诚信理念、制度和事迹,让学生生活在浓厚的诚信氛围中,每天都能感受诚信美德的陶冶和熏陶。

此外,在美国,大学开展的诚信教育,除了充分利用校园阵地外,还积极动用社会媒介,在社会的各个角度弘扬诚信的必要性和重要性。

（3）注重营造优良的诚信环境

诚信教育与社会密不可分,它既需要在社会的诚信环境中不断发展,也需要借助社会力量来强化和提升教育的效果。在美国,全社会都自觉与学校配合,通过开展与诚信相关的活动,强化学生的诚信意识,规范学生的诚信行为。

美国政府有专门的具有独立编制和经费的诚信教育研究机构,亦即研究诚信办公室。其主要职责是,对违背诚信行为进行调查,并制定具体的政策和措施。这可以看作是美国严格的诚信制度建设成功的一个典型。

此外,在美国众多的民间组织中,研究型大学联盟与各学术研究团体对于提升美国大学的诚信水准发挥了独特的作用。

(4) 注重榜样的示范作用

美国大学非常重视榜样的示范作用。美国的大学在对教师进行培训的过程中,要求教师在学术研究等各个方面为学生树立典范,做出榜样,弘扬诚信,使学生在榜样的示范作用下,学榜样、做榜样,不断地约束自己的行为,以达到诚信教育的目的。

(二)日本大学诚信教育的主要内容和特点

日本大学诚信教育的特色,在于其将诚信教育纳入了德育的体系范围之内。日本大学教育的德育体系主要内容,除了诚信教育之外,还有诸如爱国主义教育、集体主义教育、经济意识教育等方面。在日本,所谓的诚信教育,也可视为道德观和价值观的教育。日本大学的诚信教育,通过充分利用和融合学校教育、家庭教育和社会教育的各自优势,三者相辅相成、紧密配合,共同致力于培养学生优秀的诚信道德品质,共同致力于提升诚信教育水平的最终目标。

1. 日本大学诚信教育的主要内容

(1) 在日本的大学诚信教育体系内,专业德育教学与非专业德育教学互相配合

日本高校在设置德育课程时,秉持着将专业课与非专业课相结合的原则,通过灵活、多样的结合方式,共同开展德育课程的教学。在专业教学中,日本高校教育设置有专门的、独立的科目来传递和讲授基本美德和道德准则,传递包括诚

信、道德、社会价值等相关的教育内容。日本文部省在1988年度教育白皮书中曾强调："道德教育在培养心灵丰富的人的过程中，担负着极其重要的作用。"与此相关，文部省制订《学习指导大纲道德篇》，将"道德时间"课设置为大学必修课。除了"道德时间"之外，还并行设置有其他类似大学生诚信教育的专门独立的课程。这些关于诚信道德教育的科目和课程，由于日本政府自上而下地给予高度重视，是日本大学进行德育的最重要的公开化途径，具有官办性质，有着其他学科所不具备的绝对权威。与此同时，日本高校的德育并不仅仅局限于通过专业课程来传递道德教育，也非常重视在各门学科教育中潜移默化地渗透品德教育的内容，在日常教学中将品德教育的内容以各种细微的方式融入各类课程教学中去，充分利用潜意识的、偶发式的教学方式进行德育塑造。

（2）在日本的诚信教育体系中，大学的高等德育教育与中小学的初、中等德育教育互相配合

在日本，大学的高等德育教育并非是独立存在的，而是同初等、中等教育紧密配合。日本政府在其规划的《二十一世纪的教育目标》中明确指出："只有重视思想素质的培养，才能保证人才的健康成长。"在日本政府的官方文件中，对道德观、价值观的培养予以高度的重视。在初、中等德育范围内，在包含高度凝练的教育理念的学校校训和教育方针中，日本很多初、中等学校都将诚信教育作为重要训诫，例如：东京文京女子中学的校训是"诚实、勤勉、仁爱"，泰星中学的校训是"诚实、品位和刚毅"，横滨翠陵中学的教育方针是"自立、诚实、实行"，类似的校训在日本常见，反映出日本在大学教育开始之前，已经高度重视对国民自主性、诚实守信、躬行实践等优良品质的培养。此外，日本学校的教学体系中设置有伦理课，伦理课的教学主要内容有诚实、善良、向上、奉献、谦让、名誉、正义等，名为《心的笔记》的道德手册，用通俗易懂的语言，记载着诚信等各种道德规范，日本中小学生人手一册。

日本大学的道德教育没有简单重复初、中等学校德育教育灌输说教的教育方式。与初、中等德育重视开设序列化的道德教育课不同，高等德育体系主要包

括四个方面：珍惜生命；在社会实践中实现自身价值，实现生命的意义；练就顽强的意志；诚实、正直地处事和与人交往。可以看出，高等德育教育在重视诚信品质的同时，也重视训练学生道德实践能力的培养。学生在参与大量的集体活动、社团活动时，通过多元化的途径，培养基本的生活习惯，培养自制力、竞争力、公德修养和职业道德修养等素质。

（3）在日本的大学诚信教育体系内，诚信教育与经济意识教育互相配合

经济意识教育是日本大学的诚信教育中不可或缺的重要组成部分。日本大学的德育体系，通过将诚信教育有机融入经济意识教育，成为诚信理念传播的重要渠道。所谓经济意识教育，是指学生通过选修相关课程参与社会生活，通过到企业打工等途径培养经济意识，同时，日本企业之内也同步进行企业伦理教育。学生在打工和社会生活的参与中，不仅能了解社会和企业的运行机制，在进行经济活动的同时，也逐渐接受了企业传输的伦理道德教育，促进学生将日本企业经济活动所重视的团队意识、集体精神和诚信价值等道德品质逐渐内化到自己的行为方式之中。

2. 日本大学诚信教育的特点

（1）寓教于实践，日本大学高度注重诚信教育的实践功能

在课程设置中，日本大学将"道德实践"课程设置为必修科目。"道德实践"课程属于日本政府的官办课程，足见政府和学校对道德实践功能的重视程度。日本大学在对学生进行人生观引导时，注重培养学生的独立人格和责任感。日本的人生观教育和德育教育并非只是单调苍白的诚信理论说教。具体在人生观引导和德育教育过程中，日本高校非常重视在生活实践中培养学生的诚信品质。日本高等教育积极鼓励学生参与社会活动，鼓励学生勇于积累不同的生活经验，希望学生在多种多样的生活实践中，学会人际交往的能力，在人际交往过程中互相信任、信守承诺，学会在与人和平友好的相处中求得共同发展。由此可见，日本大学不只是依靠道德课来进行道德教育，而是巧妙地以道德教育为核心，开展内容丰富多彩、形式多样化的活动，使学生通过亲身参与实践活动，促进身心健

康发展,培养优良品格,使道德教育渗透于各项实践活动之中,增加了诚信品格等德育教育的实践功能与特色。

（2）以家为起点,日本家庭教育是大学诚信教育的有益补充

日本家庭的公众社会形象可以概括为以下方面:谦和、礼让、文明、诚信。由公众的认可度可以看出,日本家庭的诚信教育的成功。日本的家庭教育中,家长大多会把孩子视为自己的朋友,以对待友人的方式来对待孩子。若是孩子出现违背诚信的行为方式,家长不会采取简单粗暴的责骂方式,而是选择与朋友谈心沟通式的交流方式,与孩子交心,在平和的心境之下同孩子进行细致的沟通,耐心地进行疏导,从而引导孩子回到正常的道德轨道,帮助孩子塑造良好的道德品质,避免孩子产生逆反心理,从而收到良好的诚信教育效果,为大学诚信教育提供了坚实的基础和有益的补充。

（3）多方支援,日本大学的诚信教育得益于社会多层面配合

日本大学培养的毕业生大多具有良好诚信品质,其诚信品格的养成,不仅得益于学校教育,更得益于社会整体为诚信品质的培养提供了良好的社会氛围,构建了良好的社会场所,提供了各种各样的活动设施。社会氛围往往对品格的塑造具有关键的作用,如果社会风气败坏,家庭教育和高等教育将会事倍而功半,如若社会风清气正,家庭教育,尤其是高校德育教育将事半而功倍。在社会风气自发性的引导之外,日本政府还给予了大力的支持,对诚信教育进行了有力的监督,在培养学生诚信品格的过程中,日本政府部门充分发挥监督功能,保证了诚信教育内容充实、诚信教育方式具体、诚信教育功能实用。

（三）新加坡大学诚信教育的主要内容和特点

新加坡与中国的社会制度和意识形态存在显著差异,但是,两国高校的德育却存在某些相似之处。将两国大学的诚信教育进行比较研究,提炼新加坡大学诚信教育的内容和特点,有助于我们探索高校德育发展的客观规律,有利于不断完善具有中国特色的大学生诚信教育体系。

1. 新加坡的大学诚信教育的主要内容

（1）新加坡大学诚信教育以中国儒家传统学说为主

新加坡大学的诚信教育非常重视中国传统儒家学说对诚信品格的塑造,希望通过对儒家道德规范的讲授,培养学生良好的道德品质和道德行为习惯。在新加坡的大学德育体系中,高校特别设置了以儒家道德规范为主要内容的课程,鼓励学生在积累渊博学识的同时,努力塑造有风度、有修养的良好形象和道德风范。新加坡的大学设置儒家道德规范课程,希望通过阐述儒家经典文化,让学生溯本追源,不忘本,不扭曲,牢记自身的源流和传统。

（2）新加坡大学诚信教育以西方诚信教育为辅

在重视儒家道德规范传授的同时,新加坡的大学没有摒弃对西方诚信理念的引导,而是在具有东方传统特色的诚信理念的主导下,将东、西方诚信价值观相互结合,互相融会,对学生进行诚信教育引导,帮助学生开阔视野,在文化的融合与贯通之中,将诚信品质牢牢嵌入人格培养之中。

（3）新加坡大学诚信教育受惠于社会各方开展的多种活动

在新加坡,从政府到公民,整个社会都非常重视对民众的德育培养,社会各方都积极鼓励开展多种活动,对民众进行不同形式的品格、道德教育。受益于政府对道德教育的高度重视和社会公众对提高公民道德水平的不懈努力,新加坡的大学诚信教育非常发达,相较中国而言,其诚信教育的发展非常迅速。

2. 新加坡大学诚信教育的特点

（1）新加坡的大学诚信教育需要遵循特定的程序和步骤

与中国的诚信教育不同,新加坡的诚信教育有一套相对完整的体系。在新加坡的诚信教育体系中,每个版块都发挥着其独特的、不可取代的作用。第一步,充分发挥榜样的正能量作用。新加坡的大学诚信教育非常重视榜样的示范功能,他们积极宣传典型和榜样,向学生展示和宣传那些将诚信理念付诸实际行动的人的模范行为,鼓舞学生,激发学生学习和模仿的兴趣,达到诚信教育的目的。第二步,学校的诚信教育充分重视与学生的双向交流。在进行诚信教育过程中,新加坡的大学教育体系并不采取单向灌输、单边指导的方式,在向学生介绍诚信的内涵和价值时,不以高高在上的权威姿态对学生进行训诫,而是选择站在平等的位置,与学生进行双向交流,努力与学生进行双向沟通,达成双边共识,让学生自主自愿地认可诚信理念,并将诚信品质内化为自己的行为方式。第三步,当学生做出违背诚信的行为时,进行引导时重劝说、不惩罚。根据教育心理学,惩罚往往会导致被教育对象即便顺从,也会产生严重的逆反抵触心理,达不到既定的教育效果。因此,新加坡的大学诚信教育在学生误入歧途时,会鼓励换位思考,鼓励教师站在学生的角度,与学生进行平等深入的交流,通过交流帮助他们认识到错误的原因,将学生引回正途。第四步,学校的诚信教育体系还为学生培养诚信意识提供了多种多样的实践机会,鼓励学生将诚信理念付诸实践,使诚信教育落实到实践,收到实效。

(2)新加坡大学诚信教育体系拥有学校、家庭、社会三者结合的立体结构

新加坡大学在诚信教育范畴中,构建了一个诚信教育的立体结构。这个立体结构,将学校教育、家庭教育和社会教育三者纳入一个有机整体之中。学校、家庭、社会三方面互相配合、互相影响,合力进行诚信品格教育,促进诚信教育的快速发展。立体结构的构建,是新加坡大学诚信教育体系最为显著特点之一。首先,在家庭教育与学校教育互动方面,学校特别重视家长和学校之间的合作与沟通,学校经常采取各种措施鼓励家长与学校进行交流,鼓励家长向学校反馈学生在课外的表现,以便于立体化、全方位地关爱学生。对于家长的反馈,学校严格规定校方必须作出及时回应,针对相关问题要及时制定必要的政策和措施加以应对。其次,在社会教育与学校教育的互动方面,新加坡社会各方通过各种方式设置了众多的网点和监督站,为保障学生的诚信理念不受侵蚀提供严密的监督,起到了坚强的后备支持作用。除了发挥监督功能之外,新加坡社会还积极利用相关舆论和媒体在宣传和引导大众思维方面的不可替代的优势,向大众宣传诚信理念,并为因诚信缺失导致的伤害及时提供法律方面的沟通和援助。

（四）澳大利亚大学诚信教育的主要内容和特点

墨尔本大学成立于1853年，是澳大利亚历史最悠久的大学之一，也是目前澳大利亚最有声望的大学之一。通过墨尔本大学的案例，可以探讨澳大利亚大学的诚信教育。

1. 墨尔本大学诚信教育的内容

（1）加强制度保障，明确处罚措施

"没有规矩不成方圆"，制定规范、严谨的规章制度是保障大学有序开展诚信教育的重要条件之一。把对诚信行为的规范上升到学校规章制度的层面，不仅能在思想上激发大学生对诚信的重视，还能帮助他们逐渐养成诚信的品格和习惯，从而达到对大学生的学习、生活，乃至做人、做事进行有效的制约和引导。

墨尔本大学的诚信教育在制度保障方面进行了充分的探索和实践。比起直接以命令的形式将诚信教育的相关规定硬性灌输给学生的传统教育方式，墨尔本大学采取将诚信教育的相关规章制度通过严密的法规、条例，以及通过陈述违规行为等方式表现出来，这种方式更加直观、明确，让学生能够在第一时间了解到哪些行为属于违规行为。同时，学校针对学术不端行为制定了专门的政策及处理方案，确保了此类情况的合理处置。墨尔本大学完善的制度保障使诚信教育的实施体系化、规范化，在有效地进行诚信教育的同时，有力地约束了学生的违规行为。

规范化的违纪处理程序。墨尔本大学制定的《大学生纪律条例》中，详细规定了当有学术不端或者一般性不端行为出现时，学校应当采取的处理程序以及相关的处罚条例。例如，当考官怀疑某学生存在剽窃或合谋作弊的问题时，依据《大学生纪律条例》第13款第1条规定：考官（或授课人）可以将相关细节说明材料递交考试董事会主席（通常是系主任兼任）。如考试董事会主席判定所递交的证据充分，此行为成立，则可将案件递交由院长主持的委员会处理。委员会必须包括院长（或其代表）、一名由院长（或其代表）任命的隶属该系的高级学术职员以及一名学生代表。同时，为了充分保证学生的权利，被指控的学生可以请一名支持人到会。在为期 14 天的指控期内委员会需要向被指控学生提供书面通知书，而主席则必须在学生收到通知或拟定收到通知书的 21 天内召开听证会。对于学术不端行为指控的判决包括撤诉或支持，如果委员会中大多数成员否决该指控，那么委员会必须撤销该指控。同时，在判定学生是否存在学术不端行为的过程中，在保证判决公平公正的基础上，委员会可以通过其所认为合适的任何程序来获得信息以了解此案。

人性化的违纪上诉权利。墨尔本大学充分尊重学生的权利，允许学生对其所受的指控提起上诉。在收到学生书面上诉通知书的 14 天内教务秘书需组建由两名学术董事会成员和一名学生代表组成的学术仲裁委员会。若学术仲裁委员会成员中多数否决该上诉，则委员会必须撤销该上诉。同时，学生仍有权就委员会做出的任何决定向外界进行申诉。

制度化的违纪处罚措施。墨尔本大学对相关学术不端行为的处罚措施有明确的规定。当委员会认为学术不端指控成立时，可对该学生实施以下 5 种处罚方式中的一种。第一，对该学生进行谴责；第二，取消该学生涉及学术不端行为课程的一部分评估资格或者一门课程的学分；第三，在一定时期内（不超过 28 天），禁止该学生使用学校图书馆资源和电脑网络设备；第四，当委员会认为有必要时，可向副校长建议无限期暂停该学生学籍；第五，向副校长建议取消该学生学籍。具体的处罚措施将会被记录在学生档案中，交由学校统一保管。

（2）加强课内外指导，奠定思想基础

墨尔本大学十分重视通过课堂上的渗透，在潜移默化中让学生养成良好诚信品德的思想基础，同时，学校设有专门的课外指导部门为学生提供相关指导和咨询。

合理的课程设置。为了有效促进学生正确价值观的形成，墨尔本大学专门开设有道德学、人类伦理学等有助于学生正确价值观形成的课程，并且对此类课程予以充分的重视。此外，墨尔本大学在改革中借鉴和参考了美国大学通识教育的做法,学校重视培养有社会责任感,能够积极参与社会生活的全面发展的人才。

明确学术诚信的规范。为了让学生明晰哪些行为是不诚信的,墨尔本大学专门制定了加强学术论文诚信写作的相关注意事项,以此明确学术诚信规范。学校建议学生对要上交的、以评估为目的的书面作品要出示或提供相关原材料的出处,原则上,凡是上交的材料不是本人原创作品就需要予以声明;引用的部分需用引号标注,并在文本中注明出处;文章的最后需要列出所有参考文献,及所有引用过的材料。引用了其他资源又未经完全声明的作品的将受到严惩。同时,墨尔本大学信息事务处为学生提供快速检查清单,官方建议学生在撰写论文前先回顾一下该清单,在完成初稿后再检查一遍,从而避免学术剽窃的发生。

墨尔本大学通过在课内设置相关课程和在课外提出合理化建议等方式,将理论与实践相结合,使学生在充分理解诚信理论知识的基础上,掌握必要的防范措施。让学生在学习、生活中加强对诚信的理性和感性认识,主动提升诚信意识的自觉性。

（3）营造诚信氛围,内化诚信意识

环境对于学生人性品格的形成具有重要的影响作用,墨尔本大学始终致力于营造良好的诚信氛围,通过环境的影响在潜移默化中将诚信意识内化于学生的思维方式、生活习惯之中,从而达到润物无声效果。

墨尔本大学的图书馆属于开放型图书馆,只在进出的大门口安装了一个检测器。读者可以带包进入图书馆书库或阅览室,在无馆员监督的情况下,可自由选取所需要的书在馆内阅读或自助借出,也可自助复印、打印或者扫描所需要的资料或文献,读者不存在任何心理上的压力。图书馆通过开放的方式营造诚信的氛围,从而有效地从心理和行为上对学生进行约束,强化学生的诚信意识。

墨尔本大学通过设立学术技能方法咨询处,为学生发放各种讲解学习技巧的小册子,帮助学生掌握必要的学习方式和技巧,从而达到提高学习效率的目的。同时,学术技能方法咨询处的网站中包含可供学生自主选择的详尽的资源下载列表。学校还提供丰富的讲解资料,包括学术引用的相关注意事项,如何撰写文献综述的方法以及如何避免学术剽窃行为等。同时,学校还为本科生及研究生提供相关专业的学术指导资料。此外,学术技能方法咨询处还向学生及职工提供一对一的课程辅导。学术技能方法咨询处通过为学生提供资料、解答疑问和相关课程辅导等方式,引导学生的价值取向,帮助学生解决学习中遇到的问题,从而避免学术剽窃等不良行为的发生。

墨尔本大学学生会网站上开辟了"纪律与学术不端"的专题,明确告诉学生哪些是学术不端行为。同时,网站提供专门的"辩护服务"以帮助学生处理相关事务。

2. 墨尔本大学诚信教育的特点

(1) 规范制度,体现公平

由于处罚规定的模糊容易使学生在思想上对诚信意识产生轻视,进而可能导致在行为上出现差错,因此诚信教育需要建立明确的考核标准。墨尔本大学有专门的机构负责处理学生的申诉,学生也有权向外界就委员会所做的任何决定进行申诉。这种做法充分尊重了学生维护自身权益的权利,在一定程度上也是对学校所做裁决的检验。申诉制度能够对有失公允的处理决定进行修正,从而确保学生的正当利益不受伤害。与此同时,学校可根据需要建立科学的诚信评价机制,通过对学生的考风考纪、还贷情况等相关方面进行跟踪记录,建立学生诚信档案。最后,通过明确建立相应的惩罚机制和措施,对学生存在的违规行为依据情节轻重采取相应的处罚,从而达到教育本人,警示他人的目的。

(2) 学生参与,自主管理

墨尔本大学的诚信教育通过充分调动学生参与的方式,培养学生自主管理的能力,有效增强学生的主观能动性。相比而言,我国大学的诚信教育大多是强制灌输的方式,没能有效地做到理论与实践相结合,很少有学生能参与到规章制度的实施过程中,从而使大多数诚信教育沦为一种"大而空"的理论教育和教条主义。借鉴墨尔本大学的成功经验,应当在诚信规章制度的实施过程中,适当增加学生参与的机会,充分采纳学生的意见和建议,重视培养学生的自治能力和自我管理能力。在对学生学术不端等行为的判定和处罚过程中,应适当增加学生代表的参与比例。从学生的角度和利益来分析问题,做出决定,在尊重和信任学生的基础上,有效维护学生的基本权利和正当利益。

（3）营造氛围,内化意识

通过对比墨尔本大学的诚信教育经验,我国高校应在营造良好的诚信氛围,培育学术诚信土壤方面下力气,花工夫。通过为学生搭建网络媒体等宣传交流平台,在提供课堂教育的同时,在学校工作及校园文化的各个方面重视宣传诚信教育理念。学校可成立相关部门,专门负责对学生提供相关的资源保障和帮助等服务。同时,鼓励学生组织、社团等充分发挥其自身在学生群体中的组织能力和号召能力,宣传、普及诚信教育理念。另一方面,高校应当重视校园文化的建设,文化作为高校教育的有效载体,对学校的教育工作有潜移默化的影响作用。高校可通过开展诚信宣誓、签署考试诚信承诺书、发放诚信宣传册、签署毕业论文声明、举办诚信讲座等方式开展诚信教育,注重营造诚信的校园文化,将高校诚信教育打造成为学校充分重视、学生积极参与的特色活动。

（五）德国大学诚信教育的主要内容和特点

德国教育家贝尔认为:"名副其实的教育,在本质上就是品格教育。"德国人十分重视诚信品格的培养,在《联邦德国总法》中明确规定,要"使学生具有必要的思想品质和行为标准,使他们具有为发展社会生活、发展科学技术而献身的精神和对自己的行为有责任感"。

德国大学诚信教育的主要途径可概括为三个方面。

1. 将德育教育融入课程

德国高校并没有开设专门的德育课程,其诚信教育主要是通过伦理学、神学、教育学、法学、经济学等课程以及各学科和专业的渗透来进行的。因此,即便是在理科教学中也渗透和包含着诚信教育的内容。学校要求学生对任何一门主修专业,都要从历史、社会和伦理学的角度去学习研究,即对于任何一门专业课程,学生都要回答三个问题:这个领域的历史和传统是什么? 它所涉及的社会和经济问题是什么? 要面对哪些伦理和道德问题?

2. 将诚信教育融入考试

德国的高校十分重视考试,考试作为保障教学质量的关键,从政府层面到学校层面都予以重视并且制定了严格的考试章程。凡是教学计划规定的必修课,学生都要通过考试,否则不能毕业。严格的考试制度,既确保了大学求真务实的学风和教学质量,同时也培养了学生诚实守信的品格。

3. 将诚信教育融入媒体

德国充分利用发达的传媒体系,通过大众媒体强化大学生诚信教育。同时,充分发挥网络在大学生诚信教育中的重要作用。通过建设专门的网页,开辟专栏,深入剖析重大社会、经济、政治问题的社会根源、心理原因及不诚信的严重后果。利用大众传媒,向大学生和国人进行诚信、道德规范教育宣传。

(六) 英国大学诚信教育的主要内容和特点

英国大学的诚信教育不主张具有明显倾向性的说教与灌输,各高校也没有统一的德育目标,但各所学校都将"德行、智慧、礼仪和学问"作为教育的起点,提倡学生在民主、自由的道德氛围下学习,其诚信教育聚焦在培养学生的社会意识和公民意识,使之懂得个人的权利、义务和责任,学习名人勇敢、诚实、无私的优良品质。诸如,作为世界导师制发源地的牛津大学,导师对学生有着严格的要求,学生不仅要学业好,而且还要具备良好的诚信品德、健康的体质和社会交流能力。

除此之外,在英国大学的诚信教育中,作为学校运作、实践高校道德教育重要机构之一的学生组织起着至关重要的调和、桥梁作用。各类学生团体、学生会组织非常主动地将学生联系到一起,在学习、生活、择业定位、社会交往等实践中融合、渗透诚信教育,为大学生提供帮助与指引。

二、我国大学的诚信教育

我国大学一直以来均十分重视对大学生的诚信教育,然而,我国大学的诚信教育目前还处于十分初级的阶段,诚信教育的体制机制还有待进一步建立和完善。随着社会主义市场经济体系的不断完善、改革开放的逐步深入和诚信危机的显现,我国大学对诚信教育重要性的认识日益深刻,大学生诚信教育也越来越得到人们的重视。

(一)我国大学诚信教育的主要内容

我国高等教育培养的大学生,是我国社会主义建设事业的中坚力量。大学生的诚信教育状况,与我国社会主义建设事业的兴衰有着最为直接的联系,中国的高校必须高度重视大学生诚信教育的发展。在中国大学的诚信教育体系中,通过设置"两课"、讲授传统国学、开展课外活动的方式,来促进诚信教育的发展。

1. 课程体系中设置"两课",培养学生的诚信品质

根据《公民道德建设实施纲要》《关于进一步加强和改进大学生思想政治教育的意见》等文件要求,我国高校在进行道德教育时,要以为人民服务为核心、以集体主义为原则、以诚实守信为重点,引导大学生自觉遵守爱国守法、明礼诚信、团结友善、勤俭自强、敬业奉献的基本道德规范。因此,高校在进行道德素质培养时,有必要把培养学生诚信品格列入日常教育课程和教学内容之中。中国的高等院校,主要通过"两课"——马克思主义理论课和思想品德修养课的课程设置,来对大学生进行德育培养和思想政治工作。两课是中国大学进行德育的主要阵地和途径,在党和政府的支持下,具有强制性和规范性。其一,在马克思主义理论课的授课内容中,高校教师主要向学生传授马克思主义经典哲学及马克思主义德育理论。通过马克思主义经典哲学的讲解,帮助学生塑造科学的世界观、人生观和价值观,从而帮助学生运用科学的方法去认识世界和改造世界。马

克思主义德育理论的讲解,目的在于帮助学生塑造包括诚信在内的马克思主义思想体系范围内的优良品德。其二,在思想品德修养课程中,我国的高等教育着力引导大学生从身边的具体事情做起,培养包括诚信在内的一系列良好道德品质和文明行为。中国高校通过"两课"教学,致力于帮助学生正确认识物质与精神、思维与存在的关系,引导学生积极调动主观能动性,正确处理道德困境,塑造诚信品质,解决实际问题。

2. 提升传统国学素养,深化诚信理念和诚信情感

在中国高等院校的教学体系中,包括大学语文在内的相关课程,都非常重视对中国古代传统诸子百家等各家学说,以及其他传统国学知识的讲解和传递,致力于提升学生的传统国学素养。诸子百家的学说之中,无论是儒家的孔孟、道家的老庄,还是法家的韩非,诚信都是其思想学说的重要组成部分。在中国古代各家圣人、学者看来,诚信不仅是优良的道德品质,还是必须严格遵循的行为准则。大学在传授国学经典知识的同时,也将中华民族的良好诚信传统文化传递给了学生。学生在接受传统文化知识的同时,深化了诚信品质的情感基础。诚信的情感基础对诚信教学至关重要,事关学生对诚信行为或不诚信行为的立场辨别与接受度。在弘扬传统文化,深化民族自豪感的同时,传递诚信理念,是中国诚信教育得天独厚的有利条件。

3. 开展多种形式的课外活动,促成诚信理念知行合一

诚信教育体系的构建,一般分为三个主要部分:首先,通过诚信理论教学,使得被教育对象拥有深厚的诚信理论基础;其次,通过正确的教育方式,使得被教育对象拥有正确的诚信意识和深厚的诚信情感;再次,在夯实诚信理论、深化诚信情感的基础上,将诚信理念外化为实际行动,形成良好而持续的诚信行为模式。我国的诚信教育体系,通过"两课"夯实了理论基础,通过国学深化诚信情感。最后关键一步,就是将诚信理念转化为实际行为。为了促进诚信理念的有效转化,实现知行合一,我国高等教育在诚信教育体系中,主要通过不同形式的课外活动,帮助学生外化诚信理念,加强诚信行为。例如:在入学典礼中,很多高

校会在入学典礼时重点向学生传递诚信的重要性,培养良好的道德学术规范;有的高校还会开展诚信宣传月活动,向广大学生宣传诚信,帮助大学生减少不诚信行为;很多高校开设各种讲座和谈心活动,引导学生树立诚信的行为规范,与出现违背诚信行为的学生进行沟通,引导学生认识错误,放弃不诚信的行为方式。我国大学的诚信教育体系,通过举办各种课外活动,对帮助学生塑造诚信品格起到了重要作用。

(二)我国大学诚信教育的特点

较之国外发达国家的诚信教育,我国大学的诚信教育在内容和手段方面,具有非常显著的中国特色。

1. 高度重视诚信教育

诚信自古以来就是中华民族的传统,诚信是一切道德的基础和根本。大学生作为国家未来的建设者和接班人,他们是否具备诚信品质,将直接关系到我国社会主义现代化建设事业的兴衰成败。党和政府高度重视大学生的诚信教育,这种关心和重视直接体现在党和政府出台的一系列重要文件当中。党的十八大报告明确提出:"倡导爱国、敬业、诚信、友善,积极培育和践行社会主义核心价值观。"《国家中长期教育改革和发展规划纲要(2010—2020 年)》提出:"加强社会主义荣辱观教育,培养学生团结互助、诚实守信、遵纪守法、艰苦奋斗的良好品质。"我国大学也日益重视诚信教育,将贯彻党的十八大报告、《国家中长期教育改革和发展规划纲要(2010—2020 年)》《公民道德建设实施纲要》《关于进一步加强和改进大学生思想政治教育的意见》的具体要求作为学校思想道德建设的关键和重点,把学生诚信品质的培养列入重要的教育日程和内容。

2. 诚信教育的方式方法相对陈旧

目前,我国大学的诚信教育一定程度上存在内容抽象化、概念化,与现实生活脱节的弊端。陈旧的、缺乏创意的方式方法造成诚信教育对学生的吸引力不够,诚信教育的实效性也不甚理想。

同时,学校教育与社会教育、家庭教育存在一定程度的脱节,没有形成合力。我国大学的诚信教育,尽管也有通过各种各样的活动向学生宣传诚信的思想和理念,然而课堂还是进行诚信教育的主要阵地,大学生诚信教育基本上都限于校园之内。高校教师主要还是通过课堂教学,向学生传授理论性的诚信知识。

随着互联网技术的迅猛发展和普及应用,高校并没有能够很好地占领网络这块阵地,还没有充分利用好网络这个平台,丰富的网络资源还有待进一步开发和利用。

此外,对大学生诚信的监督和管理力度还有待加强,大学生对诚信教育的热情和兴趣还有待进一步调动。

3. 诚信教育的内容具有较为浓厚的政治色彩

我国大学的诚信教育是有中国特色的诚信教育。我国大学诚信教育的内容,主要是春秋战国时期诸子百家的学说、马克思经典著作、中国特色社会主义理论等具有中国特色的理论学说。在实践中,我国大学十分重视树立大学生的社会主义、爱国主义、集体主义的价值观,反对拜金主义、个人主义、功利主义,这些均表明我国大学的诚信教育内容带有一定的政治色彩。

与此同时,由于历史的原因,在我国,德育即政治教育的观点还有一定的市场,造成道德教育屈从于政治需要,道德教育的政治化倾向弱化了大学生的诚信教育。在实践中,片面强调政治意义上的"忠",忽视了个人品质上的"诚"。另外,受传统道德理想主义的影响,思政工作者习惯于对学生进行爱国主义、集体主义、共产主义等理想层次的道德教育,相对忽视原则层次特别是规范层次的道德教育,尤其是诚实、守信这种人与人交往的最基本的道德规范教育。诚信教育的政治化倾向往往容易引起大学生的逆反心理,从而弱化了大学生对诚信美德的内心遵从。

三、国外大学诚信教育与我国大学诚信教育的比较

国外非常重视大学生的诚信教育,尤其是美、日、德、英、澳大利亚、新加坡等

国家大学的诚信教育十分发达。由于各国的国情、民族传统不同,大学生诚信教育的内容和方法各异。将我国大学的诚信教育与发达国家的诚信教育进行比较,有利于帮助我们更清晰地认识自身的不足和优点,从而更好地建立大学诚信教育体系。

(一) 诚信教育方式的比较

各国大学的诚信教育,主要还是以课堂教学向学生系统传授诚信知识为主,同时,积极开展丰富多彩的各类活动来宣传和弘扬诚信。在培养学生诚信品质的过程中,各国在课程设置以及活动安排上各具特色,诚信教育的途径也是丰富多彩。

1. 美国大学诚信教育的方式

美国大学十分注重诚信教育的实效性,途径和方法多种多样。首先,在课程设置方面,美国大学主要是开设专门的课程进行诚信教学,分别组织学生就相关诚信主题进行研讨;其次,组织开展"学术诚信周"活动,活动期间,大力开展各类诚信宣传活动,让学生无论在学习、生活还是娱乐中时刻感受到诚信的影响;其三,在新生入学之初,由新生自愿签署"荣誉保证书",严格要求学生在学习期间的诚信行为。

美国大学还通过对历史事实的理论分析,帮助学生树立正确的诚信意识。

2. 日本大学诚信教育的方式

日本的大学尽管没有设立很多严格的诚信教育课程,但其在课程体系设置中开设了许多人文科学和社会科学的选修课,并借此培养大学生的诚信意识。在日本,有着严格的道德规范,大学的各门学科中或多或少都渗透着诚信教育的内容,其目的在于让学生在耳濡目染之中不知不觉地接受诚信思想的教育。日本大学诚信教育还具有一个非常突出的特点——重视诚信教育的体验式教学,即鼓励学生前往工厂、公司或企业等担任临时工,实地体会在社会中与人相处时应该和必须遵守的道德规范,使学生对诚信的价值和意义产生更为深刻的认识。

可见,日本大学的诚信教育更多的是关注学生在实践过程中的行为,而不是通过考试获得的成绩。

3. 新加坡大学诚信教育的方式

新加坡的大学在进行诚信教育时,特别开设了讲授儒家道德规范的课程,致力于使学生通过学习儒家道德规范,培养良好的道德行为习惯。教师与学生之间的对话完全是在平等的状态下进行的,没有强弱之分,即便是对待行为不端的学生,教师也不是一味地灌输和理论训导。同时,新加坡的大学也鼓励学生在人际交往中深化诚信教育,鼓励大学生参加课外活动和社区活动,让学生在服务社会的过程中,养成良好的诚信品格。

4. 我国大学诚信教育的方式

我国大学诚信教育主要是开设马克思主义理论课和思想政治教育课。主要科目为《马克思主义基本原理概论》《毛泽东思想和中国特色社会主义理论体系概论》《思想道德修养和法律基础》《中国近现代史纲要》。除此之外,学校还组织开展演讲、辩论、讲座等活动来宣传诚信思想。在国内,许多大学的诚信教育还带有一定的功利色彩,他们要求学生"诚信考试""诚信就业""诚信还贷"的目的更多是出于学校的管理及社会声誉考虑,而没有引导学生作进一步的思考:诚信的真正意义在哪里? 它与自己的人生幸福、人生追求之间的关联? 这些问题都涉及我国诚信教育目的的重大理论问题,而学生并没有很好地形成一个系统的认知。

通过比较,我们可以看出,在诚信教育的方式上,国外大多数大学比较注重采用启发诱导式、渗透式的教学模式。根据学生年龄阶段、层次和认知水平的差异,制定相对应的教学目标,规定每一阶段的学习内容,并使用不同的手段和方法进行教学,对学生进行全面渗透性教育而不是强行灌输。其次,十分注重对诚信教育理论的探讨并运用于实践。诚信教育的开展,最终目标指向是将诚信内化为学生的品质,提升学生的认知能力,培养学生积极参与社会活动的意识,解决现实生活中的问题。其三,国外的大学普遍利用宗教信仰进行大学生诚信教育。不可否认,宗教在增强民族认同感、凝聚力和传播价值观念方面发挥了特殊的作用。在英国、德国、意大利和西班牙的所有学校都设置了专门的宗教课程,将之作为进行思想教育的有效手段,其渗透作用不可忽视。

反观中国的一些大学在对大学生进行诚信教育的方式方法上多采用灌输式或填鸭式的传统教学模式,诚信教育缺乏层次性、针对性和渗透性。课堂教学总以完成教学目标和任务为目的,教学手段单一、内容空洞,一定程度上忽视了对大学生创新能力的培养。同时,国内有些大学的诚信教育还带有一定的功利色彩。

(二)诚信教育内容的比较

基于所处的经济政治环境不同,各国的大学对大学生进行诚信教育的内容也有所差异。美国、德国、英国和澳大利亚等国家的大学注重契约观念的培养,强调制度对大学生的约束作用。日本、新加坡和中国则注重强调儒家思想在诚信教育中的作用,而且各自对儒家思想的继承和发展情况也有区别。

1. 美国大学诚信教育注重契约观念

美国大学的诚信教育十分注重契约观念,美国大学生的诚信教育就是通过各大学的诚信准则和诚信制度来进行的。在美国,大学生在入学之初都会被学校要求签署"荣誉保证书",这是一种契约,它在形式上让学生意识到诚信的重要性,在内容上让学生更直观地明白什么样的行为是诚信行为。

2. 日本、新加坡、中国大学诚信教育带有较为浓厚的儒家色彩

(1)作为中国近邻的日本,积极从古代中国引进政治、经济、文化等先进的精神食粮,并加以吸收和改良,可以说,中国的儒家思想对日本产生了极为深远的影响。"诚"是人类社会道德行为的精髓,日本吸收这一中国传统文化的特点,并与西方的"实用主义"价值观相结合,形成了具有日本民族自身特色的诚信观。日本的诚信教育几乎贯穿人的一生,在家中父母教育孩子"不许撒谎",在学校耳濡目染的是"诚实"两字,在公司"诚信"是普遍的经营理念。

（2）在新加坡，华人人口数量占据了这个国家的主导地位，为此，新加坡文化不可避免地深受中国传统文化的影响，中国传统文化深深扎根于新加坡的文化体系之中。新加坡的大学在开展诚信教育的过程中非常推崇儒家学说。随着时代的发展，新加坡根据本国实际，也对儒家学说进行了与时俱进的改造，赋予了中国传统儒家文化中仁、义、礼、智、信等以新的诠释，丰富了儒家学说的新时代内涵。

（3）中国是儒家思想的发源地，在大学诚信教育体系中，儒家学说的思想宣传是不可或缺的组成部分。但令人遗憾的是，与日本和新加坡等国不同，我国对儒家诚信观念的传授目前只停留在意识层面，大多通过诚信理论教育、"四信"教育、法治纪律教育、明礼教育、政治诚信教育等来引领学生的诚信行为，但其引导学生将诚信理念付诸实践的工作做得还非常不够，诚信教育的实效性还有待进一步提高。

综上所述，国外大学的诚信教育内容较为细致，实践性也较强。中国大学的诚信教育涉及的内容较为宽泛，且理论性较强，但实践性还不够强。

（三）诚信教育环境的比较

西方发达国家对大学诚信教育的环境十分重视，强调家庭、学校和社会的互相配合。中国大学诚信教育的环境则存在家庭、学校和社会一定程度的脱节，互相之间的呼应、配合不够。

1. 美国大学诚信教育的环境

美国大学注重学校教育与社会教育的配合。美国家庭从小就重视对孩子的诚信教育，美国大学的诚信教育重视营造舆论氛围，奉行自由和民主，鼓励学生参与到社会的各种活动中去，同时，美国社会本身就拥有完善的信用制度体系，人们的经济行为随时记录在案，若有违背诚信的现象，他们必须付出惨痛的代价。如此严明的诚信氛围，为美国大学诚信教育提供了良好的环境。

2. 日本大学诚信教育的环境

日本的大学诚信教育非常重视学校与家庭、社会的紧密配合。学生诚信品质的塑造由学校、社会和家庭三方共同完成。因此,日本高校非常强调学校教育与社会教育的互动,在大学附近的社区,都开设有图书馆等文化机构,共同致力于学生诚信品质的塑造。

3. 新加坡大学诚信教育的环境

在新加坡,大学的诚信教育非常重视发挥家庭和社会的作用。学校和家长之间、家长与家长之间均建立了密切的联系。学校定期或不定期地向家长了解学生的各种情况,及时与家长携手制定相应的应对措施。此外,新加坡政府也会在各个地区设置许多网点,对学生进行严密的保护,帮助学生树立健康的诚信意识,协助学生抵御不诚信行为的危害。

4. 我国大学诚信教育的环境

在我国,政府、学校及社会各界都十分强调学校的诚信教育要与家庭、社会互相合作。但是,在具体实施过程中,中国的诚信教育大多流于形式。家庭与社会的重视度不够,社会氛围营造不到位,学校与家庭和社会的沟通不好,再加上大学生入校学习后,与家庭的联系渐渐变少,客观上也造成了学校教育与家庭教育、社会教育之间的脱节,这是我国大学诚信教育今后需要加以改善的地方,需要社会各方共同努力。

(四) 诚信教育管理的制度差异

国外大学大多建立了多层次的诚信监督体系和完善的诚信行为管理制度,诸如荣誉奖惩制度、学术诚信规范等,这对加强大学生的诚信发挥了重要的作用。此外,国外大学注重加强大学联盟之间的合作,积极发挥社会群体效应;开展多样化的宣传教育活动,注重隐形教育的作用等。

较之国外大学,国内许多大学已经建立大学生诚信评价制度,内容包括政治诚信评价制度、学习诚信评价制度、道德诚信评价制度、经济诚信评价制度和就业诚信评价制度等。尤其是近年来,针对大学生诚信滑坡的现象,各大学相继引进了"学术不端检测系统"来检测学生论文,对大学生的学术诚信进行监督和管理,起到了警示的作用。此外,一些高校根据各自实际情况,构建了诚信奖惩制度、高校毕业生就业的诚信监督机制和个人诚信评价机制等。

四、国外大学诚信教育对我国大学诚信教育的价值借鉴

高校作为人才培养的重要阵地,大力开展诚信教育,将诚信内化为每一个大学生成长发展过程中必不可少的理论品质,是其义不容辞的职责。国外大学的诚信教育,在许多方面都比我国大学的诚信教育更加成熟和发达,我们可以借鉴其成功经验和行之有效的方法,同时,立足我国大学的实际情况,加以吸收和改进,从而进一步完善我国大学的诚信教育。

(一) 建立健全诚信管理制度,完善诚信管理体系

当今世界正在发生深刻复杂变化,文化多样化持续推进。各种文化之间的交流、交融与交锋日益激烈,大学生正处于世界观、人生观、价值观逐渐形成的阶段,其自身人生品格和品质缺乏稳定性。因此,必须在大学生中建立一套诚信制度以实现人与制度之间良性互动。

首先,建立完善的大学生诚信档案。通过一系列有效的数据、事实,对他们的行为进行记录、评判和约束,形成大学生的诚信轨迹,体现大学生的诚信度。其次,建立大学生个人诚信评价体系。通过建立大学生个人诚信评价体系,提升大学生自我教育、自我管理、自我约束的能力和水平,警醒部分学生是非不分、标准不明的行为,不仅要求学生掌握课本上的诚信教育知识,而且要求学生注重诚信行为的养成,不单纯以学生的课堂成绩来评价他们的行为是否符合道德规范和诚信标准,从而进一步明确大学生诚信教育的价值和评判标准。最后,建立大学生诚信激励和约束机制。对于诚实守信的学生,通过各种途径进行正面的肯定和表彰;对于失信的学生进行惩罚,鞭策大学生杜绝"无信"行为,用制度规范自己的诚信作为。

（二）创新大学生诚信教育的方法,丰富诚信教育的教学方式,增强诚信教育的实效性

随着时代发展,大学生的主体意识也在不断增强,传统的填鸭式或灌输式的教学模式显然已经不能满足实际的需要,因此,急需改变这种灌输式的教育方式,实现诚信教育方式的多样化,创造各种途径促使学生从内心去接受它、认同它,从而将诚信内化为自己的品质。

采用多种手段提高诚信教育课堂教学的实效性。首先,要积极发挥课堂教学的主渠道和主阵地作用,选用优秀的师资、与时俱进的诚信教育内容和教育案例、灵活多样的教学方法和先进的教学载体来加强对大学生的诚信教育。其次,在网络化教育已经成为高校德育重要方式的新形势下,传统的填鸭式或灌输式的诚信教学模式已经严重滞后于时代和学生发展的客观要求,必须坚决改变,实现传统与现代的有机结合、互相补充、相互渗透,采用多媒体、网络资源等辅助手段,搭建大学生诚信教育新的平台,增强课堂教学的实效性。

拓展多种渠道开展诚信教育实践。诚信教育的最终目标是培养学生成为诚实守信的人,这只有在实践中才能够达到。将诚信教育与客观场景、社会实践等结合,实现课堂教育和现实生活的一致,将诚信教育常态化,将大学生的诚信教育落实到具体的生活中,使大学生在实际生活中养成诚信行为,从而形成学生良好的诚信品质。

（三）整合资源,形成合力,塑造良好的诚信环境

诚信教育是一个系统工程。诚信教育不仅需要学校大力加强学生自身诚信素质的培养,而且还需要良好的外部环境熏陶与配合。要积极整合各种教育力量,实现家庭教育、学校教育、社会教育三者之间的统一协调,努力优化社会、学校和家庭诚信教育环境,对大学生进行有目的、有计划、有组织的教育引导,营造人人讲诚信的大环境。

儒家文化是中国传统文化的重要组成部分,我们要批判性地扬弃,继承和发扬中国传统儒家思想的优良品质,并结合新的时代特点,赋予它新的生命和意义,培育文明风尚,建设和谐文化。大学校园文化深受社会文化大环境的影响,和谐、健康、高雅、积极向上的校园文化对大学生有着潜移默化的导向作用,我们要努力构建以传统文化为底蕴、以时代精神为特征的校园文化,并将诚信教育与教风、学风、校风三者有机结合,开展形式多样的以诚信为主题的教育实践活动,以增强大学生的自我诚信观念和意识,为共同营造良好的诚信教育氛围奠定坚实的基础。

参考文献

[1] 梁茜,吴志强. 美国大学诚信体及对我国大学生诚信教育的启示[J]. 高教论坛,2012(10):16-18.

[2] 邓磊,崔延强. 美国大学诚信教育制度体系述评[J]. 比较教育研究,2011(3):11-16.

[3] 李玲,李红. 国外大学生诚信教育对我国的价值借鉴[J]. 太原师范学院学报,2012(4):131-133.

[4] 王丹. 当代西方诚信思想对我国诚信教育的启示[J]. 教育探索,2008(7):118-119.

[5] 江捷. 美国大学的荣誉制度对我国高校诚信教育的启示[J]. 教育探索,2011(35):11-12.

[6] 李桃. 全球化背景下我国高校的诚信教育[J]. 经济与社会发展,2009(4):163-166.

[7] 孙林,许振红,赵林. 关于中西方高校德育目标和内容的比较[J]. 教育研究,2006(10):144-145.

[8] 刘阳. 浅谈国内外大学生诚信教育机制的比较[J]. 经济研究导刊,2012(33):315-316.

[9] 陈昀,李丽霞. 因素分析法视角下的中日高校诚信教育之比较[J]. 现代教育科学,2007(4):85-87.

[10] 袁银传,王苏琪. 中日大学德育之比较分析[J]. 学校党建与思想教育,2007(5):77-79.

[11] 蒋立峰. 第五次日本青年论坛———我心目中的中国与日本[M]. 北京:世界知识出版社,2002.

［12］任福战，孙素梅，王靖鑫，等.当代大学生诚信问题的理性分析与教育途径探讨［J］.教育探索，2007(9):98-99.

［13］张永红.美国高校学生的学术不诚信现象、理论解释及其对策［J］.比较教育研究，2009(2):23-28.

［14］于洪良.深化诚信教育"三进"夯实大学生诚信品格基础［J］.中国高等教育，2010(9):53-54.

［15］倪丽娟.诚信教育:高校德育的逻辑起点［J］.黑龙江教育，2010(7):29-30.

［16］张运明.大学生诚信教育环境建设论［D］.西南大学，2008.

［17］秦艳.美国大学生诚信教育及其对我国大学生诚信教育的启示［D］.西南大学，2009.

［18］高云志.大学生诚信教育的现状分析及对策研究［D］.复旦大学，2010.

［19］张颖香.当前大学生诚信教育研究［D］.上海师范大学，2012.

［20］唐志杰，胡军.诚信:传统意义与现代价值［M］.北京:中国社会科学出版社，2004.

［21］马占芳，符小波.现代信用简论［M］.北京:中国社会科学出版社，2004.

［22］徐国栋.诚实信用原则研究［M］.北京:中国人民大学出版社，2002.

［23］郑永廷，张彦.德育发展研究——面向21世纪中国高校德育探索［M］.北京:人民出版社，2006.

［24］唐凯麟.大学诚信教育读本［M］.湖南:湖南师范大学出版社，2007.

［25］张体勤，牟思伦.大学生诚信修养概论［M］.山东:山东人民出版社，2008.

［26］邹建平.诚信论［M］.天津:天津人民出版社，2005.

［27］吴中平，徐建华，徐跃飞.冲突与融合——学校文化建设新视角［M］.上海:上海三联书店，2006.

9 学生诚信教育管理信息系统设计

武海涛

【提要】学生诚信教育管理信息系统是利用现代信息技术加强对学生的诚信教育和诚信管理的应用实例。系统的建立有利于提高学校管理工作效率和水平，有利于学生诚信品质和诚信行为的养成，也有利于诚信社会建设。本章将就构建学生诚信教育管理信息系统的设计思路和建设方案进行探讨。

概述

学生诚信教育管理信息系统是在信息化的条件下,以学生管理信息系统、教务管理系统和就业指导系统为基础,借助互联网和大型关系数据库的技术平台,实现对学生思想道德、政治追求、学习学术、人际交往和经济活动等方面的诚信情况进行记录、汇总、评价和使用的管理信息系统。该系统包括系统管理子系统、学生基本信息管理子系统、学生违纪信息管理子系统、学生社会实践管理子系统、学生考勤信息管理子系统、信息公告管理子系统、学生成绩管理子系统、学生志愿服务管理子系统、学生奖励信息管理子系统、学生诚信综合评价子系统等11 个子系统。本章将就如何构建学生诚信教育管理信息系统进行探讨,并提出系统的建设思路和建设方案。

学生诚信教育管理信息系统的建设不仅可以为学校科学决策提供依据,为学生管理部门开展教育管理工作提供依据,也可以为社会用人单位、银行、家长提供学生综合信用评价,作为今后企业用人、银行放款、帮困助学的操作参考,同时有助于学生养成诚信意识,培养良好的诚信习惯,为诚信社会建设奠定人才基础。

一、学生诚信管理信息系统理论分析及应用现状

大学生在校期间的诚信管理主要涉及大学生个人的政治诚信、学业诚信、交

往诚信和经济诚信等方面,如集体活动参与情况、课堂出勤情况、违纪处分记录、论文抄袭、社会实践参与情况和延期缴费情况等,基本涵盖了学生在校学习、生活的方方面面。可见,学生诚信管理是学校学生管理的有机组成部分,对于学生、家长、学校和用人单位来说都至关重要。

目前,我国各类院校在大学生诚信教育管理上多以宣传教育和实践体验活动为主,比如以班会、团日活动、宣讲、宣誓、签名等方式引导学生认识诚信,践行诚信。相比较柔性的教育引导,相关的学生诚信管理制度不健全,管理手段也相对单一,诚信教育管理工作缺乏长效机制和有效措施。针对这一情况,国内一些高校也进行了有益的尝试,比如把学生个人档案与诚信教育管理相结合,建立大学生诚信档案制度,涵盖学生个人基本信息、荣誉奖励信息、违纪处分信息、考勤出勤信息等,采用人工方法、以纸质档案为媒介,进行写实性的记录。但从实践效果看,这种人工管理的方式存在着效率低,数据冗余度高,信息共享性差的不足,不仅无法有效发挥其教育、管理的作用,也给学生管理工作人员带来了沉重的工作负担。在这样的形势下,充分利用现代信息技术高效、便捷、交互性、通用性的优势,实现学生诚信管理等学生管理业务的信息化,就成为有效教育、引导青年大学生,提升学生工作管理水平,全面提高学校育人工作的科学化、现代化水平的必然途径。

学生管理信息化是把计算机、互联网、移动互联网等现代信息技术与学生管理工作实践相结合,实现学生日常管理工作电子化、数据化、无纸化管理的一种管理方式。而学生诚信教育管理信息系统是学生管理信息化的一种应用实例。学生诚信教育管理信息系统即以学生管理信息系统、教务管理系统、就业指导系统为基础和参照,以互联网和大型关系数据库为技术平台,借助现代信息化技术实现对学生思想道德、政治追求、学习学术、人际交往、经济活动等方面的诚信情况进行采样记录,在此基础上,通过一套符合学校管理实际和学生成长实际的算法,并对学生个人的综合诚信情况进行客观、公正、完整的评价,形成评价报表,供有关部门和单位查询使用。在诚信社会建设的大背景下,学生诚信教育管理信息系统在开发时还应注意与社会个人征信系统的匹配,预留相关接口,以便实现两个系统间的数据交换。

按照上述设想开发的学生诚信教育管理信息系统可以满足多方面的需要:一可以为学校科学决策提供依据,为学生管理部门开展教育管理工作提供依据;二可以为社会用人单位、银行、家长提供学生综合信用评价,作为今后企业用人、银行放款、帮困助学的操作参考;三是有助于学生养成诚信意识,培养良好的诚信习惯,为诚信社会建设奠定人才基础。可以说,学生诚信教育管理信息系统的应用对学生个人、对学校、对社会具有十分深远的意义。

(一)学生诚信教育管理信息系统的理论分析

现代社会首先是诚信社会,诚信无论在维系社会道德、稳定市场经济、推进依法行政方面还是在公民个人生活中都发挥着极其重要的作用。可以说,诚信是现代社会的基石。社会诚信关键在人,公民诚信关键在青年。作为社会未来的中坚力量,青年大学生的诚信品质对诚信社会建设尤为重要。而在培养大学生诚信品质时,不能依靠教育引导这样单一的手段,在引导学生自律的同时,还需要辅之以管理手段,建设全面的、立体化的大学生诚信体系。

1. 个人诚信信息的记录和使用是诚信社会建设的必然要求

随着社会经济发展,特别是现代信息产业的迅猛发展,人们的活动和认知范围日益扩大。但在享受物流便捷、信息通畅所带来的便利生活的同时,也饱受其负面效应的危害:虚假广告、欺诈短信、诈骗电话等借助现代信息技术影响着每个人的正常生活;伪劣商品、问题食品等通过便捷的物流网络四处流通……这些不仅破坏了社会公共道德秩序,也触犯了法律制度,更造成了社会整体的诚信危机。因此,重树社会诚信,增强社会诚信意识成为一个亟待解决的社会问题。公民作为社会最基本的组成单位,其个人的诚信状况直接决定着社会整体诚信状况。因此,加强社会诚信建设需要从规范每个人的诚信行为做起。其中,建立诚信信息系统,将每个人的诚信状况记录下来,通过合法的途径向社会公开,以便人们判断和选择交往和交易的对象,应是社会诚信建设的一个重要内容。

同时,通过社会诚信信息系统,或社会征信系统采集的个人信息在得到法律充分保护的前提下,应当得到有效、充分的利用。在美国,每个公民都离不开信用信息,从申请信用卡、分期付款、抵押贷款等信用消费,直至寻找就业机会等,都需要对其的信用资格、信用状态和信用能力进行评价。相较之下,当前我国对个人信用信息的使用还处于起步阶段,仅限于银行等金融机构在相关金融业务审核客户信用资质,这无形中造成大量成本征集的个人信用信息无用武之地,也间接影响了诚信社会建设。因此,有必要提高个人信用信息的使用效率,服务于社会经济发展。

2. 征信体系的建立和完善是社会诚信建设的重要组成部分

建立和完善社会诚信体系建设,是构建和谐社会的要求。中共中央《关于构建社会主义和谐社会若干重大问题的决定》中提出"完善公共服务政策体系,提高公共服务质量,增强政府公信力","引导社会各类组织加强自身建设,提高自律性和诚信度"。党的十八大报告将诚信作为社会主义核心价值观重要内容之一,同时提出:"深入开展道德领域突出问题专项教育和治理,加强政务诚信、商务诚信、社会诚信和司法公信建设"。征信体系作为社会诚信体系的重要组成部分,是进行社会诚信监管的基础和平台,大学生征信体系的建立和完善也是社会征信体系不可或缺的重要内容。因此,建立大学诚信管理信息系统将为建立全社会范畴的大学生征信体系乃至社会征信体系积累有益的经验。

3. 外部信息需求是学生诚信教育管理信息系统建立的现实依据

步入社会是每一个大学生必然要经历的人生阶段,而大学生能否为社会所接纳取决于社会和大学生之间的双向选择,只有"德才兼备"的大学生才能被用人单位、社会组织欣然接纳。而无论是从社会发展需求,还是个人道德素质考量,用人单位无疑都会将"诚信"作为大学生思想品德最重要的指标。而用人单位招聘毕业生时无法在短时间内辨别其诚信状况,在选择人才时的失误和误判也造成了人才使用成本的上升和学校社会声誉的损失。而通过建立学生诚信教育管理信息系统,在学生毕业求职时可根据其在校诚信表现生成"学生在校期间诚信报告",全面客观地反映学生的诚信品质,更好地满足学校外部特别是用人单位对学生诚信信息的需求。

(二)建设学生诚信教育管理信息系统的重要意义

个人信用不仅是传统社会向现代社会转变的一个标志,同时也是现代文明的重要组成部分。因而在这样一个人才流动愈发频繁,信息爆炸的全球化时代,信用对于一个公民的影响可谓无处不在。

1. 对企业而言,便于企业招纳诚信品质优良的大学生加盟,为企业良性发展奠定基础

企业的发展取决于人才队伍,现代化的企业管理系统越来越依赖对人才资源的管理和投入,忠诚度和诚信品质往往是企业在考察一个员工能否重用的重要参考指标,只有那些忠诚度高、诚信品质良好的员工才能成为企业的健康、快速发展的中流砥柱。从这个角度来看,学生诚信教育管理信息系统为企业选聘优秀诚信人才提供了平台和渠道,企业借助该平台可以全面、直观地了解目标人才在校期间的诚信状况,从而对是否录用毕业生进行客观决断。这样的人才选聘模式无形中也促进了大学生对诚信素质的重视,有利于学校更好地开展诚信素质教育。

2. 对社会而言,便于加强对大学生的了解,净化人际交往,保障形成各种社会关系的安全性

党的十八大将诚信纳入社会主义核心价值观,提出"倡导富强、民主、文明、和谐,倡导自由、平等、公正、法治,倡导爱国、敬业、诚信、友善,积极培育和践行社会主义核心价值观。"《中共中央关于构建社会主义和谐社会若干重大问题的决定》中也指出"坚持以法治国和以德治国相结合,树立以'八荣八耻'为主要内容的社会主义荣辱观,倡导爱国、敬业、诚信、友善等道德规范,在全社会形成知荣辱、讲正气、促和谐的风尚,形成男女平等、尊老爱幼、扶贫济困、礼让宽容的人

际关系"。可以说,诚信是和谐社会各种社会关系的基础,维系着和谐社会的正常秩序。而学生诚信教育管理信息系统的建立,为社会认识和了解大学生提供了一个窗口,借助这一窗口对大学生全面、深入的了解,保障了形成各种社会关系的安全性。

3. 对政府而言,便于对大学生整体和个人诚信状况进行管理、监督,吸纳德才兼备的党政管理人才

就目前现实来看,政府失信或许是造成全社会诚信危机的主要原因之一,因此诚信社会建设需要诚信政府建设先行一步,奠定基础。各级政府能够做到依法依规行政,言必行,行必果,社会关系就会处于相对稳定的状态。而一支素质优良、诚信可靠的公务员队伍是各级政府加强诚信建设的基础和先决条件。公务员队伍是各级政府日常工作的制定者、参与者和执行者,也代表着政府的形象。学生诚信教育管理信息系统的建设对政府选拔诚信人才,履行诚信建设的监管职能具有现实意义。

4. 对大学生个人而言,学生诚信教育管理信息系统具有教育、引导、警示、激励等多种功能

在日趋成熟的信用社会,大学生的诚信状况在其今后走入社会开始社会人的角色时,必将发挥重要作用。大学毕业生诚信状况的好坏,将决定社会对其第一印象的判别,影响着大学生的就业和生活。可以说,凡是在校期间开始诚信记录的大学生,事实上已经在接受社会的评估和选择。明白这层意义,有助于利用学生诚信教育管理信息系统教育引导大学生对自己严格要求,树立诚信信念、践行诚信行为、养成诚信习惯,从而积累诚信资本。同时,诚信记录上的负面信息,也将在客观上警示大学生,时刻提醒自己要注意自己的言行举止。

(三) 学生诚信教育管理信息系统的功能

1. 记录功能

学生诚信教育管理信息系统对大学生的诚信品质、诚信行为是一种写实性

的记录,按照数据表的字段对大学生的实际情况进行采样,全面、客观地记录大学生在校期间在思想政治、学习学术、人际交往和经济行为等方面的诚信情况。这些数据形成了大学生在校期间的诚信档案。

2. 教育功能

学生诚信教育管理信息系统是一种特殊的、综合性的诚信教育手段,是一种由外而内,将外部监督转化为学生内在动力的教育过程,具体如下图。

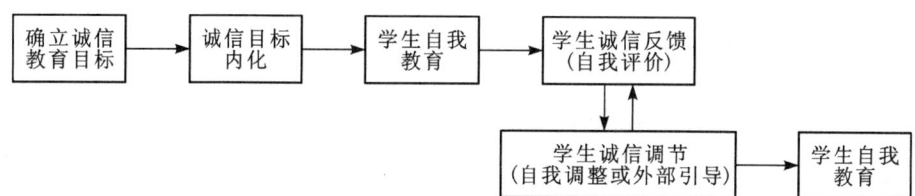

由上图可见,学生诚信教育管理信息系统能够约束和规范大学生的思想、言行,使他们从被动约束到主动遵守诚信守则,确立自身诚信目标,不断纠正错误行为,最终形成良好的诚信道德意识和作风。同时,学生诚信教育管理信息系统的育人功能也可以为高校教育工作者提供相关信息,以便在教育过程中有的放矢地开展工作。

3. 评定功能

在记录大学生诚信状况的基础上,可借助参照诚信评价体系而设计的诚信评价算法,根据相应的观测数据和学生管理者的主管评价形成大学生的诚信情况报表,对大学生的诚信情况进行评定。同时,也可以按照一定的等次对学生的诚信状况进行划分。但这样的评价必须审慎操作,在客观、公正、为广大学生认可和接受的基础上进行操作。

4. 激励功能

学生诚信教育管理信息系统的建立,使学生有了第一个"信用记录",这是大学生的一份珍贵的人生财富,更是一笔无形的资产,每一个理性、健康的大学生都会珍惜、维护这笔资产,通过自觉自省的行为,不断为自己的诚信资产增值。因此,学生诚信教育管理信息系统可以鼓励大学生坚持诚信做人、诚信处事。

5. 预警功能

作为一种写实性的记录,学生诚信教育管理信息系统能标识出大学生的诚信趋势。特别是定期生成的诚信状况报表,能够对一定阶段的大学生诚信情况进行定量和定性相结合的概括。也可设定一定的预警分值,如果接近或低于该分值,系统则通过短信、邮件等形式提醒当事学生注意自己的诚信情况,避免因无意识的失信行为导致诚信评价呈负面状态。

(四) 学生诚信教育管理信息系统国内应用现状

学生诚信教育管理信息系统虽然是国内高校学生管理的新领域,但在一些高校已进入实施和应用阶段,如西南大学、重庆交通大学、哈尔滨商业大学、内蒙古大学等。从各方的报道和信息反馈上看,这些高校高度重视对大学生的诚信教育管理工作,利用网络技术,根据学校实际情况,开发大学生诚信信息管理系统。总体上看,这些系统多采用通用编程语言程序构架,B/S结构体系,其功能主要是记录学生在校期间的诚信及综合评价情况,如担任学习学术情况、社会职务情况、违纪处分情况、诚信表现情况、集体活动情况、志愿服务情况、社会实践考核情况等,最终形成学生综合电子档案。而各类用户通过 IE 等各类浏览器可方便地实现查询、修改、维护等功能。因此,具有较强的扩展性、灵活性和易用性。同时,这些系统还提供权限分级、数据浏览和数据导出等功能,形成学生在校期间的学习及学术诚信、经济诚信、人际交往诚信等方面的诚信记录,可以较全面地反映学生在校期间个人信用状况。在取得授权的情况下,用人单位、银行等外部用户可以在网上查询大学生个人信用记录状况。

与此同时,一些软件开发商,也尝试开发学生诚信管理信息系统。据网上资料显示,中国诚信网、联合东方诚信(北京)数据管理中心等机构根据目前国内学校的需求,纷纷研发学生诚信管理系统,促进学生诚信管理系统商业化的发展进程。联合东方诚信(北京)数据管理中心组织专家研发的"大学生诚信信息查询管理系统",通过 LINUX 操作系统服务平台,利用 Web Logic 等商用应用服务器,应用 JSP 开发技术,使用标准 SQL 的大型关系数据库(如 Oracle,DB2,MS SQL Server 等)建设"独立第三方学生档案诚信管理系统",是北京市火炬计划项目。该系统主要从学生个人基本情况信息表、学习诚信评价、经济诚信评价和社会实践诚信评价等四个方面来管理学生的诚信电子档案。此系统应用 JSP 语言进行设计,后台数据库采用 SQL Server 2000,具备大型商用特性,架构合理,操作简单,具备用户管理、分级别权限分配、数据管理、信息查询、报表生成等功能。

大学生诚信教育管理工作与现代信息技术巧妙融合得到各方专家的好评。由于系统设计等方面的不周全而引发的社会热议,甚至是强烈争议也不少见,例如西南大学的"大学生诚信网络考核系统"。该系统是教育部哲学社会科学研究重大课题攻关项目"当代大学生诚信制度建设及加强大学生思想政治工作研究"的成果之一,将大学生的日常消费行为、思想政治学习、专业课程学习、求职应聘经历和人际交往等 5 方面情况都纳入诚信考核体系。应该说这一诚信考核体系较为全面地反映了大学生诚信状况,具有一定的实践价值。但这套诚信考核体系将"大学生在校恋爱欺骗他人感情"纳入考核标准,则被指追求娱乐效应而缺乏科学权威性。由此也引发了社会媒体的关注和公共的热烈讨论。同时,系统的操作手法也备受质疑。最终,该系统没有广为推广和应用。

学生诚信教育管理信息系统怎样在把握诚信教育规律的基础上,严格遵循一定的原则,结合高校自身的实际情况审慎建设。否则,非但发挥不了个人诚信的意义,反而会侵害大学生的合法权益。

(五)开发学生诚信教育管理信息系统应遵循的基本原则

学生诚信教育管理信息系统是一项系统性工程,其建设应当纳入高校学生管理的总体规划,分级建设、逐步实施,并遵循以下基本原则:

1. 系统性原则

学生诚信教育管理信息系统应该能全面反映大学生诚信言行的各个方面,

能客观地反映大学生的诚信水平、大学生的诚信品质和诚信言行,体现学习、生活、经济和工作等与大学生诚信相关的方方面面。这就要求学生诚信教育管理信息系统应遵循系统性原则,使指标具有足够的涵盖面和充分的信息量,能够全面毫无遗漏地反映评价目标。

2. 合理性原则

开发学生诚信教育管理信息系统既要考虑大学生的诚信教育目标及其学习、生活实际情况,又要着眼于大学生的成长、成才。只有坚持合理性的原则,才能有助于大学生对诚信教育目标和学生诚信教育管理信息系统的理解和体会,才能有助于大学生自觉培养诚信意识,养成诚信习惯。

要坚持合理性原则,必须做到三个方面:一是要做到学生诚信教育管理信息系统的内容合理性,即不能脱离大学生学习、生活的实际情况,符合大学生的成长规律;二是要做到学生诚信教育管理信息系统建立的合理性,即系统不求做大做全,符合学校教育管理实际即可,避免不必要的资源浪费;三是要做到与大学生管理和教育方式的统一性、公平性、客观性,避免宽严不一、各行其是而造成的线下教育和线上管理的脱节倒挂。

3. 可操作性原则

学生诚信教育管理信息系统的内容是否准确有效,是建立在对学生各方面的信息全面采集和加工的基础上的,如将学生诚信教育管理信息系统的内容延伸到校外,势必造成操作困难;学生诚信教育管理信息系统如果设计过于简单,系统无实质性内容,这样诚信教育的质量就会受到影响,也实现不了教育、管理的初衷。在具体指标选取时,应避免将诸如"是否存在欺骗他人感情"这类难以判定、操作性不强的指标纳入诚信考核体系。因此,学生诚信教育管理信息系统的建立既要照顾各方面因素,又要注意这些因素的可操作性,内容既不能抽象笼统、缺少规范,也不能过于琐碎而无法实现。

4. 教育性原则

开发学生诚信教育管理信息系统的根本目的是有效加强对大学生的教育管

理,实现大学生的诚信自律与学校的强化管理的有效统一。从本质上讲,学生诚信教育管理信息系统是培养大学生诚信道德素质的一种途径、手段,是开展诚信道德教育的切入点。因此,在建立学生诚信教育管理信息系统过程中,要重视学生诚信教育管理信息系统本身内在的教育功能,坚持教育为主的原则,以调动学生自我教育、自我培养的自觉性,将诚信内化为学生的精神需求。

5. 隐私性原则

学生诚信教育管理信息系统由于涉及大量的个人资料数据,其中不乏隐私数据和敏感信息,因此在具体设计和开发时必须注意整个系统的安全性,确保数据库的信息在安全、可控的状态下使用。一方面需要从用户控制上加强信息的管控,利用角色定义和权限控制对系统使用者使用信息的权限进行划分,确保隐私信息在系统规则允许的范围内使用;另一方面加强对系统的安全性防护,确保系统在可靠安全策略下运行,避免来自外部的恶意攻击。同时,还应建立有效的机制,对录入系统的信息进行核实和纠错,避免因工作人员失误造成的信息误差,或是因权力寻租导致的信息失真。

(六) 学生诚信教育管理信息系统需注意的问题

由于诚信管理信息系统所记录的信息和生成的报表代表着大学生在校期间的诚信状况,每一条诚信记录都将对学生未来的发展有较大的影响。因此,开发本系统必须严格遵循事先确定的原则,确保系统记录的诚信信息真实可靠。

1. 对学生申诉权的保护

学生在查看个人诚信信息时,如认为某条记录不合理或与事实有出入,可根据其掌握的事实依据进行申诉。申诉可采取逐级申诉制,申诉人首先向信息录入部门提起申诉,若对处理结果有疑义,可向学院管理部门申诉直至向学校申诉委员会提出申诉。

2. 不良记录的删除

对于学生在校期间的不良记录的删除问题,教育界一直存在着争议,一方认为,学生的不良记录应当在学生档案长期保存,以发挥其惩戒和教育功能;另一方则认为,学生的不良记录应当在学生纠正错误行为后不予保留,以利于学生今后的个人发展。但在诚信记录方面,则是有章可循。2013 年 3 月 15 日,我国首部征信业法规——《征信业管理条例》正式开始实施,其中,特别值得关注的是个人不良信息的保存期限被限定为 5 年,超过 5 年将被删除。因此,学生在校期间的失信记录也应当在一定期限内予以删除。如学生由于失信而增加的不良记录,可在对其进行考察评估后,对记录进行删除或属性更改处理,或者采取以荣誉或奖励抵消不良记录的方式,在学生获得荣誉或奖励后,可删除相应的不良记录。这样能够更加激发学生的积极性,实现学生诚信教育管理信息系统的教育功能。

3. 主观评价与客观评价

对学生诚信状况的评价分为主观评价和客观评价两种。客观评价是根据事实依据对评价人的诚信情况进行写实性的记录;主观评价是评价人对被评价人主观的意见和判断。相比较而言,客观评价真实客观地反映学生诚信状况,而主管评价由于评价人对实际信息的二次加工,极易造成信息的衰减和失真,有些时候评价人个人的观点未必站在公正客观的立场上,对学生诚信状况的评价也难免因个人喜好而出现偏差,因此应当尽量避免出现对被评价人的主观评价。

二、学生诚信教育管理信息系统的问题定义和技术可行性分析

软件开发是一个复杂的系统性工程,按照软件工程理论,一般分为软件定义时期、开发时期和维护时期,本章内容仅就上海立信会计学院学生诚信教育管理信息系统的软件定义进行描述和分析。

软件定义时期的任务是确定软件开发工程必须完成的总目标,确定软件开发的可行性,导出实现工程目标应该采用的策略和系统必须完成的功能。这个

时期的工作通常又称为系统分析,一般分为三个阶段,即问题定义、可行性研究和需求分析。

(一) 问题定义

1. 上海立信会计学院大学生诚信教育管理现状

上海立信会计学院由被誉为"中国现代会计之父"的著名教育家潘序伦先生始创于1928年,现有本专科学生万余人。建校时,潘老取《论语》"民无信不立"命名学校,意在教导立信人时刻牢记诚信为本,后又将"信以立志,信以守身,信以处事,信以待人,毋忘'立信',当必有成"作为学校校训。因此,诚信教育在立信有着优良的传统和良好的环境。近年来,学校在继承诚信教育优良传统的同时,又对其进行了发展和创造,形成了"六环节—六目标"大学生诚信教育体系。

在学生管理信息化方面,学校也做了积极的努力和尝试,目前已建成了中心数据库,采集了全校在校学生的基本数据信息。同时,学校还开发了学生综合查询系统,方便对学生个人信息进行查询和维护。但目前还没建设综合性的、跨平台的学生管理信息系统。

2. 学生诚信教育管理信息系统的建设目标

上海立信会计学院的大学生诚信教育管理工作虽有着良好的传统和丰富的经验,但不可否认的一点是,随着招生规模的扩大化、学生类型的多样化和生源成分的复杂化,原有的手工、纸媒的诚信管理模式已无法有效应对。因此,借助现代信息技术,根据学校实际,开展学生诚信教育管理信息系统的开发显得尤为迫切。系统投入使用后,预期可以收到以下成效:

(1)进一步提高学校管理水平和管理效率。通过开发基于B/S结构的学生诚信管理系统,促进学校教学、学生管理改革,在充分利用校园网资源的基础上,让大量的学生管理工作简单化,为学生管理部门提供高效、便捷、稳定的办公条件和有效的学生诚信管理手段。

(2)把学生管理工作者从繁琐的学生信息管理工作中解放出来,减少工作压力,将更多的精力投入学校管理制度建设中去,使软件系统为实际工作服务,最终达到使学生诚信管理信息系统为学生教育管理工作服务的目的。

（3）方便学校管理层和管理部门,可以全面、准确、及时地掌握学生在诚信方面的最新情况和统计数据,特别是学生动态的思想和行为变化趋势,为管理制度的改革和决策提供信息和数据支持。

（4）生成客观、公正的大学生诚信报告。通过建立信用数据库,将学生个人在校期间的考勤信息、违纪处分、贷款违纪记录、考试作弊违纪记录、论文学术抄袭违纪记录、奖励评优、志愿服务、社会实践参与情况、考试成绩等详细记录,依据相关学生管理文件,计算出该学生的诚信分值,最终形成该生的"诚信报告",为今后企业用人、银行发放贷款、助学扶贫、学生管理工作提供真实有效的备查信息。

（二）技术可行性分析

从技术实现路径上看,学生诚信教育管理信息系统的系统性能、服务需求并不高,完全可以利用现有的主流技术和成熟的系统架构来实现,以降低技术风险。针对上海立信会计学院的应用需求,系统拟采用面向对象开发技术,B/S结构和三层体系架构,系统用 JSP 编程实现,数据库采用微软公司的 SQLServer 2005 数据库。

1. 面向对象开发技术

面向对象（OO）开发技术强调在软件开发过程中面向客观世界的事物,采用人类在认识客观世界的过程中普遍运用的思维方法,直观、自然地描述客观世界中的有关事物。早期的计算机编程是基于面向过程的方法,例如实现算术运算 $1+1=2$,通过设计一个算法就可以解决当时的问题。随着计算机技术的不断提高,计算机被用于解决越来越复杂的问题。通过面向对象开发技术,将现实世界的物抽象成对象,现实世界中的关系抽象成类、继承,帮助人们实现对现实世界的抽象与数字建模,从而以更利于人理解的方式对于复杂系统进行分析、设计与编程。同时,面向对象能有效提高编程的效率,通过封装技术,消息机制可以像搭积木一样快速开发出一个全新的系统。面向对象开发推广了程序的灵活性和可维护性,并且在大型项目设计中被广为应用。此外,由于面向对象程序设计能够让人们更简单地设计并维护程序,程序更便于分析、设计、理解,所以要比以往的做法更加便于学习。

面向对象开发的一般流程为:

(1)系统调查和需求分析:对系统将要面临的具体管理问题以及用户对系统开发的需求进行调查研究,即先弄清要干什么的问题。

(2)分析问题的性质和求解问题:在繁杂的问题域中抽象地识别出对象及其行为、结构、属性、方法等。一般称之为面向对象的分析,即OOA。

(3)整理问题:对分析的结果作进一步的抽象、归类、整理,并最终以范式的形式将它们确定下来。一般称之为面向对象的设计,即OOD。

(4)程序实现:用面向对象的程序设计语言将上一步整理的范式直接映射(即直接用程序设计语言来取代)为应用软件。一般称之为面向对象的程序,即OOP。

(5)识别客观世界中的对象以及行为,分别独立设计出各个对象的实体;分析对象之间的联系和相互所传递的信息,由此构成信息系统的模型;由信息系统模型转换成软件系统的模型,对各个对象进行归并和整理,并确定它们之间的联系;由软件系统模型转换成目标系统。

面向对象开发技术特点有:

(1)抽象性

抽象性是对事物的抽象概括描述,实现了客观世界向计算机世界的转化。将客观事物抽象成对象及类是比较难的过程,也是面向对象方法的第一步。

(2)封装性

封装性就是把对象的属性和行为结合成一个独立的单位,并尽可能隐蔽对象的内部细节。封装有两个含义:一是把对象的全部属性和行为结合在一起,形成一个不可分割的独立单位,对象的属性值(除了公有的属性值)只能由这个对象的行为来读取和修改;二是尽可能隐蔽对象的内部细节,对外形成一道屏障,与外部的联系只能通过外部接口实现。

(3) 继承性

继承性是指特殊类的对象拥有其一般类的属性和行为。继承意味着"自动地拥有",即特殊类中不必重新定义已在一般类中定义过的属性和行为,它能自动地、隐含地拥有其一般类的属性与行为。

(4) 多态性

多态性是指类中同一函数名对应多个具有相似功能的不同函数,可以使用相同的调用方式来调用这些具有不同功能的同名函数。

继承性和多态性的结合,可以生成一系列虽类似但独一无二的对象。由于继承性,这些对象共享许多相似的特征;由于多态性,针对相同的消息,不同对象可以有独特的表现方式,实现特性化的设计。

2. B/S结构及三层体系结构

(1) B/S结构

B/S结构(Browser/Server,浏览器/服务器模式),是WEB兴起后的一种网络结构模式,是由传统的C/S结构发展而来的,是对C/S结构的一种变化或者改进的结构。WEB浏览器是客户端最主要的应用软件。这种模式统一了客户端,将系统功能实现的核心部分集中到服务器上,简化了系统的开发、维护和使用。客户机上只要安装一个浏览器(Browser),如Netscape Navigator 或 Internet Explorer,服务器安装 Oracle、Sybase、Informix 或 SQL Server 等数

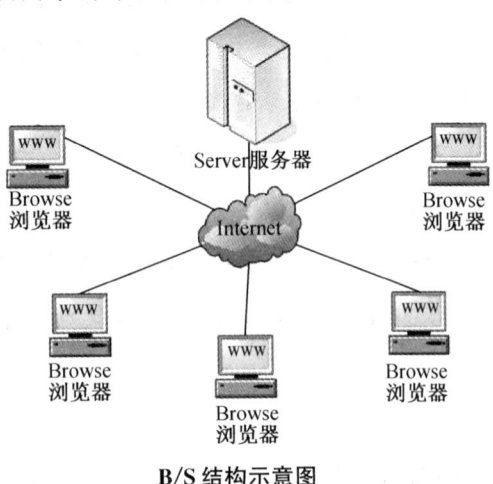

B/S 结构示意图

据库。浏览器通过 Web Server 同数据库进行数据交互。

B/S 最大的优点就是可以在任何地方进行操作而不用安装任何专门的软件，只要有一台能上网的电脑就能使用，客户端零安装、零维护，系统的扩展非常容易。

（2）三层体系结构

三层体系结构，就是将应用程序在两层结构的基础上加入一个（或多个）中间件层。把 C/S 体系结构中原本运行于客户端的应用程序移到了中间件层，客户端只负责显示与用户交互的界面及少量的数据处理（如数据合法性检验）工作。通过客户端将收集到的信息或请求提交给中间件服务器，由中间件服务器进行相应的业务处理和对数据库的操作，然后再把处理结果反馈给客户机。三层体系结构中，通过浏览器显示用户界面，WEB Server 将应答最终以 HTML 为载体下载到客户端浏览器，得到最终的用户界面是经浏览器（如 IE、NetScape）进行解释。采用三层体系结构，客户端无法直接对数据库操纵，只能通过 Web Server 访问数据库，这大大提高了系统的安全性。

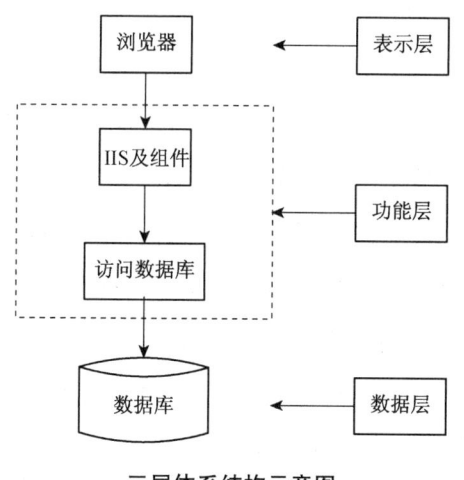

三层体系结构示意图

① 表示层。应用的用户接口部分，它担负着用户与应用间的对话功能。它用于检查用户从键盘等输入设备输入的数据，显示应用输出的数据。为使用户

能直观地进行操作，一般要使用图形用户接口，操作简单、易学易用。在变更用户接口时，只需改写显示控制和数据检查程序即功能层和数据层。检查的内容也只限于数据的形式和取值的范围，不包括有关业务本身的处理逻辑。

② 功能层。也叫中间层，相当于应用的本体，它是将具体的业务处理逻辑编入程序中。例如，在制作订购合同时要计算合同金额，按照定好的格式配置数据、打印订购合同，而处理所需的数据则要从表示层或数据层取得。表示层和功能层之间的数据交往要尽可能简洁。例如，用户检索数据时，要设法将有关检索要求的信息一次性传送给功能层，而由功能层处理过的检索结果数据也一次性传送给表示层。

通常，在功能层中包含有确认用户对应用和数据库存取权限的功能以及记录系统处理日志的功能。功能层的程序多半是用可视化编程工具开发的，也有使用 COBOL 和 C 语言的。

③ 数据层。通常是数据库管理系统，负责管理对数据库数据的读写。数据库管理系统必须能迅速执行大量数据的更新和检索。因此，一般从功能层传送到数据层的要求大都使用 SQL 语言。

3. SQL Server 2005 数据库

SQL 是英文 Structured Query Language 的缩写，意思为结构化查询语言，其主要功能就是同各种数据库建立联系，进行沟通。按照 ANSI（美国国家标准协会）的规定，SQL 被作为关系型数据库管理系统的标准语言。SQL 语句可以用来执行各种各样的操作，例如更新数据库中的数据，从数据库中提取数据等。目前，绝大多数流行的关系型数据库管理系统，如 Oracle、Sybase、Microsoft SQL Server、Access 等都采用了 SQL 语言标准。而 SQL Server 系列数据库则是微软公司推出的、基于 SQL 语言的数据库管理系统，在大型数据库市场占有重要的份额。

SQL Server 2005 版是微软公司 SQL Server 系列数据库一个较新的版本。其特点主要有以下四个方面：

（1）易管理

SQL Server 2005 能够更为简单地部署、管理和优化企业数据和分析应用程序。作为一个企业数据管理平台，SQL Server 2005 提供了一个唯一的管理控制台，使得数据管理人员能够在组织内的任何地方监视、管理企业中所有的数据库和相关的服务。它还提供了一个可扩展的管理架构，可以更容易地用 SQL 管理对象（SMO）来编程，使得用户可以定制和扩展他们的管理环境，独立软件开发商（ISV）也能够创建附加的工具和功能来更好地扩展应用。

（2）可用性

在高可用技术、额外的备份和恢复功能，以及复制增强上的投资，使企业能够构建和部署高可用的应用系统。SQL Server 2005 在高可用上的创新有：数据镜像，故障转移集群，数据库快照和增强的联机操作，这有助于最小化宕机时间和确保企业的关键系统可用。

（3）可伸缩性

SQL Server 2005 提供了诸如表分区、快照隔离、64 位支持等方面的高级可伸缩性功能，使用户能够使用 SQL Server 2005 构建和部署最关键的应用。表和索引的分区功能显著地增强了对大型数据库的查询性能。

（4）安全性

SQL Server 2005 在数据库平台的安全模型上有了显著的增强，由于提供了更为精确和灵活的控制，数据安全更为严格。为了给企业数据提供更高级别的安全，微软做了相当多的投资，实现了强制 SQL Server login 密码策略等特性。

三、大学生诚信教育管理信息系统的功能设计

大学生诚信教育管理信息系统共设置 11 个子系统，如下图所示。其中，除系统管理子系统是功能性子系统外，学生基本信息管理子系统、诚信教育子系统等其他 10 个子系统均为业务性子系统。

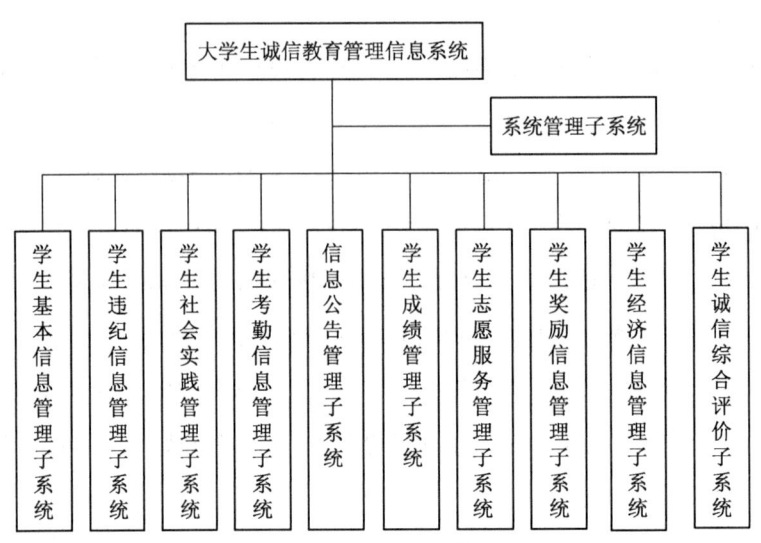

大学生诚信教育管理信息系统结构图

（一）系统管理子系统

系统管理子系统由用户管理、角色管理和权限管理三个模块组成，主要提供对用户基本信息、角色信息和权限设置的维护和管理。

1. 用户管理

用户管理模块实现对用户相关信息的管理，系统管理人员可以根据需要增加新的用户和新的用户与角色的关系信息，也可以对已有的用户信息进行浏览、修改、删除及对用户与角色的关系信息进行浏览、修改和删除操作。

2. 角色管理

角色管理模块实现对角色相关信息的管理，系统管理人员可以根据需要增加新的角色和新的角色与权限的关系信息，也可以对已有的角色信息进行浏览、修改、删除及对角色与权限设置的关系信息进行浏览、修改和删除操作。

3. 权限管理

权限管理模块实现对权限设置相关信息的管理，借助于诸如 Spring 提供的

Acegi 安全系统可以实现管理系统方法级的认证与授权系统管理人员可以根据需要对数据访问权限增加新的设置，也可以对已有的权限信息进行浏览、修改和删除操作。

由于学生诚信教育管理信息系统涉及较多个人隐私信息，对不同用户的开放情况不同，同时也为了实现系统的分层操控，将不同层面的用户权限进行相应的约束，系统设置相应的用户权限控制模块。该本系统将用户定义为：

（1）超级管理员

一般为系统的开发者，是系统的第一个用户。对超级管理员而言，可使用系统的全部功能，并对其他用户进行赋权操作。同时，可以通过后台管理直接对数据库进行备份、迁移等操作。

（2）系统管理员

一般为超级管理员认可的系统维护人员，具有全部模块的使用权限，可对用户进行赋权操作。与超级管理员相比，缺乏对后台数据库的操作权限。

（3）子系统管理员

一般为系统维护人员或相关部门的负责人、系统操作人员，具有与其工作属性相对应模块的全部操作权限，但其权限仅限于所对应的模块中。与管理员相比，缺乏对用户赋权的权限。

（4）超级用户

一般为学校领导，具有对系统所有信息的浏览权限，可查看特定报表，但不具有修改、删除信息的权限。

（5）个人用户

一般为学生本人或家长，可对自己的信息进行修改（需上级用户核实）、浏览等操作。

（6）企业用户

主要面向提出申请查看特定用户信用信息的企业及其他校外用户，其操作须经授权，并仅限于浏览特定用户的信息。

（二）学生基本信息管理子系统

学生基本信息是高校学生管理工作的基础,只有全面了解、掌握学生真实的信息,才能有针对性地开展教育管理工作。同样,在学生诚信教育管理信息系统中,学生基本信息管理子系统则是整个系统的基础,其他业务管理都是围绕着学生基本信息管理进行的。对于子系统而言,所要实现的主要功能就是录入、修改、删除、查询和管理学生的基本资料信息。在实现途径上主要有两种,对于已建立中心数据库,并已收录在校学生基本信息的,可通过系统接口调用中心数据库相关数据,并补充所缺数据;对于尚未建立中心数据库的,则需要组织相关人员手工录入相应的数据。

1. 主要数据

(1)学生的自然信息,如姓名、性别、生日、籍贯、身份证号码、联系电话、家庭主要成员、家庭地址和个人照片等。

(2)学生的身份信息,如学号、所在院系、班级、政治面貌、社会职务、是否已毕业等。

(3)学生的特征信息,如特长、爱好、奖惩情况等。

2. 业务流程

新生入学后,由各学院直接调用学校中心数据库中的新生数据,生成学生基本信息表,再由辅导员等学生管理工作人员对学生的基本信息按照需求进行更新完善。

在校期间,当学生个人基本信息发生变化时,学生可自行修改个人基本信息,并由辅导员审核查实后同步学校中心数据库数据,确保信息统一完整。

3. 实现功能

(1)查询功能

对于学校领导、辅导员及其他学生工作管理者可以按照学生信息列表浏览学生的基本资料,也可以通过关键字查询方式,通过学号、姓名、身份证号码等关键字查询特定学生的基本资料;对于学生个人,可浏览查询本人及所在班级同学的基本资料;对于用人单位和学生家长等用户可以查看特定学生的基本信息。

(2) 修改功能

对于辅导员,可以添加、修改、删除所带班级所有学生的基本信息;对于学生个人,可以添加、修改本人基本信息。

(3) 报表功能

对于学校领导、学生管理部门负责人、辅导员等用户,可按其指定方式生成报表。

(三) 学生违纪信息管理子系统

学生违纪处理是学校学生管理工作的一项重要内容。普通高校按照依法治校的要求,通过制定相关条例,借助信息化手段,使学校对学生违纪的处理进一步科学化、规范化。学生违纪信息管理子系统主要记录、管理的就是学生违纪信息,如:学生打架斗殴、考试作弊、学术成果剽窃、论文抄袭等等。

1. 主要数据

其中学生违纪管理的主要信息包含:违纪处分文号、学生学号、姓名、学生所在院系、违纪处分类型、违纪原因、处理结果、处分生效时间、是否提出申诉、申诉处理结果等要素。

2. 业务流程

学生违纪处分的基本业务流程为:学生管理相关部门核实学生的违纪情况,按照《学生违纪处分办法》确定对学生的处理意见,下发学生违纪处分文件,待学生对处分决定无异议后,将违纪处分信息录入系统,作为学生诚信分数计算的根据。

3. 实现功能

对于学校领导、辅导员及其他学生工作管理者可以查询本校所有学生的违纪处分信息;学生处工作人员可以查询、增加、删除、修改学生的违纪处分信息;

学生本人、企业、家长用户可以查看特定学生的违纪处分信息。

（四）学生社会实践管理子系统

对大学生社会实践情况进行信息化管理是学校学生德育工作的一条重要途径。通过有目的、有计划地组织学生走出校园、走向社会，让学生在完成学业前主动地了解社会、接触社会，形成对社会的体验阅历，完善个性的教育活动。当前，上海立信会计学院开展的社会实践活动的类型有勤工助学、专业实践和考察调查等三种类型。

1. 主要数据

学生社会实践信息管理子系统记录的信息有：学生学号、姓名、社会实践类型、社会实践项目名称、社会实践时间、实践地（实践单位）、实践内容、实践结果、实践成绩和生效时间等要素。

其中实践成绩由院系对学生的社会实践整体情况按百分制进行评分。

2. 业务流程

学生社会实践管理的实际业务流程为：每学年寒暑假或其他社会实践周期结束后，辅导员查看《学生社会实践卡》中的相关记录，并根据学生社会实践的过程、内容和效果对学生社会实践情况进行评分。然后，辅导员将学生社会实践的基本信息和社会实践评价得分录入学生诚信教育管理信息系统，相关部门经过核实学生的社会实践情况，进行审核。

3. 实现功能

学生社会实践管理子系统的主要功能有：学校领导、辅导员及其他学生工作管理者查询本校所有学生的社会实践信息；辅导员可以查询、增加、删除、修改学生的社会实践信息和实践得分；学生管理部门，如学生处等可通过系统审核学生社会实践情况记录，审核通过的，将作为学生诚信分数计算的根据。学生本人、用人单位、学生家长等用户可以查看特定学生的社会实践信息。

（五）学生考勤信息管理子系统

考勤是学校加强学风建设的一项重要管理举措，也是督促学生学习的重要方式，它反映的是学生在学校的上课出勤情况，一般分为：病假、事假、迟到、早退、旷课等五种类型，对应不同的考勤类型有不同诚信分数计算扣除分值。

1. 主要数据

考勤信息的记录资料有：学号、姓名、学期、周次、课程（活动）编号、课程（活动）名称、考勤类型、时长、考勤时间、生效时间等。

2. 业务流程

学生考勤的基本业务流程为：

（1）班级考勤员根据当天班级的出勤情况进行记录，核实无误后，将本班同学的考勤信息录入系统。

（2）辅导员对已录入的考勤信息进行第一次审核，给出审核意见，并提交学生处等学生管理部门。

（3）学生处等学生管理部门对辅导员提交的考勤信息进行终审，审核通过的，将作为学生诚信分数计算的根据。

（4）学校领导、教务处、学生处、辅导员可以获得相关考勤数据的统计数据，并形成考勤情况报表。

3. 实现功能

学生考勤信息管理子系统的功能主要有：学校领导、辅导员、学生处、教务处工作人员可以查询本校所有学生的考勤信息；班级考勤员可以查询、增加、删除、修改本班级的考勤信息；辅导员可以查询、增加、删除、修改和审核所带班级学生的考勤；学生处通过系统可以审核学生考勤记录，经审核通过的，将作为学生诚信分数扣分的根据。学生本人、用人单位和学生家长等用户可以查看特定学生的考勤情况。

（六）信息公告管理子系统

信息公告管理子系统是学生诚信教育管理信息系统的重要组成部分,其作用类似于新闻发布系统,主要作为一个信息发布、通知公告的平台,可提供给用户查看和阅读相关的新闻动态、公告信息、诚信故事、规章制度和管理办法等。

1. 主要数据

信息公告子系统主要数据有:信息编号、信息标题、信息内容、信息来源、作者、发布日期、浏览量等。

2. 业务流程

信息公告管理的业务流程为:系统管理人员接收新闻、信息或规章制度,也可收集诚信小故事及诚信论文,将相关内容录入信息发布系统,提交发布。相关信息进入待发布状态,待审核人员审核后,信息正式发布。

3. 实现功能

信息公告管理的主要操作有:学生本人、企业、家长用户、学校领导、辅导员及其他学生工作管理者可以查看信息公告内容;学生处等管理部门通过系统可以添加、删除、修改信息公告记录。

（七）学生成绩管理子系统

学生成绩管理子系统作为学生诚信教育管理信息系统的一个子系统,有别于学校的教务管理系统,其功能仅限于面向特定用户提供学生考试成绩,可视为学校教务管理系统的一个映射。在学生诚信教育管理信息系统中设置学生成绩管理系统的目的有两个:一是完善学生诚信数据,为相关用户提供最全面可靠的学生信息;二是通过学生诚信教育管理信息系统面向家长用户开放的接口,方便学生家长通过本系统查看学生成绩,免去将学生的成绩通知书寄给学生家长查看这一过程。

1. 主要数据

学生成绩管理系统涉及的主要数据有:学生学号、姓名、科目、成绩、成绩状态(初考、补考、重修)、对应学分等要素。

2. 基本流程

学生成绩管理的基本业务流程为:学期考试结束,由学校教学管理部门将相关数据录入学校教务管理系统,辅导员通过相应接口从学校中心数据库将所带班级学生成绩调入学生诚信教育管理信息系统。

3. 实现功能

学校领导及学生工作管理者可以查询本校所有学生的成绩信息,并可指定系统生成相应数据报表,以掌握学生成绩变化信息,检验学生学习成效;辅导员可以查询、增加、删除、修改所带班级学生的成绩信息,并可设置学生成绩预警;企业和家长用户可以查看特定学生的成绩信息。

(八) 学生志愿服务管理子系统

随着近几年我国社会公益事业的不断发展和完善,青年志愿者活动得到了长足的发展,特别是奥运会、世博会、亚运会舞台上,青年志愿者扮演了极其重要的角色,不仅有力保障了这些大型活动的顺利举行,也充分展示了当代中国青年人良好的精神风貌。因此,志愿服务也逐步成为加强大学生思想政治教育工作的重要内容,是大学生道德实践的有效方式。在大学生诚信教育管理信息系统中记录学生志愿服务信息,既能对大学生志愿服务情况进行写实性记录,又能较为客观地反映大学生诚信为人、服务社会的情况。

1. 主要数据

志愿服务信息管理的主要数据有:学生学号、姓名,志愿服务活动名称、内容、时间、地点,服务类型(助学、扶危助困、引导辅助等)、组织方、服务评价、生效时间等。

2. 基本流程

志愿服务信息管理子系统的基本业务流程为:学生参加校院两级组织的青年志愿者服务活动,结束后由组织方出具服务证明,相关部门将参加服务情况录入系统,学生处对有关信息进行审核;学生通过其他途径自主参加青年志愿者服务活动,结束后由组织方出具服务证明,由辅导员将志愿服务信息录入系统,学生处对有关信息进行审核。

3. 实现功能

志愿服务信息管理子系统的主要功能有:学校领导和学生工作干部可以查询本校所有学生的志愿服务信息;辅导员可以查询、增加、删除、修改所带班级学生的志愿服务记录;学生处等学生管理部门可以审核全校学生志愿服务记录;学生本人、用人单位和学生家长等用户可以查看特定学生的志愿服务信息。

(九) 学生奖励管理子系统

将学生奖励信息纳入学生诚信管理体系的目的,一是完善学生诚信状况数据,查看、验证学生的获奖及荣誉情况,为用人单位、学生家长等用户提供可靠的学生信息凭证;二是从根本上杜绝学生获奖造假的情况。

1. 主要数据

学生奖励信息管理的记录资料有:奖励文件号、学生学号、学生姓名、学生所在单位、奖励类型、奖励级别、颁发单位、颁发时间、奖励原因、奖励结果、诚信值加分分数、生效时间等要素。

2. 基本流程

学生奖励信息管理的基本业务流程为:学生在校期间,辅导员根据学生在专业竞赛、学业奖励和荣誉表彰等各方面的获奖情况,实时将学生的获奖信息录入系统中,并提交学生处等学生管理部门审核;学生处等学生管理部门核实学生的获奖情况,审核通过的学生获奖记录,将作为学生诚信分数加分的依据。

3. 实现功能

学生奖励信息管理的主要操作有:学校领导、辅导员及其他学生工作干部可以查询本校所有学生的获奖信息;辅导员可以查询、增加、删除、修改所带班级的学生获奖信息;学生处等学生管理部门通过系统可以审核学生获奖情况记录,审核通过的,将作为学生诚信分数加分的依据。学生本人、用人单位和学生家长等用户可以查看特定学生的获奖信息。

(十) 学生经济信息管理子系统

经济领域的诚信是社会信用制度的一个重要内容,而学生在校期间在个人经济方面的诚信也是学生个人诚信的一个重要方面。在经济形态快速发展的现代社会,大学生越来越多地参与各种经济活动,譬如国内不少银行都将在校大学生作为信用卡的潜在用户群体,或是直接到校园开展宣传推广活动,或是与学校相关部门合作开展信用卡推广活动。但一个不容忽视的现实是,绝大多数大学生没有独立的、稳定的经济来源,在物质刺激下的刷卡透支行为造成的冲动消费,其后果常常是无法及时归还信用卡而造成个人不良信用记录。大学生其他的经济失信还有拖欠学杂费、助学贷款还款不及时等。因此,有必要通过学生经济信息管理子系统将学生的经济诚信状况进行记录,作为学生诚信评价的重要组成部分。

1. 主要数据

学生经济信息管理主要数据有:学生学号、姓名、身份证号、经济失信时间、内容、类型、反馈部门、反馈人、涉及金额、撤销时间等。

2. 基本流程

学生经济信息管理的基本业务流程为:银行、学校财务处等经济责任部门将学生失信信息反馈至学生处等学生管理部门,经核实后将相关信息录入学生经济信息管理子系统。待学生还款后,经相关部门确认后在对应记录进行标注。

3. 实现功能

学生经济信息管理的主要操作有:学校领导及学生工作管理者可以查询本校所有学生的经济失信信息;辅导员可以查询、增加、删除和修改所带班级学生的经济信用信息;学生处等学生管理部门通过系统可以审核学生经济诚信情况记录,审核通过的,将作为学生诚信分数评定的依据。学生本人、用人单位和学生家长等用户可以查看特定学生的经济诚信信息。

（十一）学生诚信综合评价子系统

学生诚信综合评价子系统是建立在学生基本信息、违纪信息、社会实践信息、考勤信息、成绩管理、志愿服务信息、学生奖励信息等基础上的综合系统，是对学生在校期间诚信情况的综合评定，不仅是一份电子诚信档案，也是学生个人简历的另外一种表现形式。学校可以设置这样的一套学生诚信情况评分体系：每学年给学生 100 分的诚信基础分；在一学年中，学生发生违纪、无故缺勤、拖欠学杂费等失信行为的，按照一定的规则进行扣分，若当年诚信基础分扣尽，则扣历史累积分；若在本学年，学生有好人好事、志愿服务等行为，则记为正向分，累加在学生诚信基础分；学生大学期间诚信分数累加值即为学生诚信得分。

1. 主要数据

学生诚信综合评价的主要数据有：学生学号、姓名、诚信评价项、诚信分值、得分原因、历史得分累计值、学期评语等。

2. 基本流程

（1）系统在每学年结束后，调取学生的诚信综合信息，记录当学年学生的诚信分数，辅导员结合平时表现情况对该学生当学年的综合表现录入评语，同时生成评价报告，提供给校领导、学生管理部门、学生本人及学生家长等用户。

（2）学生所在院系的学生工作分管领导可以根据诚信分数段筛选学生资料，对于成绩未达标学生，加强教育；通过统计学生诚信，可以为各项规章制度、方针政策的制定和实施提供有利的决策支持。

（3）学生毕业前，根据系统记录信息，生成学生在校诚信状况的总报告，全面、客观反映学生在校期间的总体诚信状况，并提供给相应用户。

3. 实现功能

学生诚信综合评价子系统的功能有：学校领导、辅导员、学生处工作人员可以查询本校所有学生的诚信综合信息；辅导员可以在期末添加、修改所带班级的学生的诚信综合信息,如:诚信总分值,学期评语等;学生处通过系统可以查询学生诚信数据,筛选和统计相关数据。学生本人、用人单位和学生家长等用户可以查看特定学生的诚信综合信息。

参考文献

[1] 王彬.大学生诚信网络系统建设思路探讨[J].企业家天地(理论版),2007(6).

[2] 龙景奎,陈韶君.大学生诚信度评价系统设计[J].现代教育科学,2006(4).

[3] 林妍梅.构建高校学生信用管理体系的探索[J].江苏高教,2008(1).

[4] 于太源.国民诚信档案系统的发展与完善[J].沈阳师范大学学报(社会科学版),2007(4).

[5] 陈丹婷,陈明.基于 B/S 结构的学校诚信管理系统的设计与实现[J].宁波教育学院学报,2010(2).

[6] 金义富,钟智才,林永昕,等.基于数据仓库的大学生诚信评估系统设计[J].湛江师范学院学报,2005(12).

[7] 林平.论高校学生诚信体系的构建[J].思想教育研究.2009(6).

[8] 雷金牛.论高校学生信用管理模式[J].西北师大学报(社会科学版),2005(7).

[9] 许菱,占乐群.浅述我国社会化网络诚信系统的构建[J].International Conference on Engineering and Business Management (EBM 2010).

10 大学生诚信教育体系建设研究

何佩莉　王　妍

【提要】本章首先从思想、心理、学习、交往、网络行为等方面总结当代大学生成长的横向规律，又研究了大学生从大一至大四成长的纵向规律。在此基础上，结合上海立信会计学院的实践成果，阐述了构建"六环节——六目标"诚信教育体系的理论原则和具体方式。

大学生诚信教育是一项系统工程,需要高校在人才培养过程中进行全方位的设计规划。构建一套完整的诚信教育体系是解决大学生失信问题,培养合格大学生的理性选择。大学生诚信教育体系建设作为加强大学生诚信教育的有力抓手,要从大学生成长的实践出发,在充分研究和把握大学生成长规律的基础上,探索构建方略。

一、当代大学生成长规律研究

马克思主义唯物辩证法指出,规律是事物发展变化过程中本质的联系和必然的趋势,列宁说:"规律就是关系",是"本质的关系或本质之间的关系"。大学生的成长规律也就是大学生成长过程中的本质联系和必然趋势。掌握大学生的成长规律,对于更好地了解大学生群体特点、提高大学生思想政治教育工作的科学性、增强大学生诚信教育的针对性具有重要意义。大学生的成长是一个渐进和动态的过程,大学生的生活呈现立体和多面的特征,因此研究当代大学生的成长规律,可以从横向和纵向两个维度展开,以期客观全面把握大学生成长规律。横向研究是从构成大学生生活的基本方面进行分析,研究大学生在不同方面表现出的特质和特征;纵向研究是以时间为轴,以大学生活的不同阶段来探讨大学生在不同时期的特点和规律。

(一)当代大学生成长规律的横向研究

当代大学生的生活基本上由学习、交往和网络行为组成,而思想和心理活动则是构成大学生行为背后的深层原因。因此,对当代大学生成长规律的横向研究应从思想、心理、学习、交往、网络行为几个方面的发展规律入手。

1. 当代大学生思想规律

大学生思想主流积极向上,信仰马克思主义,认同社会主义核心价值体系,同时在信仰结构上呈现多元化趋势。从年龄阶段看,当代大学生处于 18～25 岁之间,经过中学阶段的思想教育,大多数学生已经确立了马克思主义信仰,懂得运用马克思主义基本原理分析问题、解决问题。但是,随着中国经济、政治、社会、文化的转型,改革开放的深入以及西方文化的传播,国人的信仰逐渐趋于多元,多元的信仰趋势也影响着当代大学生的思想状况。另外,由于大学生所处的年龄阶段,接受新事物的欲望比较强烈,很容易对非主流的思想观念产生兴趣,对一些不同甚至对立的价值观念持兼容并蓄的态度。大学生的价值取向逐渐由社会本位转化为个体本位,重个人理想轻社会理想,对社会、政治的关注度与自身发展和现实利益的关联度成正比。与此同时,大学生的人生态度普遍比较积极乐观,对自己的前途充满自信,同时注重实现自我价值,特别是在竞争激烈的今天,他们更愿意去迎接挑战,通过自己的拼搏和努力实现自我的人生价值。

大学生思想中传统道德与现代道德并存,道德困惑普遍存在。当代大学生是在中国传统道德教育下成长起来的一代人。同时,"90 后"的大学生成长于中国经济飞速发展和经济全球化的时代。他们比"80 后""70 后"大学生群体在道德观念上更为开放,他们十分崇尚个性和自我价值的实现,有些学生甚至为了达到个人目的和实现个人利益而牺牲诚信等道德传统。比如,为了取得优异的成绩而在考试中作弊,夸大简历,伪造荣誉证书以求在求职中赢得优势。一些学生在爱慕虚荣的同时又对自己的行为感到羞愧。比如很多学生一方面羡慕同学的名牌手机、电脑、服饰等,通过各种方式说服父母满足自己对高端消费品的需求;另一方面又对自己的行为给父母增加负担感到惭愧。当代大学生的道德困惑一方面是受到市场经济发展中对金钱的过分崇拜而形成的不良社会风气的影响,但更重要的原因在于大学生的思想和心理尚未走向真正意义上的成熟,在面对诱惑之时缺乏清醒的意识和准确的判断力以及防御能力,面对个人道德观的矛盾与困惑,往往出现知行不一的问题,对诚信环境的期待与背离诚信的行为并存。

2. 当代大学生心理规律

大学时期是青少年由不成熟的心理状态转向成熟状态的关键时期。这一阶段,大学生的认知灵敏性和思维活跃度有了较高的发展,自我意识和独立意识不断增强,逐步形成较为明确的生活理想、职业理想、人格理想、社会理想,情绪情感得到充分发展。同时,大学生处在心理状态迅速走向成熟却又未完全成熟的过程之中,大学生正处在逐步走向独立自主和成熟的自我发展过程中,面对激烈的社会转型期和复杂的生活现实,以及来自各方面的压力和困扰,他们依然会有依赖心理、逆反心理,自控能力有待进一步提高,容易走极端,情绪波动性大,情绪情感需求呈现多样化、阶段性、复杂性等特点,很多时候需要师长和同学的引导和慰藉。

当代大学生的总体心态是健康的,存在的心理问题主要以发展性心理问题为主。发展性心理问题主要包括各种适应问题、应激问题、人际关系问题等,大都是由于心理发展水平低、社会适应不良、突发性事件以及遭受挫折等因素所引起。发展性心理问题多属于心理困扰,是由于个体在完成人生发展过程中遭遇障碍无法解决而产生的心理问题。从年级上看,大二年级心理问题发生率最高,大四则最低。大一年级学生的发展性心理问题主要为适应性问题;大二、大三年级则表现出更多的学习策略、人际交往、恋爱问题等;大四年级的学生随着个体心理的日趋成熟,心理应对能力逐渐增强,各方面的压力逐渐减少,心理问题发生的概率较低,但很容易出现因就业引起的心理问题。

大学生心理应对方式趋于多元化,求助对象集中于同学和朋友。合理的心理应对对降低心理困扰带来的消极影响具有积极的作用,大学生在遇到心理困扰或出现心理问题时,会通过多种方式进行积极应对,如找人倾诉、转移注意力、发泄情绪,也有部分同学会压抑在内心深处。大学生求助的对象多为同学和朋友,因为同学和朋友是他们最亲密和最可信赖的人,这既可以满足学生的交往需求,又可以凸显大学生的主体地位。但是他们求助老师和专业心理咨询人员的比较少,虽然同学和朋友会给予他们心理的安慰和支持,但专业性不足。从年级来看,低年级学生更愿意需求外部帮助,高年级同学则更倾向于自主应对心理的压力。

3. 当代大学生学习规律

从学习态度上来看,从大一到大四,大学生的学习主动性越来越强,学习时间随年级升高不断递增。态度是人们对一定对象相对稳定、内部制约化的心理反应倾向,大学生经过十年寒窗苦读,终于踏入梦寐以求的大学殿堂,完成了人生的一次重要转折,在刚入校时会表现出放松、迷茫与被动。大学的生活丰富多彩,学习不是唯一的事情,他们对很多事情充满了好奇、新鲜感,有尝试和参与的欲望,加之大学学习竞争的隐性特点,大一新生对大学的规律还没有完全掌握,情绪容易发生波动,学习没有完全进入角色,主动性和自觉性很难持续。经过半年到一年的适应和调试,他们对很多事情的认识趋于客观、冷静,知道什么是适合自己的、定位更加准确,学习的目标也逐步明确,学习逐步转变为自觉、积极与主动。学习方法也有一个从原来中学时期同学一起学习、老师监督为主到完全自主学习为主的过程,大学生活中没有人去监督和催促学生学习,一切要靠学生自己去规划和安排,这就需要学生树立明确的学习目标和比较完善的发展规划,即大学生生涯规划设计与修正,也要自我在学习过程中不断地加以反思和修正。

从学习动机上来看,当代大学生的学习趋向实用性与功利性的同时,不忘责任和担当。学习动机是驱动大学生学习活动得以维持和继续直至完成的动力,当代大学生在完成基本学业的同时,学习动机更加明确,大多数人的学习动机就是毕业后能找到一份好工作,他们会更加关注社会对人才的需求和增加就业竞争力的砝码,因此大学校园里"考证热"现象长盛不衰。一般而言,从大二开始,学生就会扎堆参加各种考试,英语四六级证书、计算机等级证书、会计证、驾驶证、国家司法考试证书等,很多学生所考的证书与自己的专业并无明显的相关性。大学生为证而忙,体现出明显的功利性,学习的首要目的就是为了就业,为了在社会上生存,此种动机既是为了满足自身发展。也是他们没有忘记对社会对家庭的责任与担当,希望通过学习找到理想的工作岗位,实现父母师长的期待和愿望,为社会发展贡献自己的力量,体现自我价值。

从学习内容上来看,当代大学生不但重视书本知识,而且更加重视综合能力的培养,但也存在部分学生抓不住重点、本末倒置的现象。大学生学习的内容和渠道更加多样,除了从书本和课堂教师那里获得知识,他们还可以从网络世界中获取更多知识与信息,同时积极参加各类校园文化活动和社会实践活动。从小学到中学一路走来的应试教育,大学生已熟稔学习课本知识,在领会掌握书本知识的同时,于丰富多彩的校园文化活动和开放的社会信息环境中,他们明确感受到综合能力的重要性,开始积极参加各类社团活动与社会实践活动,希望拓展视野,接触新东西,面对新问题,启发新思想。但也存在部分学生由于将更多的时间投身参加各种校园文化活动、社团活动和网络世界当中,很多课程学习存在挂科现象,最终影响最后的正常毕业,造成本末倒置。

4. 当代大学生交往规律

当代大学生在交往动机上呈现出精神追求和现实需要并重的特点。一方面充满了对平等互助、友情关爱的渴求,进入大学校园,面对一个崭新的环境和性格各异的人群,大学生渴望有朋友的关怀和感情的寄托,因此他们会交往很多同性或异性的朋友。另一方面市场经济的利益交换原则和功利主义的价值观,使当代大学生在人际交往时选择性逐渐增强,加上就业压力的剧增,很多大学生不仅仅把朋友之间的交流作为满足精神需求的方式,更是将朋友、老师当作以后择业时的人脉资源,越来越看重与自身利益相关的人际关系。

大学生在交往对象方面,同辈横向交往多于代际纵向交往。进入大学,大学生的交往对象以同学为主,在很多高校实行学分制管理的模式下,由于上课时间不同、地点分散以及丰富多彩的校园活动,大学生的横向交往范围逐渐扩大,由寝室的同学圈逐渐扩大到班级、同系、同院以及跨院系、跨校的同学或朋友。大学生根据交往倾向和不同兴趣参加的社团和社会实践形成的社团型、老乡型、兼职型的交往圈,扩大了学生交往的对象和范围。而与师长、父母的交往由于时间、空间、年龄等因素的限制,交流往往很少,学生只有在遇到学业方面的问题时才会寻找老师的帮助,与父母基本上没太多沟通。

大学生的交往方式呈现现实与虚拟交互共存的特点。一方面,大学生依然十分看重以语言、思想、知识、情感为主要媒介的现实交往,他们会参与一些学校、学院和班级组织的各类活动或比赛,增进班级间和同学间的感情、了解;另一方面,在新媒体快速发展的网络环境下,大学生通过 QQ、微博、微信以及其他社交网站进行交往也比较普遍,互联网的虚拟空间拉近了交流的空间和心理距离。电脑屏幕背后的非真实身份交流导致人际交往模式的改变,学生在虚拟的世界中会感到现实压力的释放,一种好奇心的满足和角色的转换会让他们在虚拟世界中信心倍增,因此很多学生会宅在宿舍、家里,不愿意走出来与同学交往、参与集体活动,表现得比较孤僻和内向。

5. 当代大学生网络行为规律

大学生是比较活跃的网民群体,在网络成为人们越来越不可或缺的交流载体的今天,网络在大学生日常的学习、生活中发挥着重要的作用。大学生网络行为主要是指大学生作为网络用户的信息、交往、商务和娱乐等所有的网上活动与行为状态,网络行为正逐渐成为大学生日常生活的重要组成部分。

大学生网络运用主要以学习为主、娱乐为辅,大学生运用网络资源主要是查找信息和资料,进行自主学习。当然,充分利用互联网资源进行人际交往、娱乐也是大学生上网的重要方面。整体而言,大部分大学生运用网络的行为越来越理性化,网络游戏成瘾的学生存在但概率较低。另外,大学生热衷于网络购物,大学生由于计算机操作熟练,思想意识前卫,对网络购物方式表现出极大的兴趣,大学生目前网络购物的产品主要以满足自身成长发展需要为主,如书籍、电子产品、服装、娱乐及旅行相关服务占多数,而且网络购物商品价格相对较低,较适合学生族消费。

大学生网络行为积极与消极并存。一方面具有自由平等的参与意识,通过网络发表自己对于时事热点、社会现象、生活问题等的民主观点和个性主张,乐于接受网络新鲜事物,追求思想文化的开放性与多元化;另一方面也存在猎奇、宣泄、逃避现实等一些消极行为与心理,他们在现实生活中无法宣泄和释放的言论、情感等,到虚拟世界中充分释放,有的甚至与现实生活中判若两人,他们沉迷于网络世界,出现网络成瘾综合征、网络孤独症、人际交往障碍等问题,对个性发展、人格完善以及心理健康都产生不利影响。

网络语言流行于大学校园。网络语言作为一种特殊的语言形式,已经渗透到大学生的日常生活中。大学生使用网络语言的原因一方面是由于网络语言的简洁,如"88""PK"等;另一方面在于新兴的网络用语符合大学生个性成长与自我意识发展的需要。另外,大部分网络用语较为随意,可以充分发挥他们的想象力和创造力,体现了大学生的个性与自我意识,因此很多学生使用"雷人""潮""out""hold 住"等网络用语,并将使用网络语言视为时尚。当然,不可忽视的是,网络语言中粗话、脏话比比皆是,在一定程度上影响了大学生个人修养的提升。

(二)当代大学生成长规律的纵向研究

马克思主义认为矛盾具有特殊性,同一事物的矛盾在不同的发展阶段具有不同的特点。因此,要按照具体问题具体分析的原则,从事物不同发展阶段的具体矛盾出发,准确认识和把握事物发展的规律。大学生的成长是由一年级到四年级四个阶段汇聚而成的过程,不同年级的不同矛盾构成了大学生成长过程各个阶段的独特性。以下就以年级为序,纵向探讨大学生各阶段的具体特点。

1. 大一年级学生成长规律

大一学生处于适应期。大一学生终于摆脱了高考的压力,面对宽松、自由的新环境,许多学生尚未明确新的奋斗目标和以后的人生方向,人生生涯发展规划设计意识淡薄,学习动力不足,学习目标模糊。与高中阶段的学习相比,大学学习阶段对学生,自主学习的能力要求较高,老师在学习过程中仅充当领路人的角色,具体的指导较少。这一学习特点让很多大一新生感觉到不适应甚至产生恐惧心理,对学习的自我要求放松,学习的主动性不强。另外,很多学生报考志愿时对所学专业缺乏细致而深入的了解和分析,对自己所学专业的认知存在偏差,入学后容易感到理想与现实的差距,这种落差之感容易引发大一学生专业学习目标模糊、缺乏动力和追求的现象。

大一学生人际交往谨慎,多为试探性交往。大一新生多是第一次离开家庭,从"熟人社会"到"陌生人社会",多数学生的社交范围并不广泛,一般是以宿舍或班级为中心。同时,大学生多为"90后"独生子女,自我保护意识较强。试探性交往成为他们融入新集体的交往方式,他们在新环境中的人际交往表现得较为慎重,在交往中往往不敢轻易与他人进行毫无保留的信息交流。在交往初期,他们往往会对交往对象的可信度作出初步评估,进行试探性的交往,通过反复交往和频繁接触,根据情感体验及时修正原初的可信度评价,进而选择深入交往或者不再交往。大一学生这种小心翼翼的态度极容易形成孤独、无助的心理状态。

大一学生表现出独立与依赖并存的心理特征。从生活适应和角色转换上看,大一学生经过进入大学之后短暂的适应过程,一方面希望自己能像成年人一样独立自主,同时又感觉自身的力量不够强大,很多事情还是需要依赖别人。而且,在这一角色转变的过程中,多数大一新生存在一些普遍性的心理矛盾,如理想与现实的矛盾,理想中的大学与现实的落差使很多学生难以安心学习,尤其是高考不如意的学生更容易感到前途黯淡,内心产生强烈的失落感。总体而言,大一年级学生的适应性问题属于发展性心理问题,是个体从青春期向成年期过渡阶段的常见心理问题,这一问题会随着心理发育的成熟、稳定逐步解决。

2. 大二年级学生成长规律

大二学生处于意识觉醒期。在生涯目标规划上,经过大一的摸索实践和反思总结,多数大二学生已经熟悉了大学生活,找到了自己人生发展的位置,明确将专业学习作为最重要的目标,能够根据自己的实际情况树立较为明确的阶段性发展规划。在学习方面不再像大一时期那么盲目、懵懂、主动性不足,大二学生学习态度呈现出自觉主动的倾向,有着较为强烈的学习动机、较为科学的学习方法,开始有计划、有重点地进行自主学习。但多数学生的学习动机较为功利,热衷于"考证"的原因并非通过考证增加知识、锻炼自己的专业素质,而是为以后的求职奠定基础。可见大二学生学习意识有了一定觉醒,但是还不够彻底,往往只注重外部和近景动机,对内部和远景动机的关注不够,缺乏个性化、长远的学习目标设计。

从生活交往方面来看,大二学生大部分都顺利渡过大学初期的交往适应阶段,逐步摆脱高中和大一阶段对人际交往的不成熟的认识,开始认识到人际交往的复杂性与重要性,同时对大学生活的人和事基本上都比较熟悉,随着大二学生校园文化活动和社会实践活动的增加,交往的范围逐渐扩大,表现出积极向上的精神风貌,不再是内向和腼腆,而是愿意走出去主动去与更多人交往。

大二年级的学生更加自信和主动。大二学生经过了一年的尝试和学习,二年级时已经对很多活动的组织驾轻就熟,参与的积极性和热情也比较高涨,是各种活动和竞赛的骨干,对自我充满了信心,希望通过各种平台来锻炼自我、证明自我。同时大学学习也步入正轨,对学习、生活的安排也更井井有条,大二年级学生表现出积极向上、主动参与的特点。大二学生有一半左右正在恋爱或者有恋爱经历,越来越多的同学会走出校园参加各类社会实践、志愿活动或者兼职工作。

3. 大三年级学生成长规律

大三学生处于分流期。大三是大学生成长承前启后的关键阶段。在这一时期,学生对本专业的学习已经有了基本的了解,也初步掌握了大学的学习方法,是发展专业学习兴趣的阶段。同时,随着就业形势的严峻,大三学生虽不像大四学生那样直接感到就业的压力,但开始正视毕业以后的自我发展问题,很多学生也开始逐步确立明确的生涯规划,为以后的考研或者就业做准备。根据不同的职业生涯发展规划,大三学生的发展呈现出"分流"现象,根据不同的发展方向形成"考研族""就业族""出国深造族""自主创业族"等。

"考研族"和"出国深造族"的学生在大三时期会将主要精力集中到专业学习方面,他们比大一、大二时期更多地参与科研活动,希望通过科研活动提升专业素养和科研水平。"考研族"学生也会提前为考研或者保研做充分准备。"出国深造族"的学生则开始准备 GRE、托福、雅思等英语水平考试,为申请留学做准备。很多学生选择考研是迫于就业的压力,或者认为自己本科学校竞争力不强,希望通过考研进入名校的行列,但也有一部分学生纯粹是为了躲避就业的压力或者盲目跟风"随大流"去考研,这种盲目考研既影响了就业也将很快会产生学习倦怠问题。

"就业族"的学生会积极利用大三的课余时间以及寒暑假寻找实习机会外出实习,为以后的就业择业积累经验。整体而言,相对于前些年大多数学生高高在上的择业心理状态,"就业族"的价值取向趋于务实。很多学生期望通过自己在学校担任学生干部的经历以及入党、获奖等荣誉为就业赢得机会。但还有很多学生在就业过程中对准备什么、怎么准备没有概念,不知道如何做职业选择、什么工作是最适合自己的,这就需要对学生适时地开展职业规划教育和就业指导,引导他们树立正确的职业价值观,提高学生的求职能力。

"自主创业族"在大学生中所占比例虽然不高,未能成为大学生职业选择的主流,但仍有少部分学生有自主创业的意向。国务院、教育部曾经出台文件,明确鼓励和支持高校毕业生自主创业。这些学生往往在大三就组成自己的"创业团队",将主要精力投入自己创业的项目中,通过社会实践验证和完善自己的创业设想,不断修正团队的项目,以使创业逐渐由梦想变为现实。有调查显示,学生自主创业水平与当地经济发展水平密切相关,一般发达地区学生的创业意识和能力水平高于欠发达地区学生。虽然自主创业有一定风险,但是随着经济社会发展,大学生自主创业仍将是一个趋势。

4. 大四年级学生成长规律

大四学生处于压力和转折期。就业和升学成为大四学生的主要压力来源。就业方面,随着就业大形势的严峻和用人单位用人标准的提升,部分大学生在求职面试时遭受拒绝,出现暂时的挫折。很多学生容易产生沮丧、失望、自卑甚至恐惧情绪,尤其是家庭经济困难的学生,这类学生非常希望尽快找到工作以减轻家人的负担。因此,这类学生就业伊始就承受着巨大的心理压力。考研方面,学生普遍认为高学历就意味着更好的工作,这种考研预期一方面成为他们考研的动力,同时也给他们的学习造成压力。大四学生具有较强的自我心理调节能力。相对于其他年级,他们应对压力的整体方式是积极乐观的。面对暂时的困难和挫折,大部分大四学生都会再接再厉,迎难而上,战胜困难。只有少数学生会用消极的方法如沉溺于网络空间等方法来逃避眼前的压力和困境。

大四学生即将踏入社会开始新的征程,面临一个新的人生转折期。各种道路呈现在眼前,大家的选择各不相同,大四学生在学习、交往、生活等方面也出现分化态势。大四学生的学习状况出现两极分化,准备考研的学生一进入大四就投入到紧张的备考中,学习时间比任何时候都更集中和紧张,而决定就业的学生则忙于投简历、面试和实习,学习时间少之又少。大四学生的交往由原来与同辈间的交往为主转变为与家庭成员和校外人员交往为主。由于选择的不同,原来一起学习的同学交往会减少,学生在就业或者考研过程中与家人沟通和校外人员接触增多。大四学生在准备考研和忙于就业的过程,身心处在高度紧张的状态,压力也是最大的时候,随着部分学生完成考研冲刺,工作也有了比较理想的结果,其身心也将会处在非常放松和闲适的状态,呈现出与前期两种截然不同的状态。

二、大学生诚信教育体系的构建

大学生从大一到大四,不同阶段、不同方面有不同的成长发展特点。高等院校要结合大学生成长发展的规律和本校学科专业特色开展诚信教育,循序渐进、环环相扣,构建课堂内与课堂外相结合,理论与实践相结合,硬件建设与文化氛围营造相结合,有形与无形相结合,传统与现实相结合的立体教育框架。上海立信会计学院由"中国现代会计之父"潘序伦先生创建于1928年,潘先生借论语"民无信不立"之意取校名为"立信",强调会计人才最重要的素质是守信重诺。在这一办学要义的指导下,立信始终坚持诚信的办学特色,传承诚信的办学文化,探索具有立信特色的大学生诚信教育模式,逐步构建了"六环节—六目标"的诚信教育体系,努力培养具有诚信品格的高素质财经人才。

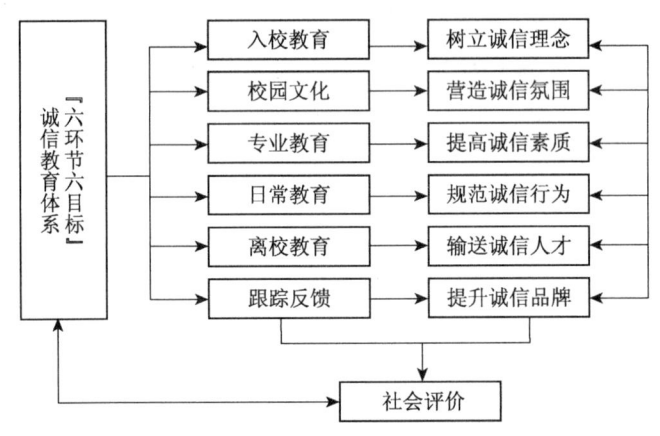

"六环节—六目标"诚信教育体系图

(一) 入校教育,树立诚信理念

理念是行动的原动力,诚信认知是诚实守信行为的思想基础。没有科学的诚信认知,就不会有正确持久的诚信行为。所谓入校教育就是在新生入校伊始就对其进行诚信方面的教育,这有利于引导和帮助新生树立远大目标,以良好的精神风貌投入大学生活的第一课,直接影响学生在校期间的行为和发展。大一新生在进入大学校园后需要面临一系列的角色转换,以便逐步适应在社会地位、学习和生活环境等方面所发生的重大变化。由于原有的心理平衡机制被打破,而新的平衡机制尚未建立,大一学生在这段过渡期中常常呈现出各种矛盾心理相互交织的状态。自立性与依赖性并存、放松感与紧张感交织、求知欲与厌学心共融等现象,在大一学生中十分常见,这类复杂矛盾的心理状态实际上是一种自我认同的危机和身份的焦虑,要化解这类身份焦虑和认同危机就需要拥有足够坚强和深沉的思想资源和理念信仰。同时,这一阶段也是学生个人成长过程中树立正确的人生目标和理想、建立完全的自我认同和发展批判思维与独立判断能力的关键时期,提供具有足够说服力并得到广泛认同的价值理念就显得尤为重要。因此,高校教育工作者应牢牢把握这种阶段性的规律,尤其在大一新生还具有盲目性、依赖性的重要时刻尽早进行诚信教育,播下诚信理念的种子,帮助新生在树立人生目标和理想的过程中认识到诚信为立身之本,在建立自我认同的过程中认识到诚信为处事之道,在发展批判思维和独立判断能力的过程中认识到诚信为责任之基。

在新生入学时开展诚信教育应充分发挥诚信传统潜移默化的作用。迈克尔·波兰尼、欧莱·凡德菲尔特等学者指出,在学习和认知过程中存在"默会知识"或"无意识智能"这一维度,这对人们的知识增长和日常行为发挥了重要的作用,有时甚至比"显白知识"更为有效,而一个群体中的传统往往就是"默会知识"的主要来源。因此,诚信教育应特别强调诚信传统的树立与弘扬,使之成为学生"默会知识"和"无意识智能"的重要组成部分,促使学生把诚信理念内化于心。另一方面,开展诚信教育要将知识与实践结合起来,因为认知理性与实践理性既有相辅相成的一面,也有显著差异的一面,能实现知行合一才是诚信教育的最终目的。因此,对新生加强诚信教育不仅要重视诚信知识的讲解与传授,更应通过丰富多彩的诚信实践树立学生对诚信理念的内心认同。

立信把诚信教育作为新生入校教育的第一课,坚持理论与实际相结合,引导师生从情感、思想、文化逐步认同学校的诚信理念。重点抓好三个载体:一是组织新生观看校史纪录片、参观校史馆,了解老一辈立信人诚信为先、艰苦奋斗的事迹。校史纪录片是最直观的视觉和听觉冲击,校史馆图文并茂的画面和实物展示等,向学生生动展现了学校的发展轨迹和艰苦办学的历程,特别是学校"诚信"的办学文化一脉相承、代代相传,对于学生的感染是直接而巨大的,激发学生树立将这种诚信精神和诚信文化传承发扬光大的责任感和使命感。二是对学生进行"大学生与诚信"专题讲座、诚信校训讲解等教育。一入校就让学生知道学校"信以立志、信以守身、信以处事、信以待人、毋忘'立信'、当必有成"的校训，"诚信、实用、开放"的办学理念和"诚信教育、学验并重"的办学特色，诠释诚信对于学校存在和发展的意义，使学生把诚信与学校和自我紧密联系起来，把诚信作为身为立信人最重要的品质。三是开展诚信主题班会、诚信宣言、诚信签名等特色教育活动，让学生投身到以诚信为主题的相关活动中，深化学生对诚信精神的理解，深刻认识到诚信也是人生之本，是大学生事业发展的基石。

（二）校园文化，营造诚信氛围

校园文化具有教育、导向、凝聚、陶冶、创造、辐射、激励等功能。校园文化对大学生的思想观念、价值取向和行为方式有着潜移默化的影响，悄无声息地熏陶、感染每一个个体，使个体的言行举止都染上它的痕迹，从而形成某种趋向和定势。育人功能是校园文化的首要功能，也是校园文化区别于其他组织文化的一大特色。校园文化的教育功能主要体现在塑造思想、陶冶心灵、培养能力、发展个性和促进人的社会化。和谐的校园文化环境可以在知、情、意、行各方面综合塑造人的品德，丰富多彩的校园文化活动是学生最易于接受的德育方式。

校园文化建设包括物质文化和精神文化两个方面。学生在大学的不同阶段对校园文化的感受和理解是不同的，由物质文化到精神文化逐步深入的。校园人文景观通过符号化的物质环境展现学校的传统与特色，是校园文化最直接与显白的物质载体；它通过历史意义与实用价值、审美功能与教育功能的和谐统一，发挥环境育人的重要作用。刚入校阶段，学生首先直观感受到的是校园的景观环境，特别是有没有一些学校特有的标志性建筑和自然、人文景观，从中体味学校的特色所在。精神文化是大学文化的核心，是大学发展的理想、信念、追求和动力，也是大学独有的气质和大学存在的根本。随着大学生活的深入，大学生参与到越来越多的专业学习、社团活动以及校园文化活动中，在接触每一个人、处理每一件事、参加每一次活动的点点滴滴中，对这个学校的精神文化所在会不断有所认识和了解。感受校园文化精髓的同时,融入校园文化,光大校园文化。校园文化建设需要把握学生的这一认知规律,把诚信教育元素融入其中,既要充分重视科学合理设计建造具有诚信内涵的人文景观,营造浓浓的诚信氛围,又要结合大学四年学生不同发展阶段的特点与需要,开展一系列丰富多彩的诚信主题校园文化活动。尤其要在开展校园文化活动的实践中逐步打造一批特色鲜明的精品项目,使之成为校园文化中的认知典型。奥地利哲学家维特根斯坦曾指出范畴成员之间存在的家族相似性,美国语言学家拉波夫等学者据此发展了认知科学中的典型范畴理论,认为人们在认知过程中总是以典型成员为原型把握某个范畴或概念。因此在校园文化建设中,以学生为主体,通过各种学习实践活动,通过品牌文化活动的认知典型作用,树立诚信文化在校园生活中的中心地位,潜移默化地培养大学生的诚信意识和理念,让大学生自觉形成关于诚信的价值观,领悟诚信的精神和内涵,并将其内化为个人品质,以此完善学生的价值体系、理想信念,逐渐培养学生健全的人格,从而实现人的全面发展,最终达到育人的真正目的。

立信正是深刻把握住这些规律,有机融合自身办学传统,把诚信精神融入校园文化建设的每一环节:一是融入校园人文景观建设。建立诚信广场、诚信柱、诚信墙等立信特色校园人文景观。诚信广场、诚信柱正对学校大门,踏进校园就映入眼帘,是学校最醒目的景观,取义于商鞅变法中的"城门立柱、取信于民",生动的故事情节和美丽的校园景观相融合,使学生更直观地了解诚信的内涵,感受学校崇尚的精神与理念;深入挖掘校史、校训、校情中的诚信内涵,开展为校园路、楼、桥、河等建筑物及景观命名活动,道路、河流、桥梁和教学楼都冠以具有学校历史发展轨迹的名称,每每见到这些景观、听到这些名字,都会让人浮想联翩,为学校悠久的办学历史和独特的校园文化而自豪,对学校的热爱、对诚信的坚定之情油然而生。学校考证整理出了创作于上世纪 40 年代的校歌,为校歌配乐,录制多声部校歌演唱版,通过广播台、校园网等校内媒体大力推广传唱,每天上午、中午课间,校园里都会响起具有深厚文化底蕴的《立信校歌》,在歌声中,促进师生感悟立信办学的历史文脉。二是融入校园日常文化活动。诚信是立信校园文化和竞赛活动永恒的主题，并且不断赋予它时代的特色。学校积极开展"大学生诚信教育论坛""诚信"主题辩论赛、诚信漫画展、"诚信伴我行"网上短信征集大赛、拍摄诚信主题 DV、构建诚信书屋等形式多样、内容活泼的系列诚信主题活动，使学生在活动中牢记诚信校训，将诚信深深镌刻在内心深处、落实到具体行动中。三是融入校园文化品牌活动。校园文化品牌活动最能体现学校的诚信特色。学校开展校园文化建设年、潘序伦教育思想研讨、"诚信文化校园行"等活动，在全校师生中掀起诚信办学思想的系列讨论和诚信特色的凝练活动，其中"诚信文化校园行"活动得到上海市委宣传部和上海市教委的重视，在全市大中小学范围内推广。学校还紧紧抓住校庆和创始人潘序伦诞辰日等重要纪念日活动契机，建立中国会计博物馆、扩建丰富校史馆等，传承和创新潘序伦诚信教育思想、会计教育思想，深化诚信教育内涵，提升师生的诚信文化自觉。

(三) 专业教育，提高诚信素质

诚信在许多行业中是基本的职业道德规范，在评估从业人员综合素养中占有十分重要的地位。财经金融从业者的功能发挥尤其依赖于其社会公信力，因此许多行业协会制定了强调诚信、客观、专业能力胜任等要求的职业道德准则。美国注册会计师协会（AICPA）制定的《职业行为准则》认为诚信是职业获得认可的基本特征，是检验所有决策的标准；国际会计师联合会（IFAC）制定的《职业会计师伦理准则指南》强调会计人员在所有的职业和商业关系中应保持正直和诚实；中国注册会计师协会（CICPA）制定的《中国注册会计师职业道德守则》也要求会计人员保持正直和诚实守信。可见，诚信准则是行业道德规范尤其是会计职业准则中极其重要的基本原则，而提高从业人员的职业道德素养则需要发挥学校教育的核心作用。研究表明，专业教育的训练和熏陶是培养学生诚信职业道德素养的重要环节。美国 Siegel 等认为，会计专业教育在学生形成职业道德判断标准时扮演着极其重要的角色，学者 Jeffrey 也发现会计学专业的高年级学生比其他的人文学科专业的学生以及管理学专业的学生的职业道德判断标准要高；我国学者吕伟对中国学生的调查研究显示会计学专业学生的职业道德判断标准更为严格，而且在不考虑工作（专业实践）经历、经验的前提下，受教育时限有助于严格道德判断标准的形成。[①] 国内外的相关研究均表明，会计专业教育对诚信职业道德素养的培养具有十分重要的作用，因此诚信职业道德素养的培养必须与专业教育相结合，使得专业素养教育与职业道德教育相互促进，从而培养全面合格的财经人才。

专业教学中对大学生的诚信道德教育要考虑到学生各阶段的心理思想特点和学习规律，寻求采用对各阶段的大学生来说是最有效的接受方式。大一新生还处在新鲜认知阶段，因此在他们一入校就要把诚信教育贯穿在各门课程的讲授过程中，加强宣讲灌输，旗帜鲜明地加以倡导，让诚信理念直接输入新生的头脑与内心；大二、大三的学生思想趋于成熟，对他们再采取过多的灌输就会起到反作用，引起逆反心理，更多的是要结合教学案例和社会实践进行有针对性的诚信教育；对大四的学生则要紧密结合就业指导进行诚信职业道德教育，不断加强和深化对学生诚信职业道德的培养。同时大学生逐步对是非对错有比较明确的自我判断，如果教师和管理人员不诚信，要求学生诚信是没有任何说服力的。目前，许多高等学校已将诚信教育作为一个重要组成部分纳入专业教育中，但是在教师诚信、教学方法、课程设置等方面仍然存在不足。其一是很多学校仅仅重视对学生学习考试的诚信规范，而忽略了对教师教学科研的诚信要求；教师和学生是教学活动中的两大主体，诚信教育是教师与学生的互动过程，《礼记·学记》所谓"教学相长"就是对教学活动中师生互动、共同进步的精辟概括，教师在教学科研活动中的诚信示范，有利于为学生树立诚信榜样、构建诚信环境，对学生形成潜移默化的影响。其二是职业道德素养课程偏重于理论概述，而忽视了案例教学；专业教育中的职业道德素养课程应吸取高等学校思想政治类课程的经验与

---

① 转引自吕伟：《高校专业教育对职业道德形成的影响——一个实验研究》，中国大学教学，2011 年第 3 期，第 88、91 页。

教训,仅仅进行职业道德规范和准则的灌输,其教学效果是值得怀疑的,学生无法对诚信规范的重要性及意义有具体的感知,长期的重复灌输也容易使学生对此感到厌烦和不感兴趣。结合理论规则的阐述和案例分析则可以化解此类矛盾,使学生在具体案例的分析中加深对职业道德准则和诚信规范的感性认识和理性把握,通过反面案例的深入剖析使学生充分了解任何舞弊行为不仅是不符合道德规范的行为,也是存在巨大风险并极易被审查出来的行为,通过正面案例的分析,使学生加强对职业道德规范的认同。其三是仅仅重视课堂教学,而忽视了实践学习中诚信知识和能力的实际运用。诚信作为一种道德规范仅仅依靠知识传授是远远不够的,更重要的是通过实践运用来促成诚信行为习惯的养成。德国哲学家康德区分了纯粹理性与实践理性,后者作为伦理规范是依靠人的自由意志来达成的,不能单从理论和知识的把握推导出来,所以诚信教育必须重视实践性教学,通过培养学生的责任意识来促进诚信行为规范的内化,引导学生从责任伦理的角度做出正确的选择。因此,将诚信职业道德素养的培养融入专业教育应当注重三个结合,一是教师教学科研诚信与学生学习考试诚信之间的结合,二是诚信知识理论教学与诚信案例分析教学之间的结合,三是诚信课程教学与诚信实践教学之间的结合。

立信把诚信要求融入到教师的教学科研与学生的专业学习中。倡导诚信"三进":一是进科研,教师的科研诚信直接影响学生学习考试的诚信。学校制定《科研工作道德行为规范》,要求教师保持学术自律,遵守学术道德,恪守学术规范,"严谨治学,诚信为人",以教风带学风。对于违反科研道德行为的人员通报批评,取消其相关科研成果的科研工作量,暂缓或取消其申报相关类别课题项目的申报资格等。二是进课堂,要求教师把诚信职业道德教育摆在重要位置,贯穿于教学全过程。每位教师在专业教学过程中都要开展诚信职业道德教育,同时学校专门开设《财务舞弊案例剖析》《舞弊审计》《职业道德与操守》等课程,通过诚信正反面案例教学,让学生思考究竟是会计人员职业判断失误还是违背会计职业道德作假,在讨论中进一步引导学生树立职业道德观念,提高职业判断能力和诚信素质,学会如何拒绝各种经济利益的诱惑而坚守职业道德标准。三是进实践环节,开展诚信主题社会实践活动。无论是暑期社会实践还是学生专业学习实践,把诚信作为重要主题贯穿其中。组织师生赴周边省市利用所学,向社会普及财经金融、财政法规知识,为企事业单位及普通民众规范经济行为、规避信用诈骗等提供服务。学校还定期组织学生到立信会计师事务所开展学习实践活动,事务所的会计专业人员和注册会计师,用亲身经历对学生进行职业道德教育和职业判断教育。

(四)日常教育,规范诚信行为

诚信不仅是一种基本的职业道德准则,更是一种待人处事的基本道德规范。上海立信会计学院创始人潘序伦先生为学校定下的校训就强调"信以立志、信以守身、信以处事、信以待人",把诚信作为贯穿个人日常行为的根本守则。诚信道德规范并非通过几次专题教育或校园活动就可以成为学生立身处世的基本原则;学校教育也一再强调诚信并不仅是一种知识或理论,通过课堂讲授和案例分析就可以完全成为学生的行为模式;诚信更重要的是一种实践规范,学生的每一次选择都是一次检验诚信规范是否内化于心的测试,长久的积累才能形成诚信行为的习惯与责任意识。常说习惯成自然,古罗马诗人奥维德说"没有什么比习惯的力量更强大",撒切尔夫人说"小心你的思想,因为它们会成为言辞;小心你的言辞,因为他们会成为行为;小心你的行为,因为他们会成为习惯;小心你的习惯,因为他们会成为性格;小心你的性格,因为他们会成为命运"。习惯在人的成长过程中发挥着极大的作用,养成良好的习惯也就显得至关重要。诚信教育的目标之一就是促成诚信行为习惯的养成,这就需要在日常教育中全方位、多层次、长时段地体现诚信规范的重要性。大学生活是丰富多彩的,在专业学习之外,支部生活、主题班会、社团活动等均是学生参与准公共生活的平台,也是培养学生诚信意识和行为习惯的重要机会,诚信教育要取得积极的效果就需要融入学生生活的各个层面,使学生在每一次的自主选择中重温诚信规范的力量,从而形成责任伦理的思考方式,将外在规范内化于心。大学学习也是一个连续的过程,从大一到大四,各个年级的学习和生活自然有许多不同,但诚信行为习惯的养成是贯穿整个大学阶段的总体目标,因此诚信教育要真正深入学生的思想意识,就需要结合大学四年的不同特点,融入每一个时间段,使学生在长时段的规范和启发中潜移默化地养成诚信的思维模式和行为习惯。

目前,诚信规范的日常教育虽然受到越来越多的关注,但在具体的方式方法上还存在一些不足之处。首先是缺乏制度性的评估考核机制。日常教育是一个宽泛的概念,如果缺乏对师生遵守诚信道德规范的制度性评估考核机制,所谓日常教育很容易流于碎片化、形式化,停留在运动式教育的层面,学生的诚信状况也随政策的变化呈现忽高忽低的不稳定状态;所谓"不以规矩,无以成方圆",制度性的评估考核机制可以形成一种整合的、长效的、规范性的约束力量,使得日常诚信规范教育有一个坚实的着力点。其次是忽视学生的主体作用。我们在日常教育中往往只重视对学生行为的监督和引导,而不注重发挥学生的主动性,尝试让学生在无人监督的情况下做出正确的选择;前者使我们满足于一种压力下的平衡,学生的规范行为是出于一种外部压力,在压力解除之后的表现则是无法预料的;后者则是学生的自然状态,也是在进入社会和踏上工作岗位后的常态,如果大学阶段能在零压力下做出正确的抉择,那么诚信和责任意识也就真正内化为其行为模式了。发挥学生的主动性也是培养学生健全人格和独立精神的重要手段,外部压力的强制和道德绑架下的胁迫不能真正使学生对诚信责任和奉献精神产生内心认同,独立自主、自我管理的校园环境才能激发学生的公益精神和责任意识,正如孟子所说,"恻隐之心、羞恶之心、恭敬之心、是非之心"是人皆有之的"善端",充分发展这四善端也就产生了"仁义礼智"的德行,亚当·斯密也认为"怜悯与同情的本能"和"心心相通的愉悦"是人的普遍情感,人人皆有利他主义的一面,这些与生俱来的自然情感和意识在没有外在压力的情况下最容易流露出来,从而发扬为高度的社会责任感和奉献精神。

立信在日常教育中做到"四个结合":一是把诚信与师德建设相结合。教师的师德对学生具有直接的影响和感化作用,学校制定《加强和改进师德建设的若干意见》《上海立信会计学院师德规范》《上海立信会计学院师德底线要求》等文件,在学生评教指标和教师的各类评奖评优中增加诚信师德分值比重;抓好"为人、为师、为学"师德论坛等活动,开展感动立信人物、我心目中的好老师、师德标兵等一系列评选,树立诚信先进典型,大力倡导敬业爱生的奉献精神,以教师的人格魅力教育和带动学生。二是把诚信与学生思想品德考核相结合。学校出台《学生德育测评办法》,把诚信状况作为大学生思想品德考核的一项重要内容;同时,建立诚信档案,学校对学生在学习、生活中各种不诚信的行为进行记录,严重的失信行为进入学生档案。三是把诚信与学生的主观选择性发挥相结合。2005年12月,学校财务管理专业6班向全校发起诚信考试倡议书,在接下来的期末考试中该班向学校申请采取免监考形式,培养自律意识,树立诚信观念。无人监考考场科目通过班级申报,班级同学签署诚信考试承诺书,由学校相关部门审批。无人监考科目在考试时,由老师发放试卷后整个考场采取无人监考形式,考试结束时再由老师收回试卷。从2005年至今每年都有班级申请无人监考,现已拓展至全校所有二级学院。几年来,无人监考考场考试科目由毛泽东思想概论等公共基础课到会计学原理、中级财务会计、财务筹划、统计学、经济学等专业必修课,申报无人监考考试的科目次数也逐渐增加。通过这一形式推进学校的诚信教育,弘扬诚信精神,在广大师生中引起较大反响。学校还在学生公寓区推出诚信超市,受到学生欢迎。四是把诚信与思想政治教育新载体相结合。易班是思想政治教育的新载体,学校搭建易班诚信育人新平台,开拓网络思政育人新空间。在诚信教育过程中,学校将诚信教育与易班建设结合起来,凝练立信易班网络思政的诚信教育特色,开展了系列易班诚信教育活动,开展了"诚信伴我行"诚信格言易班征集活动,得到了上海市高校学生的纷纷响应;组织了"大学生诚信教育易班特色项目评选"活动,开展了"立信诚信墙,我们在一起"易班网上签名活动,扩大了学校诚信教育的社会影响力,使诚信教育与大学生思想政治教育借助新的网络平台发挥出更大作用。

（五）离校教育,输出诚信人才

毕业生离校阶段是学校与社会相衔接的中间环节,也是检验学校四年教育成效的关键阶段。毕业生经过大学四年的历练和成长,对自我有了清醒的认识,对将来的道路也有了比较明确的选择,但是面对社会的激烈竞争和种种不良现象,在理想与现实的抉择中也会丧失坚守的信念和原则。最直接的就是随着我国高等教育由精英化向普及化的发展,高等学校的招生规模不断扩大,毕业生就业压力和求职竞争激烈度也随之不断增加,面对如此困境,毕业生在离校阶段和就业过程中容易为了获得竞争优势而做出不诚信的行为。长期以来,我国的高等教育实行了"严进宽出"的原则,对学生入学资格的考核十分严格,而对毕业生的资格审查则相对宽松。这种模式存在的问题是显而易见的,然而过去精英化的高等教育和计划经济体制下的人力资源分配制度一定程度上掩盖了这一问题;在高等教育普及化的趋势下,这一模式的不足之处逐渐凸显,用人单位对不合格应届毕业生的抱怨也越来越多。就业诚信问题已经成为社会关注的焦点,开展诚信就业教育已成为毕业生离校教育的当务之急。近年来,国家针对困难学生的资助幅度不断加大,许多家庭经济困难学生申请了国家助学贷款,从而顺利完成了学业。及时偿还贷款本应是受资助学生毕业后义不容辞的责任和义务,然而有少数毕业生故意拖欠贷款,不仅给相关银行带来较为严重的风险和损失,也对自己的信用记录造成了不必要的损害。这一现象随着助学贷款资助范围的扩大也越来越受到政府和相关银行的注意。由此可见,在受资助学生中开展有针对性和富有成效的个人信用意识教育十分迫切。诚信离校教育的意义不仅在于培养符合用人单位要求的合格人才,更在于培养构建现代诚信社会负责任、有担当的优秀公民。毕业生离校阶段是高等教育对学生发挥影响力的最后一个关键节点,高等学校应抓住这一时间节点开展诚信离校教育,为社会输送具有高度责任意识和独立精神的优秀公民,从而为建设以信用为基础的现代社会贡献力量。

开展离校教育时应注意做好普遍教育与个别教育的结合。如何保证学生在简历、面试、签约等求职环节中的诚实守信是离校教育中的共性问题,所以学校应当在全体毕业生中广泛开展诚信就业教育,力求全面覆盖和长期有效,真正使每一位毕业生树立正确的求职观念。另一方面,毕业生也因经济条件、心理特点、毕业去向等方面的不同而各自面对不同的问题,离校教育也要针对特定群体采取不同的教育方式,例如申请国家助学贷款的学生在毕业季要额外面临助学贷款偿还的压力,为了保证贷款偿还的及时就有必要加强对这一群体的信用意识教育,使他们尽早建立对信用制度的理性认识和感性认同,尽快适应现代银行信用制度的运作,形成良好的信用记录。广泛开展诚信就业教育不仅使应届毕业生在就业市场因良好的职业道德素养获得更高的评价,也激励了在校学生对诚信立校原则的认同和自豪,为诚信文化的传承奠定坚实的基础。

立信以诚信就业为重点,有针对性地开展毕业生诚信教育,确保向社会输送合格的诚信人才。举办"诚信就业系列讲座",邀请成功校友返校作诚信事迹报告,提倡诚信履历,上好学生离校前的最后一课,引导毕业生在自我推荐和签约等过程中秉持客观、公正、真实、严肃、认真的态度,规范学生的择业行为。在毕业典礼上,学校还隆重举行毕业典礼"诚信宣誓"活动,凸显毕业教育中的诚信元素,进一步强化学生的诚信品质。学校还注重强化国家助学贷款毕业生的信用意识,提醒和要求毕业生按时还款,每年学生助学贷款还款率达到100%,《中国教育报》曾报道上海立信会计学院连续创下了多个"零纪录",银行统计显示"零风险",让大学生深刻领悟到,诚信是为人处世之道,更是财会类学生职业道德中不可缺失的"金字招牌"。立信的历届毕业生也因为职业操守良好、业务适应性强,受到社会的普遍欢迎。麦可思公布的2009年度中国大学就业能力排行榜,在全国非211本科院校毕业生就业能力排名中,立信位居第一。2011年学校还被评为"上海市高校毕业生就业工作示范性创新基地",2012年荣获教育部"全国毕业生就业典型经验高校"称号。

(六) 跟踪反馈，提升诚信品牌

1. 诚信教育是一项系统工程

诚信教育是一项系统性工程，不仅要发挥学校的主导作用，也要与社会形成良性互动，全面了解学校毕业学生在工作岗位、社会活动中的诚信状况，及时获取用人单位对毕业学生在职业道德素养和专业知识技能等方面的反馈信息，从而与企业、社会共同推进诚信教育体系的完善。特别是了解毕业生在离开学校、进入社会后一些心态和行为的变化，对于更好地开展在校学生的诚信教育具有重要的参考意义。当前高等教育领域竞争激烈，高等学校的学生培养工作能否得到用人单位的认可直接关系到学校的办学声誉和长远发展，从某种程度来说，高等学校类似产业链中间的企业，家长类似上游的供应商，用人单位则相当于终端客户，毕业生能否获得用人单位的好评直接关系到高等学校在招生市场和就业市场上的核心竞争力。

2. 做好毕业生信息跟踪和比较分析的工作

持续做好毕业生就业信息的跟踪调查和比较分析有以下几方面的意义：一是可以直接反映学生在简历、面试、签约等过程中是否做到诚实守信的真实情况，从而对改进和完善离校教育阶段的诚信就业教育提出具体的意见，使以后的诚信就业教育更有针对性；二是可以对专业教育和日常教育的具体效果作出客观的评价，这对进一步完善培养目标、改进教育方法、优化课程体系、健全评估考核制度等都具有很强的指导意义；三是可以为今后的诚信教育提供正反两面的典型事例，丰富诚信教育的内容和意义。用人单位的信息反馈有助于构建诚信教育的闭环管理模式，六环节中的入校教育、专业教育、日常教育、离校教育等阶段均设定了诚信教育的方法与目标，跟踪反馈则可以提供以上环节持续改进并不断接近目标设定所需的必要信息，从而使得整个诚信教育体系不断完善与稳定。此外，通过及时发布第三方专业机构出具的就业调研报告可以树立学校诚信办学的品牌，提升社会公众和用人单位对学校的认可度。做好毕业生的跟踪调查也能加强和拓展与用人单位之间的联系,为促进产学研一体化和实践实习基地建设创造了机遇。

3. 毕业生就业信息跟踪需注意的问题

毕业生就业信息的跟踪反馈需要注意一些问题。首先是采用问卷调查(包括纸质和网络)与电话沟通、实地走访等多种方式相结合的原则。问卷调查虽然具有操作方便、形式多样等特点,但获得的反馈数据较难保证质量,对后续的比较分析也会造成难以估计的影响;电话沟通和实地走访则可以避免调查反馈数据质量难以保证的困难,也可以通过面对面或准面对面的交流方式与用人单位建立良好的合作关系,但效率不高、成本偏高则是其缺点;因此,结合多种方式展开调研能够集聚不同手段的优势,从而更加高效地获得真实、有效的毕业生就业反馈信息。其次,毕业生就业信息的跟踪调查还应重视高校自身调研和第三方专业机构调研相结合的原则。高等学校了解自身的人才培养情况和毕业生择业就业的一般规律,可以更有针对性地以自身关注的重点问题开展调研工作,但由于利益相关方的原因,调研结果的客观公正性较难获得公众和社会的积极认可;第三方专业机构则因其专业性和独立性可以使调研更具有科学性和客观性,从而避免高校自身调查的一些缺点,使调研结果更加具有社会公信力;因此,结合自身调研和第三方专业机构调研才能够满足高校和社会公众对毕业生就业信息调研的不同要求和期待。再次,应充分运用跟踪反馈获得的调查结果改进诚信教育各环节的方式方法和目标设定。目前,毕业生就业信息的跟踪反馈工作主要由就业管理部门开展,而专业和课程建设则由教学管理部门落实,反馈结果往往不能及时融入到专业和课程教学改革中去,针对市场的需求和反映,采取积极有效的应对措施。因此,应切实加强学校各部门之间特别是就业和教学相关部门的协调合作,共同参与到就业信息的跟踪调查、反馈结果的比较分析和改进方案的设计跟进中去,不断提高人才培养质量,真正形成诚信教育体系的闭环管理模式。

立信非常重视毕业生的跟踪反馈,设计"毕业生面试情况反馈表",建立"毕业生跟踪机制",每年开展"走访百家用人单位"、毕业生就业状况调研等活动,详细了解立信毕业生在社会上的诚信状况,根据社会反馈的信息进一步完善诚信教育体系,充实诚信教育内容,在学校与社会之间实现良性互动、形成诚信教育合力。"走访百家用人单位"活动调查显示,用人单位尤其提到,立信的学生讲诚信,能够遵守各种纪律和职业道德。立信会计师事务所董事长朱建弟先生对立信毕业生情有独钟,他曾说"立信学生有良好的团队合作精神和执业水平,特别是良好的诚信品格,获得客户好评。从 90 年代至今,我们事务所中 50% 以上的员工来自于立信,不少人已成为部门经理。"东方海外货柜航运有限公司曾连续 5 年录用立信毕业生,当时总经理叶建平曾说:"他们牢记'信以立志,信以守身,信以处事,信以待人,勿忘立信,当必有成'的校训,诚信对待每一个人,每一件事,一举一动都体现了良好的素质。"在上海学生事务中心委托第三方所开展的评估中,立信毕业生的职业忠诚度、实践动手能力以及综合素质都得到了用人单位的普遍认可。

参考文献

[1] 杨晓慧. 当代大学生成长规律研究[M].北京:人民出版社,2010.

[2] 谭德礼,江传月,刘苍劲. 当代大学生思想特点及成长成才规律研究[M].北京:人民出版社,2012.

[3] 杨雄. 关注改革开放后出生的一代:华东地区大学生调研报告[M].上海:上海社会科学院出版社,2008.

[4] 王卫红,杨渝川. 大学生学习方法的特点及教育对策研究[J].西南师范大学学报(哲学社会科学版),1997(4).

[5] 李卫东. 重视网络道德教育,正确引导大学生网络行为[N].光明日报,2007.8.1.

[6] 唐海燕. 财经人才诚信品格的塑造[N].光明日报,2012.7.23.

[7] 王妍. 财经类大学生诚信教育体系构建——以上海立信会计学院为例[J].财会通讯,2013(28).

11 大学生诚信管理体系研究

张颖香

【提要】大学生诚信目标的实现需要一套有力的管理体系来保障。本章将大学生诚信管理作为研究对象,借鉴国外相关经验,并结合国内高校的实际状况,探索行之有效的大学生诚信管理措施和管理体系。分为五部分阐述:问题的提出;大学生诚信管理综述;当前大学生诚信管理现状及原因分析;国外大学生诚信管理方法及启示;构建新时期大学生诚信管理体系。

管理是门艺术,也是门科学。科学有效的管理是促进目标实现的有力保证。管理大师莫纳汉认为,"面对现代社会的每个主要问题,分析到最后,总是一个管理的问题,……每个社会问题,最后都要通过管理职能的某种方式求得解决。"近些年来,随着我国社会经济的不断发展,管理问题越来越引起人们的重视,党的十六届四中全会提出了加强社会建设和管理、推进社会管理体制创新的要求,此后,各个领域内的管理问题逐渐引起人们的重视。

我国素来有重教育轻管理的传统。本书所阐述的大学生的诚信管理问题是一个较新的话题。一般来说,我国高校比较重视大学生的诚信教育。由于缺乏一定的管理措施,其结果往往不明显。对于大学生诚信缺失问题,国外很多国家采取了标本兼治的方针,教育与管理并行,重在建章立制,从制度层面、管理层面进一步完善,国内很多大学大学生诚信教育停留在说教层面较多,管理方面较为薄弱。因此,我们有必要借鉴国外大学生诚信教育管理的相关经验,进一步促进大学生诚信目标的实现。

本文将着重阐述大学生诚信管理问题,力图为当前高校大学生诚信人才的培养提供一定的启发与借鉴。

一、问题的提出

"诚信"是个古老而又年轻的话题,古今中外对于诚信内涵的理解有着基本的共同点。诚信人生修养的重要内容,于己、于人、于社会都有重要的作用,因此，诚信是一种通用的公共价值观。在资本市场逐渐形成扩大以后，诚信又有着新的涵义，突破传统道德层面，成为影响制约市场经济健康发展的重要法则。

改革开放以来，随着市场经济的建立和发展，诚信问题日益得到人们的关注，在经济领域，我国每年由于诚信问题而造成的经济损失高达数千亿，严重影响和阻碍了社会主义市场经济的健康发展。同时，诚信也引发诸多的社会问题，食品安全、网络诈骗、政治腐败、文化道德滑坡等，可以说，诚信问题是阻碍社会发展的瓶颈问题。

在这种社会环境的影响下，大学生群体中也不同程度地存在着诚信缺失现象。当前，大部分大学生具有良好的诚信素养，能够诚信为人处世，把诚信作为自己的人生道德操守践行。但也有部分大学生忽视对自己的诚信道德约束，缺乏诚信。主要表现为以下几点：

一是考试作弊。考试作弊在高校屡禁不止，考试作弊的手段五花八门，甚至内外联络，使用高科技手段。由于考试作弊也引发了一些非常事件，如学生跳楼。也有的家长到学校闹。因此，学生考试作弊是高校面临的一大难题，屡禁不止。学校、老师、家长、学生都不愿直面这样的情景：学生中断大学学业，黯然离开。那些离开大学的学生很少有再考上大学的，前景并不乐观。

二是学术抄袭。近年来，大学生学术抄袭现象越来越严重。从做作业到毕业论文，网上抄袭甚至花钱找人代笔；有的老师布置作业，发现班级学生的作业有很多是雷同的；有的学生直接从网上下载，不动一字；图书馆杂志相关文章经常被撕毁。当学生把抄袭视为顺理成章的事情而没有任何羞耻感时，不能不说我们诚信教育的薄弱。

三是求职失信。企业招聘时，经常对学生简历的完美感到困惑，不知真实度有多少。许多学生为了求职顺利，过度美化简历，从学习成绩到获奖情况、实习情况、担任职务等。甚至出现了一个班级有8个班长的现象。这种现象的出现不仅反映了学生就业的不诚信，也对就业市场秩序产生了严重的干扰，可能使一些优秀诚信的学生失去好的机会，使企业招不到合适的人，学校、企业、学生间的信任度降低,将是巨大的损失;大学生实习过程中,也有部分学生缺乏诚信,随意违约,不认真履行合同规定,给企业造成了很大损失,也影响了就业市场秩序的健康发展。

四是缺乏信用。目前,大学生的经济行为不仅仅表现在贷款、缴学费、申请奖助学金等校园行为,还有信用卡支付等其他经济行为。在经济行为中,大学生经济不诚信表现有拖欠学费、无故不按时还贷、申请奖助学金信息不真实等情况。据统计,每年有学生拖欠银行贷款,使得有些银行不得不关闭了贷款的大门,甚至将学生告上法庭。国家每年有相当大的资金用于资助困难学生的助学金,有些学生并不属于困难生却提供不真实的信息,占用助学金,也影响了真正困难的学生获得资助;有的学生恶意透支信用卡,或是网络交易不诚信,影响了市场经济的有序发展。

五是网络失信。目前,大学生网民越来越多。有些大学生在网络空间存在着很多的不诚信现象。如个人信息不真实、语言不文明、发布虚假信息、网络经济行为失信等,这些现象不利于我国网络社区建设,也不利于和谐社会建设。

以上问题的存在不仅不利于大学生自身的健康成长和高校实现社会主义合格建设者和可靠接班人的人才培养战略目标,也对我国社会主义市场经济的健康发展及和谐社会建设产生了不利的影响。今天的大学生就是明天国家的主人,因此,大学生诚信与否至关重要。

近年来,大学生诚信问题越来越得到人们的关注,国家相继出台系列文件,对大学生的诚信教育做了明确规定。如《中共中央国务院关于进一步加强和改进大学生思想政治教育的意见》提出,"要加强大学生诚信教育";《高等学校学生行为准则》提出,大学生要"诚实守信,严于律己";《公民道德建设实施纲要》规定,公民要"明礼诚信";"八荣八耻"中提出,青少年要"以诚实守信为荣,以背信弃义为耻";社会主义和谐社会的内容有"诚实守信",等等。

相比较国家相关诚信教育体系的不断完善,高校的诚信教育与管理发展不均衡,具有重诚信教育轻诚信管理的现象,没有规范的诚信管理,诚信教育效果不理想,大学生诚信缺失现象层出不穷,近年来,开始出现高科技作弊手段技术。面对这些,单一传统的诚信教育往往显得无能为力。

大学生是祖国的未来,民族的希望,肩负着实现中华民族伟大复兴的历史重任,他们的诚信状况如何将对国家的发展、民族的未来产生深远而重要的影响。塑造大学生诚信的道德品质是高校人才培养的目标,为此必须要建立起相应的诚信管理机制,以成熟完善的管理机制来促进大学生诚信目标的实现,因而,探究大学生诚信管理问题具有重要的现实意义。

"工欲善其事,必先利其器"。大学生诚信目标的实现需要一套有力的管理体系来保障。诚信道德教育属于道德精神层面。目前,中国正从传统走向现代的社会转型期,必须加强思想政治教育管理方法的研究,运用一定的管理手段和规章制度,确保诚信教育有效。

本文将大学生诚信管理作为研究对象,借鉴国外相关经验,并结合国内高校的实际状况,探索行之有效的大学生诚信管理措施和管理体系。

二、大学生诚信管理综述

管理是一种社会现象,也是一种文化现象,伴随着人类发展的全过程,人类的发展过程也是管理的实践过程。任何一种社会活动、组织运行都要有相应的管理体系来支撑。大学生诚信这一目标的实现在教育的基础上必须加以完善的管理才能取得实效。

(一) 什么是管理

什么是管理? 对于这一问题的解释仁者见仁智者见智。一般认为,"管理(Manage)是社会组织中,为了实现预期的目标,以人为中心进行的协调活动。它包括 4 个含义:第一,管理是为了实现组织未来目标的活动;第二,管理的工作本质是协调;第三,管理工作存在于组织中;第四,管理工作的重点是对人进行管理。管理就是制定、执行、检查和改进。制定就是制订计划（或规定、规范、标准、法规等）；执行就是按照计划去做，即实施；检查就是将执行的过程或结果与计划进行对比，总结出经验，找出差距；改进首先是推广通过检查总结出的经验，将经验转变为长效机制或新的规定；再次是针对检查发现的问题进行纠正，制定纠正、预防措施。"管理是一门科学，对于现代社会功能健全的社会组织来说，目标、绩效都与管理有很大的关系。

大学生诚信这一目标的实现同样需要一定的管理来实现。

（二）大学生诚信管理含义及功能

1. 大学生诚信管理含义

大学生诚信管理即高校在实施大学生诚信教育过程中所实行的诚信计划、组织、领导以及考核、监督、保障等管理过程。大学生诚信管理既是一种目标管理，也是一种过程管理。具体地说，就是高校在大学生诚信教育过程中，实施的一系列的规章制度、保障措施等，旨在提高大学生的诚信素养，培养诚信的校园文化，使学生在潜移默化的环境中养成诚信的习惯。

大学生诚信习惯的养成既靠学生自身内在的自律，也要有相应的外在他律措施来保障，二者相辅相成，不可失之偏颇。我们培养目标是使学生具有良好的诚信操守，使学生自觉养成良好的诚信行为习惯。目前各高校在大学生诚信教育方面都比较完善，通过课堂教学等途径进行诚信教育，但在诚信管理措施方面较为薄弱，尚未引起足够的重视。大学生诚信管理在学生诚信品质养成中具有重要的功能。

2. 大学生诚信管理功能

管理是人类最基本的社会活动之一，也是最普遍的社会现象之一，管理某种程度上促进了社会的有序和发展。社会管理理论是马克思理论体系重要内容之一。马克思主义经典作家历来十分重视行政管理，把它作为国家学说和政权建设的核心问题加以论述。由此可见，管理的重要性，无论是对于国家还是组织机构,管理都发挥着重要的导向功能、整合功能、保障功能。

（1）导向功能

人具有自然属性和社会属性。在现实社会中，人的社会属性本质决定必须要遵守一定的规章制度和行为规范，以促进社会行为的有序运行。导向功能即是一种目标管理，也是过程管理。管理的作用在于确立一个标准，人们在行动时可以有所参照，有参照物就不会偏离事物发展的方向，提高效率，达成共性统一。秦朝时，实行"车同轨，书同文"（《礼记·中庸》），很快各地标准统一，促进了社会的发展。因此，没有规矩不成方圆，任何一种事物发展也要遵循这一规律。大学生诚信这一目标的实现要有一定的管理制度来加强大学生诚信行为引导。具体地说，就是大学生诚信的内容管理。要形成诚信教育具体的内容体系和行为规范，使大学生日常行为有所参照，知道哪些是诚信行为，哪些是失信行为，标准统一，在实际行动中，大学生会参照诚信标准来具体实践。设立明确的奖惩措施，能逐渐引导大学生趋善避恶，自觉践行诚信。

（2）整合功能

管理是一种组织行为，任何一种目标的实现都需要通过有效地管理来具体实施。整合资源，统筹管理是基本的运作模式。在大学生诚信教育中，管理这只"看不见的手"要进行有效的整合方方面面的资源，促进教育效果的实现。首先，管理者要制定明确的方案、计划、目标，为完成这一目标，需要整合不同的人力、物力、财力，进行不同的工作分工，确定相应的执行机构。其次，执行机构也要整合相应资源，根据工作的具体要求和特点，确定不同的人或部门来具体实施。大学生诚信教育目标的实现不是单一部门或人员就可以完成的，在实施过程中，通过有效管理，不断改进与提高，统筹与整合相应资源，确保诚信教育目标的实现。

（3）保障功能

任何一种组织行为，如果没有一套成熟的管理保障机制，将很难取得实效。教育与管理是大学生诚信目标实现的两个重要因素。教育的作用在于启发学生诚信内在的需求，通过课堂教学、校园文化、榜样示范等手段，使学生逐渐养成诚信习惯,促进诚信品质的形成。然而,教育本身并不是万能的,当前教育环境、教育对象的特殊性与复杂性使得单纯说教式的单一行为效果不佳,必须进行有效的诚信管理,将诚信管理贯穿于诚信教育的始终,健全各种规章制度,进行有效的检查监督,提供有力的诚信教育物质保障,具有明确的诚信记录和过程管理,做好诚信评价、激励、惩戒机制,所有这些措施都将通过有效的管理来实现,因此,有效的管理是诚信效果实现的重要保障。

三、当前大学生诚信管理现状及原因分析

近年来,随着改革开放的不断深入,社会主义市场经济的纵深发展,我国大学生诚信管理制度逐渐完善。1983年国家教委下发的《全日制普通高等学校学生学籍管理办法》文件中,就学生考试作弊的处理进行了明确规定,作弊科目成绩以零分计,并不准补考,视其严重给予处分。2001年颁布的《公民道德建设实施纲要》中,把"明礼诚信"作为公民道德的基本规范之一,同时确定了"诚实守信"的职业道德。2004年中共中央国务院颁布了《关于进一步加强和改进大学生思想政治教育的意见》文件,提出了要教育大学生"以诚实守信为重点"开展道德教育,引导大学生自觉遵守"明礼诚信"的道德规范。教育部于2005年下发的《关于整体规划大中小学德育体系的意见》规定了"加强法制和诚信教育"的大学德育内容,这是第一次明确把"诚信教育"列为大学的德育内容;2005年教育部下发了《高校学生行为准则》,其中第五条提出"诚实守信,严于律己"。把诚信教育也列为高校学生管理的重要内容。2004年颁布的《国家教育考试违规处理办法》文件规定了各项国家教育考试的违规处理办法,将考生可能发生的违规行为具体分成"违纪"9种和"作弊"14种,并提出了具体的处理办法,成为目前从严治考、依法治考的有效依据。以此同时,社会征信体系的建立也促进了大学生诚信教育体系的完善和发展。全国统一的征信系统于2006年正式建成,并实现全国联网运行。社会征信体系的建立进一步促进了大学生诚信管理体系的建立。目

前,一些学校相继建立了大学生诚信管理制度,与社会征信部门对接,把大学生诚信教育纳入社会化管理的平台;有些高校出台了相关的制度,如在大学生考试、就业、贷款等方面出台了相关制度,促进大学生诚信品质形成,有的学校实行大学生诚信档案、诚信签约等制度,都在一定程度上促进了大学生诚信品质的养成,具有一定的示范意义。但也有一些高校,由于诚信管理方面存在一些问题,导致教育效果不显著。

(一) 高校诚信管理方面存在的问题

1. 管理制度的不健全

从大学生诚信教育的发展历程看,我国目前高校关于大学生诚信教育的完整体系尚未建立,只是零散于相关文件或思政课程,没有形成体系。高校关于大学生学习诚信、生活诚信、经济诚信、就业诚信等方面的内容、制度建设尚不完备,存在着制度缺位、重视不够的现象。近年来,有的高校已经着手建立大学生诚信档案,在促进大学生诚信意识养成方面发挥了积极的作用。如北京航空航天大学于 2005 年开始为本校学生建立诚信档案,成为在京高校中第一所为学生建立诚信档案的学校。上海立信会计学院从新生入学起就教育学生立信树人,签署诚信承诺书。总体看,多数高校还未将大学生诚信档案的建立纳入到诚信管理体系建设之中,正是诚信制度的缺位和管理体系的不完善,使得大学生失信现象难以扭转。

首先,诚信管理制度建设略显滞后。目前一些高校的诚信管理相关制度较粗,还仅仅停留在对于教育部相关文件的拷贝上,以考试作弊为例,对于考试作弊的具体情况划分应该适用于什么样的处理方式还没有明确的规定。如一些高校的"违纪处分办法"中规定:"学年论文、实习论文、毕业论文、学位论文剽窃他人成果,以作弊论,给予记过处分;情节严重者,给予留校察看直至开除学籍处分。"这些内容与教育部的规定相符,但缺少详细的解释细则。没有对"剽窃"进行界定,也没有对"剽窃"程度进行明确划分。这样在实施过程中难以操作的,会引发很多的矛盾。特别是近年来新的作弊手段层出不穷，相关的管理制度尚显滞后。因此，为实现大学生诚信教育的有效性，必须出台相关详细的细则，体现制度建设的规范性。

其次，缺少诚信监督机制。很多高校尚无诚信监督机制。学生的诚信教育效果如何？没有相应的部门进行考核，也没有一套完整的监督机制。对于不诚信而受处分的学生，处理结果是否正当？处理过程是否恰当？这期间第三方有没有责任？出现类似问题由哪些部门负责解决和问责？正因为存在监督机制的缺失，很多高校面临被学生告上法庭以学校败诉为结局。以大学生考试为例，有的学校没有考试诚信的监督机制，不注重学生考试环境管理，监考者不认真履行监考责任。又如毕业诚信，如果只是要求学生诚信，没有相应的监督机制，完全靠学生自觉自愿，诚信效果会大打折扣，更容易滋长不诚信现象。

在上海立信会计学院 2011 年的一次对大学生诚信状况的调研中，有50.02％的人认为"大学生在就业诚信制度实施中存在的主要问题就在于诚信监督机制缺乏。"可见，诚信教育不可缺少监督机制。

再次，缺乏大学生诚信考评机制。大学生诚信考评是一个较难用量化标准来评估的体系，道德只有在实践中才能体现，而诚信考评许多时候缺乏一定的监控手段机构，因此较难。目前很多高校在评价学生诚信时采取书面考核方式，通过考核学生的道德认知来评定诚信度。社会机构、家庭、学校等是学生道德实践的环境因素，同学、老师等是学生诚信度的外在评价主体。大学生诚信品质在学校就分为政治上、经济上、学习上、生活上等，不能笼统地用一种固定的模式来考评，也必须分类考评。因此，在大学生诚信教育中，建立比较科学的诚信考评机制是个很有实践应用意义的课题。

2. 管理方法缺乏创新

传统的诚信管理方法大多是发现问题进行处理，以考试作弊为例，处理方法一般为如有考试作弊情况，给予考试成绩零分计及给予留校察看等处分。在考前进行清场，查看课桌有无与考试有关的物品等。随着高科技手段的发展，传统的诚信管理手段有些滞后,不能有效地控制一些考试失信行为。

首先,缺乏高技术含量的管理手段。一些领域内传统的人盯人的诚信管理方法落后于时代。每次大学英语四六级或考研后,网上都会曝光一些高科技手段考场作弊案例,网上也经常有一些作弊器材出售,而这些尚未引起高校足够的重视,仅凭传统方式进行检查,如考场检查有无纸条、夹带与考试有关的物品等方式将不能遏制某些超常规作弊行为。

其次,管理方法单一。对于许多诚信缺失新情况缺乏有效应对措施。大学校园不是一个封闭的环境,许多社会上出现的不诚信现象大学都有所体现。目前高校对于学习诚信、经济诚信、就业等方面的诚信管理较重视,对于生活诚信、网络诚信等方面缺少管理措施,尚未引起足够的重视。如大学生恋爱问题,一些学生恋爱缺乏诚信意识,往往脚踩几只船,近年来,由于恋爱失信引起的人身伤害事件呈逐年上升之势。如何解决类似的问题,我们学生管理制度方面尚有一些空白。网络时代,如何有效地预防、制止、处理网络失信行为? 也是摆在我们面前的一个时代性的问题。以上失信问题发生后,往往以批评教育手段为主,缺乏有针对性的管理方法来应对,管理方法的单一使失信行为屡禁不止,教育效果并不理想。

3. 缺乏管理的合力

大学生诚信意识的培养需要社会、家庭、学校和学生本人等几方面的共同努力,才能取得好的效果。同样,对于诚信管理,也必须加强合力,共同服务于人才培养。目前,一些学校大学生创新管理仅局限在校内,不能很好地依托、整合各种力量,形成教育管理合力。

首先,学校缺少与家庭沟通机制。长期以来,一些学校对于大学生诚信管理,往往唱"独角戏",缺少与家庭、社会的有效沟通,往往只解决了局部问题,缺乏对事物的整体性把握。治标不治本。学生的思想行为不是孤立存在的,与家庭的教育培养有着直接的关系,因此,学校要善于与家长建立一定的联系,及时了解学生的思想变化,发生失信行为,与家长共同努力,了解缘由,及时处理,寻求最佳的解决方案,体现人性关怀与制度要求。

其次,缺少与社会沟通机制。一些大学缺少与社会机构的沟通,不能全面地掌握学生的诚信面貌。随着大学生交往范围日益扩大,校园外的生活时间和空间越来越大,对于学生失信行为的把握如仅仅局限在校园内,校外社会活动中的失信行为将无法管理。如学生在实习单位的诚信状况,学生在信贷领域的诚信状况,学生在网络空间的诚信状况等,学生缺少必要的社会沟通机制,使得学生诚信管理出现许多空白点,出现诚信管理一手软一手硬现象,不利于诚信人才的培养。

4. 管理者本身的诚信缺失问题

大部分高校教师在诚信方面堪称学生的榜样,但部分教师也存在着只教书不育人的倾向。在诚信管理过程中,有些高校、教师本身也存在一定的不诚信现象,势必影响诚信教育、管理的效果。有的教师以完成课堂教学任务为主,对于学生的言行很少教育,如学生上课睡觉、打手机、迟到等不诚信行为听之任之。还有些教师在职称评定、论文发表、生活作风等方面存在着不诚信现象,有的学校本身存在着乱收费等现象,这对学生产生了很多的消极影响,"上梁不正下梁歪,"如此不诚信的言传身教怎么能培养学生良好的诚信品质呢?因此,高校教师本身应该承担起教书育人的重要职责,管理者自身要行得正坐得端,才能做学生诚信的表率。

(二) 原因分析

1. 重教育轻管理的传统习惯

管理在我国是个相对年轻的话题。我国传统道德理论资源丰富,自古德治占据统治地位,管理思想的发育较为薄弱。受传统习惯的影响,在许多领域、部门,管理还没有引起足够的重视。人们强调道德自觉自律,主张"修身齐家治国平天下"的"君子""圣人"的人格塑造。如果生活中有人不诚信,会受到人们的谴责,但不会有更多的惩罚措施,这与西方国家重视管理的规范不同。在以往小农经济社会,人们以血缘关系为主要维系纽带,祖居一处,家规、族规、乡规等起到主要的管理约束作用,但到了现代社会,一个陌生人的社会中,单纯靠道德自觉起不到约束作用。在我国社会转型期法制还不健全、管理制度相对滞后的环境中,社会上诚信缺失现象屡禁不止。在高校,大学生诚信教育中也存在这样的问题,往往重诚信教育轻诚信管理,这种传统的做法将不适应现代社会的发展需求。

2. 社会诚信管理机制不健全

目前我国正处于社会转型期,与社会主义市场经济相配套的法律法规尚未建设成熟,不能有效地杜绝社会不诚信现象,使不诚信者有利可图,诚信者的利益不能达到有效地保证,出现了社会不诚信现象时有发生。如有些生活领域的诚信问题属于道德层面,难以用相关的法律制约;有些政治生活中,一些诚信问题时有发生影响恶劣但难以制裁;有些学术抄袭也难以用一些工具来辨别;社会上不诚信现象比比皆是,很多人不诚信却成为受益者,这对大学生产生了很多负面影响,社会相关法制的不健全,加大了诚信教育的难度。当前市场经济环境中,人们的法律意识、规则意识还不强,我国社会个人信用体系尚未发展成熟,社会信用基础较薄弱,新的信用体系尚未建立。这种社会信用管理体系的缺位使社会对于诚信的整体监管不能保证。诚信体系包涵许多方面,我们目前许多领域都没有形成诚信监管体系,更难以形成一个完整的诚信统筹体系。社会征信体系的约束作用尚未体现,导致诸多领域不诚信泛滥成灾。大学生的诚信体系也没有纳入社会整体监管体系之内,因此,缺乏足够的社会诚信管理体系约束,也导致了部分大学生知行不一,没有履行公民道德的自觉性,责任心不强,为了个人利益而置诚信于不顾。

3. 学校诚信教育与管理相对薄弱

一些高校教育诚信管理模式滞后,教育方法单一,诚信教育也仅仅停留在考试不作弊的宣传上,考前突击教育,缺乏必要的管理手段,起不到应有的作用。

我国目前的诚信教育尚未形成完整的教育体系。小学、中学、大学的诚信教育尚未形成有效的整体。作为学校教育的产品,有的大学生精神风貌、道德品质上尚有许多不尽如人意的地方。文明礼仪方面,小到给老人让座、尊师爱幼,大到价值观、社会责任感,距离我们的教育目标很差很远。有的大学生的文明礼仪还不如幼儿园孩子,使我们不得不重新审视我们的道德教育的成效。相比较而言,大学阶段较中小学阶段更重视诚信教育,对考试作弊给予的处分也较严格,轻则记过,重则留校察看甚至开除。中小学学生网上抄作业等行为却得不到相应的处罚,助长了不诚信行为。任何一种品质的形成离不开一定的基础教育,如果中小学不重视诚信教育,使学生形成不了很好的诚信习惯,将会影响大学期间的诚信教育,诚信度难以提升。同时,有些教育者本身不诚信所产生的负面影响。大部分高校教师在诚信方面堪称学生的榜样,但部分教师也存在着只教书不育人的倾向,以完成课堂教学任务为主,对于学生的言行很少教育管理,如学生上课睡觉、打手机、迟到等不诚信行为听之任之。还有些教师在职称评定、论文发表、生活作风等方面存在着不诚信现象,这对学生产生了很多的消极影响,如此不诚信的言传身教怎么能培养学生良好的诚信品质呢?因此,高校教师本身应该承担起教书育人的重要职责,做学生诚信的表率。

4. 家庭在学生诚信管理方面重视不够

家庭的教育在学生身上能非常直接地体现出来。一些家庭受社会功利思想影响,对于学生往往灌输"老实人吃亏"的思想,认为这个社会诚信就会吃亏,所以即使学生有不诚信的言行,有的家长也不管,一定程度上纵容了社会上不诚信现象的发生。俗话说"养不教,父之过。"学生诚信教育的第一个老师是父母,因此,父母的诚信度对学生有很大的影响。现在很多大学生家长经历过文化大革命,他们求学的年龄,学校正常教育遭到破坏,使得许多人没有完成完整的中小学教育,甚至大学教育。这代人的知识水平在整个社会发展时期处于低位。也有的学生家长在社会改革大潮中下了岗,一直处于社会底层,本身的文化程度不高及生活的贫困,使得他们更多地把生存放在第一位,他们本身的某些不诚信行为会对学生产生直接的影响。还有些学生父母是改革开放大潮中的幸运儿,有些本身就是靠不正常手段谋取暴利,学生从小处于养尊处优的环境中,唯我独尊,缺乏感恩、同情心,网上经常出现某些富二代的炫富行为,折射出某些大学生扭曲的人格;有的家长为了孩子能评上优秀,甚至贿赂老师,为孩子买官当,有的家长甚至教唆孩子如何去行贿,如何去舞弊。因此,对于学校诚信教育与管理,经常会有 2＞5 现象的说法,5 天的学校教育效果比不上家庭的 2 天教育效果。因此,对于学生进行诚信管理,绝不仅仅是学校的任务,社会、家庭都要参与进来,形成有利于大学生诚信品质形成的良好氛围。

四、国外大学生诚信管理方法及启示

西方诚信文化与我国不同,除了是一种道德教育,还体现了契约意识、法治精神。西方诚信文化起源于基督教文化和古希腊文化。基督教文化中关于诚信的论述体现的是一种宗教信仰和人的价值取向。古希腊的契约诚信观对于今天西方的社会构架和经济发展有很大的影响。马克思、恩格斯认为诚信与经济发展有关。他们认为,"信用制度加速了生产力物质上的发展和世界市场的形成,这使二者作为新生产形式的物质基础发展到一定的高度。""诚信是现代经济规律之一,一切节省流通手段的方法都是以信用为基础的;由于信用缩短了流通或商品形态变化的各个阶段,进而资本形态变化的各个阶段加快了,整个再生产过程也加快了。""资本主义生产愈发展,它就愈不能采用作为它早期阶段的特征的那些琐细的哄骗和欺诈手段。的确,这些狡猾手腕在大市场上已经不合算了,那里时间就是金钱,那里商业道德必然发展到一定的水平。"以上论述可见,无论是国内还是国外,诚信都为人们所重视,把它作为一种基本道德准则和社会规范,尤其在市场经济体制中,诚信发挥着重要的作用。

人类进入 21 世纪,世界各国在政治、经济、文化等方面的交流越来越密切,诚信原则已成为世界各国加强交流所共同遵循的规则之一,其重要性不言而喻。因而各国都很重视诚信管理建设。美国高校诚信管理制度较为完善,都有相关

的制度支撑,如颇具典型的是荣誉制度,其特点如下:

一是重视道德自律,建立荣誉誓言制度。美国的诚信教育中荣誉制度比较有代表性。它体现了美国公民教育中对于人的尊严、价值和诚信自律的重视,效果显著。以普林斯顿大学为例,如果学生被录取,他将收到一封信,里面有学校的诚信规定,非常详细,说明什么是作弊,并且要求学生进行诚信签名,以此作为入学的基本前提。学生要承诺不得以任何形式进行不诚信的学术行为;田纳西大学的诚信教育也很有特色,在学生考试的卷子上,印有诚信荣誉誓言。可以看出,美国高校对于学生品德自律的重视,法律再多如牛毛,也有触及不到的地方,所以,人的道德自律具有法律所不能替代的作用,既是道德教育也是道德实践;有学者曾进行了调查,发现有诚信荣誉誓言制度的大学学生的诚信度较高,因此,此种方法被许多大学借鉴,如上海立信会计学院就将"诚信"校训印在了学生试卷上,学生进行诚信签名。

二是严格的失信惩戒机制。美国大学不仅有严格、详细的诚信教育制度,而且有一套成熟的失信惩戒机制,确保失信者得到应有的处罚,保持学术应有的尊严。一般来说,学术失信惩戒机制有两种:

课程处罚:如果教师认为学生学术不诚信,向学生出具处罚书,降低该门课的成绩或给予不及格。学生如果认为不公,可以提出申诉,如果经过评审团确认学生确实作弊,仍按照教师的处罚处理,若调查不是作弊,教师应重新给予分数。

学校处罚:如果教师认为学生有不诚信行为,向有关部门汇报,相关部门进行调查认证,如果确认学生确实有作弊行为,将进行投票表决。陪审团成员如果意见一致,认为学生有作弊行为,将做出开除学籍或暂停学业决定。如果有分歧,则会做出较轻的处分决定,如建议成绩为"f"等。如果学生对处分没有异议不申诉,处分将立即生效;有的大学还会把学生不诚信的事实记录在案,即使学生毕业后,经举报在校期间有作弊行为,经调查如属实,也会依据规定做出相应的处分。根据美国法律规定,个人的诚信记录有污点,将难以有很好的发展。

三是校内与校外诚信教育的一致性原则。美国整个社会都有一种诚信教育的氛围。美国政府设有专门的诚信教育研究机构,有独立的编制、经费,并受美国政府法律的保障。家庭教育中,美国父母很重视对于孩子的诚信教育,社会宣传媒体也注重营造诚信氛围,并树立相应的诚信榜样。美国民众重视诚信教育,一方面很多人信奉基督教,基督教信奉不能撒谎;另一方面,美国的法律制度很严格。大学更加注重宣传教育,很多大学还结成诚信同盟,共同监督学术不诚信行为,包括很多民间团体,也把诚信作为重要的内容来研究。总之,美国的大学生诚信管理不是孤立的,而是形成了校内、校外一致性的教育氛围。

美国许多高校都有诚信守则,规定了学生有检举作弊的权利,并可以参与处罚,处罚的严格也使学生不敢轻易作弊;有的大学建立了大学生诚信档案。国外很重视个人诚信档案的建设,它是诚信建设的依据。在美国,每人都有一个社会安全号码,如果有不良记录,这个记录将会跟随他一辈子。因此,外国人的诚信自律观念很强,也与有诚信档案有关。

学术诚信是科学研究的灵魂。美国很多大学都有一套各具特色成熟的诚信教育制度。如哈佛大学的大学生《学习生活指南》,具体阐述学术诚信的意义及不诚信的表现及处分规定,非常注重对于学生学术自由、独立精神的培养。这种注重学术诚信的独立精神,不仅提供了严谨健康的学术氛围,也为学生今后的发展奠定了基础。美国重视学生考试诚信,把它作为学生个人信用体系的一部分,美国推行的个人信用制度从学生时代就开始。学生的成绩和在校遵守纪律的情况都会被记载在学校档案中。如果学生有不诚实行为的记录,比如考试作弊等,都会被记录在案。那么当这个学生将来应聘时,招聘公司可向学校要求背景调查,轻而易举地就能发现此人就学时的不良行为。由于诚实往往是美国企业挑选员工的首要条件之一,因此此人受聘的机会必然将大打折扣。此外,如果一个学生因为作弊而被学校开除,对其前程的影响更几乎是致命的,因为人们会对他被开除的原因追根究底。在美国考场作弊,情节严重的话甚至可能受到法律制裁,最严重可坐牢。2002年5月,美国执法部门逮捕了58名在托福考试中作弊的外国留学生。这次被逮捕的学生中大多数涉嫌花钱请人代考,还有一部分则是专门为他人考试的"枪手"。最终,被逮捕的学生面临阴谋欺诈指控,该罪名可面临最高 5 年监禁和 25 万美元罚款处罚。这一行动有效地遏制了当时托福考试中的"代考"歪风。

在欧美很多强调个人诚信的国家,如果一个人在求学时作弊被发现,将会成为其个人信用记录上一个碍眼的污点,这个污点可能会令这个人的前程尽毁,其负面影响可能会伴随一生。其他国家的诚信管理方法也很值得我们学习。如悉尼大学的考场规则。为了防范学生有包括考场作弊在内等学术欺诈行为,树立学生的诚信意识,悉尼大学会对入学新生进行一场"学术诚信规范"考试,试题在校内网上发布,考题包括视频等形式,展示学术诚信规范和要求,学生观看视频后回答 20 道多项选择题,准确率要达 80% 以上,才算通过考试。学生在通过这场考试之后,才有资格参加正式的学术考试。悉尼大学官网上考场规则,里面列明只允许考生携带小瓶的透明瓶装水进考场,禁止杯装或罐装咖啡和果汁等饮料,只有患糖尿病的考生可携带一小瓶果汁饮料。手机可带入考场,由学生个人保管,但必须关机(调成静音也不行),而且必须放在考生座位旁的地上。监考老师有权对考生任何携带入考场的物品进行检查。悉尼大学学生考试作弊的情况不多,因为考试并非学校检测学生的唯一标准,还需结合平时成绩和其他考试成绩,因此一两次作弊意义不大;考题通常要求的并非死记硬背,而是学生对知识的整合和理解,这使得携带资料和偷看其实都没什么用;最重要的是,作弊被发现后整门学科的成绩会被取消,甚至被禁止重修,这意味着作弊的学生很可能无法获得学位,有些情节特别严重,如影响学校声誉的,甚至会被开除出校。

各国对于考场的管理都很严格。日本的监考手册列出各条规定,细致到极端,较特殊的规定包括:必须在黑板上写明考试科目和教师全名;学生证需放在书桌的右边,不得违反;当着考生的面确认手机是否关机、把已关机的手机放在桌面目光可及的地方。

韩国考场使用探测器防作弊。每个考场的考生人数为 28 人。每 10 个考场的楼道监考官从 1 名增加到两名。每位监考官发放一台便携式金属探测器,并为各考场安排一台电波探测器,目的是防止手机作弊行为。为了防止有人替考,韩国把报考志愿书的照片扩大为护照用照片,并在答卷上留出笔迹确认栏,让考生亲手写入诗句或格言,在必要时进行笔迹鉴定。在高考招生工作结束后,报考志愿书会交给大学,再确认是否为本人,并与其他招生资料一起至少保管4年。此外,当局还加大惩罚力度。作弊的考生不仅被取消成绩,而且未来两至三年内不得参加相关科目的考试。

挪威考卷上印誓言,有的考场无人监考。在挪威,一些考试是没有监考人员监考的。通常这些考试的试卷首页开端都有一段誓言:"我以我的名誉起誓,我没有为了这场考试给予或者接受任何帮助。"誓言背后有空白处,给考生签名。挪威奥斯陆大学规定,经过调查后发现学生作弊的话,无论其背景、家世和学习成绩怎么样,一律开除出校。

以上可以看出,国外大学对于诚信管理很重视,既有具体的规定,阐述什么是不诚信,也有专门的机构负责监督处理,同时注重处理程序的合法,给予学生充分的话语权。这种完善的诚信管理制度确实值得我们学习。

当前许多社会不诚信现象与学术不诚信有很大的关系。与其他国家大学相比,我国大学生诚信教育的重点是不考试作弊,还没有延伸为论文诚信、科学研究诚信等。随着市场经济的发展,我国社会诸多不诚信现象与学术、知识产权、科技不诚信有关。因此,追溯源头,大学生的学术诚信教育势在必行。借鉴国外高校的做法加强制度建设,从设立专门的监督机构到具备一套完整的处理程序,都要规范,使学术真正回归诚信。

我国大学生诚信制度建设缓慢,且内容较单一,多以考试作弊为主。一方面与我国现阶段的教育制度中对于不诚信的处罚缺少详细的权威规定有关;另一方面也与社会诚信教育制度滞后有关。有的学校进行考试作弊处分中,将考试作弊的学生开除,由于程序不当,被学生告上法庭,法院认定学生胜诉,学校不得已恢复学生学籍;有的学校对于学生考试作弊认定含糊不详,很容易被找出漏洞,引起学生、家长与学校的纠纷,这些都是学校诚信教育制度建设薄弱的表现。

五、构建新时期大学生诚信管理体系

制度问题是一个带有根本性、全局性、稳定性和长期性的问题。在我国社会转型期,尤其需要加强社会制度建设,使各项工作能有序、规范推进。制度最一般的含义是:要求大家共同遵守的办事规程或行动准则。"制度"是一个宽泛的概念,一般是指在特定社会范围内统一的、调节人与人之间社会关系的一系列习惯、道德、法律(包括宪法和各种具体法规)、戒律、规章(包括政府制定的条例)等的总和。美国的经济学家、1993 年诺贝尔经济学奖获得者诺斯认为,"制度是个社会的游戏规则,更规范地讲,它们是为人们的相互关系而人为设定的一些制约"。因而大学生诚信意识的养成,除了进行系统全面的诚信教育外,还要有科学的管理制度。具体地说,要建立以下相应管理制度。

(一) 构建诚信管理制度

美国经济学家道格拉斯·诺斯认为,有效率的制度至少应当有如下两个基本特征:

第一,有效率的制度能够使每个社会成员从事生产性活动的成果得到有效的保护,从而使他们获得一种努力从事生产活动的激励。用经济学的行话来说,就是:制度应能够最大限度地消除人们"搭便车"的可能性,从而使每个社会成员的生产投入的个人收益率尽可能地等于其社会收益率。

第二,有效率的制度能够给每个社会成员以发挥自己才能的最充分的自由,从而使整个社会的生产潜力得到最充分的发挥。

因此,大学生创新管理必须建立相应的规章制度,以制度管人,发挥学生诚信自我教育管理的积极性。

1. 大学生诚信承诺制度

美国的高校对于大学生诚信管理有一套成熟的行之有效的荣誉誓言制度,

值得我们借鉴。通过学生宣誓承诺,教育学生自觉诚信,加强个人的诚信道德自律,起到了很好的效果。如美国普林斯顿大学在新生报到时,会发给每位新生一封信,告知如果署名,就将视为已理解并信守荣誉誓言的承诺;如未签署承诺书,则不得注册入学;田纳西大学将学生荣誉誓言印在学生考试试卷的封面上。内容是"田纳西大学的一个根本特点,就是有责任保持知识纯洁和学术诚实,作为大学的学生,我发誓在学习研究中既不向他人提供也不接受他人任何不适当的帮助,以此誓言申明我个人对学术荣誉的义务。"弗吉尼亚大学的作业、论文、考试纸上的誓言内容:"作为学生我以我的荣誉起誓,我没有为了这份作业/这场考试给予或接受任何的帮助。"考前,每个学生要抄一遍这段文字,并签名。在哈佛大学的《学习生活指南》上面,用加大加粗的字体这样写道:"独立思想是美国学界的最高价值。

美国高等教育体系以最严肃的态度反对把他人的著作或者观点化为己有——即所谓剽窃。"以上荣誉誓言制度可以看出,美国高校对于学生品德自律的重视。法律多如牛毛,也有触及不到的地方,所以,人的道德自律具有法律所不能替代的作用,既是道德教育也是道德实践。拉格斯大学的麦柯克比教授曾于1990年、1995年、1999年对美国48所大学进行调查,发现荣誉誓言制度对学生的诚信自律行为很有帮助,有效地减少了学生舞弊行为。可见,实行诚信诺言制度可以加深学生的诚信自律意识的养成。

高校实行大学生诚信承诺制度要抓好以下三个层面:一是新生入学教育。在此期间,新生对大学生活非常陌生,一张白纸,播下种子,会开出美丽的花朵。对大学生进行诚信教育,教育学生从生活小事做起,自觉践行诚信,特别是进行诚信考试教育。以上海立信会计学院为例,每年新生入学教育期间都会签署诚信承诺书。内容包括政治诚信、生活诚信、学习诚信、经济诚信、就业诚信等内容,学生签名承诺,是自我教育的一个过程。好的开始是成功的一半,英国作家萨克雷说过"播种行为可以收获习惯;播种习惯,可以收获性格;播种性格,可以收获命运"。开学之初的诚信教育会为以后良好习惯的养成奠定坚实的基础。

二是考试前的诚信考试承诺制度。每学期期末考试前,都要对学生进行一次全面的考试诚信教育,进行考试诚信承诺制度。每个学生郑重地签名,是对自己的监督。实践证明,考试前的诚信签名承诺制度能起到很好的教育作用,使学生在班级群体中感受到诚信的力量和氛围,既是压力也是动力,能进一步降低考试作弊的几率。三是毕业前的诚信宣誓制度。学生大学即将毕业,将带着什么样的姿态走上社会? 诚信品质是一种宝贵的精神财富,我们要教育学生以诚信的姿态走向社会。因此,在毕业之际,要组织学生进行诚信宣誓,最佳时间是毕业典礼上。使学生在庄严的氛围中感受诚信的崇高意义,对于促进学生的责任意识,增强报效祖国、服务社会的使命感、责任感将有积极的促进作用。

2. 大学生诚信档案与诚信评估体系

诚信档案是记载个人、企业或团体、组织等诚信状况的真实记录。我国机构、个人诚信档案的设立是随着社会主义市场经济的发展而逐渐完善的。在一些发达国家,个人信用档案制度非常完善,当个人需要求职、贷款等服务时,提供服务的单位首先要查看个人诚信记录,发现有失信记录,你将寸步难行。

我国 2001 年首次建立学生高考电子档案并作为纸介质档案的辅助,高校实现了网上远程录取;2005 年将考生高考考试诚信记录记入考生电子档案,考生的诚信记录载入学生的学籍档案。2006 年国家规定,在硕士研究生考试中建立考生诚信档案。凡在考试中有违纪舞弊行为的考生,将在汇总后提供给各招生单位,作为招生单位将来决定是否录取考生的重要参考依据。教育部规定,从 2008 年起将考生考试诚信情况记入高考考生电子档案并提供给有关高校,作为高校是否录取考生的重要依据之一。可见,在国家考试中,明确规定将学生诚信状况列入,设立诚信档案制度,为高校大学生诚信档案的设立提供了现实的参照。

近年来,一些大学已尝试建立大学生诚信档案制度,以便更好地进行诚信管理。建立大学生诚信档案是对大学生进行诚信教育和诚信监督的一项重要措施。大学生诚信档案可视为学生的第二身份证和社会通行证。总体上讲,诚信档案要包括三个方面的内容：一是学生的个人信息。主要反映学生的基本信息，包括姓名、性别、籍贯、政治面貌、所在学院、专业、父母详细地址、身份证号码、本人联系方式（手机、E-mail、QQ 号）、父母联系方式等。二是诚信内容。主要包括大学生的政治诚信、生活诚信、学习诚信、经济诚信、就业诚信等方面内容。大学生诚信档案采取每学期记录一次，平时根据实际情况进行即时登录。大学生诚信档案的实施为学生评优、入党、就业提供了充分的依据，将学生的诚信操行与学生的现实生活相结合能激发学生践行诚信的积极性。建立大学生信用档案，将学生的诚信记录作为其学生档案的重要内容，也是对学生学籍档案的重要补充。学生是建立诚信档案的参与者，更是诚信档案的受益者。

与诚信档案密切联系的是诚信评价制度。诚信档案记录的是学生的诚信状况。评价一个学生的诚信度，要设计相应的评价指标。一般而言，诚信评价方法有关联矩阵法、层次分析法、模糊综合评判法。目前通常使用关联矩阵法进行评估的较多，在权重的确定上，关联矩阵法要来得简单，操作性强。使用关联矩阵法进行评估，就是要从大学生诚信目标方案的多个因素出发，综合评定诚信优劣程度。这种将诚信进行量化方式进行评估具有一定的客观性，操作性强。也有高校采取诚信评估定量与定性相结合的评价方法，用矩阵形式来表示有关评价指标的评价值，定量方面进行相应诚信项目打分，定性方面采取综合评价方式，采取个人自评、同学互评、老师评价等方式进行打分，然后计算各评价值的加权和。

高校诚信管理中，诚信档案与诚信评价体系是密切相连的，诚信档案收集的诚信考核指标是进行诚信评价的基础，诚信评价在此基础上设计评估方案。两者密切结合，才能较客观的评价大学生的诚信度。从而为大学生参与评优、评奖、入党、就业提供相对可信度高的依据。

建立大学生诚信档案与诚信评价制度，是对大学生个人档案的进一步完善，也是建立社会主义市场经济的客观要求。学生是建立诚信档案的参与者，更是诚信档案的受益者。不仅是对大学生进行诚信教育管理的有效途径，也是对大学生进行思想教育的重要形式。通过大学生的自我教育,自我管理和自我完善,养成"诚信待人、诚信处事、诚信学习"的良好习惯,在学习、生活中讲究信用,信守承诺,做一个诚实守信的维护者和实践者。大学生诚信档案是社会诚信评价体系中的重要组成部分,对于促进全社会信用体系的建立将起到积极的推动作用。

3. 诚信奖惩机制

"人的动机内在驱动是获得肯定得到表扬。大学生诚信教育要遵循严格的奖惩制度,奖励优秀,树立榜样,如抓好榜样示范教育,如评选诚实守信标兵,进行表彰,在校园内引领诚信风尚。将教育的'务虚'与实践的'务实'结合起来,激发人的积极能动性。"①有的大学设立了诚信奖励办法,将大学生诚信状况与学生的综合测评、奖惩结合起来。诚信测评优秀的在入党、评优、就业等方面优先。创造诚信光荣、失信可耻的校园文化氛围,使学生自觉趋善避害,加强诚信自律。2011 年全国道德模范评选中,评选了刘延宝等 10 名诚实守信模范,并邀请他们参加了 2012 年春节联欢晚会现场直播,这是一种价值导向,是向全社会呼吁人们要诚信,他们为我们树立了很好的道德榜样。

高校不仅要建立诚信奖励机制,也要建立失信惩罚机制。国外对诚信的要求是非常严厉的,对失信者的处罚力度也是相当大的,让失信者得到应有的处罚,起到惩前毖后的作用。学校应对师生不诚实、不讲信誉、不道德的行为给以严厉的惩罚,让他们为违规行为付出高昂的代价。例如作弊的学生要按照学校规定处理,重者开除学籍,轻者记过留校察看等,决不会不了了之,姑息纵容。坚持对不诚信行为惩罚是对诚信体系的有利维护。纵观一些高校,凡是诚信制度健全并严格执行的高校,学生的诚信状况要好些。惩罚不是目的,只是一种手段,在于让大学生认识到不诚信的后果,从反面来教育大学生明白诚信做人的重要性。这一点我们要学习国外高校的做法,失信严惩,注重程序。加强大学生诚

---

① 张颖香:《当前大学生诚信教育研究》(硕士论文),上海师范大学。

信管理,关键在于建立健全相关制度。既要强调制度的权威性,通过制度的强制性规范,把不诚信意识扼杀在萌芽状态;又要强调制度的可操作性,便于实施落实。

诚信制度要健全,诚信管理要规范。以大学生学习诚信制度为例,大学生学习诚信制度包括大学生诚信守则、考试作弊行为认定细则、大学生诚信档案、大学生信用管理制度、大学生申诉制度等。一般来说,高校对于学生哪些行为是失信的,要有详细明确的规定,而且不得与国家法律相违背。健全诚信管理机制是诚信教育的基本条件。以大学生诚信档案为例,诚信档案要全面,体现大学生诚信状况,平时跟踪记录,每学期进行考核。这种详尽的记录是对于大学生实施诚信奖惩的基础;如大学生考试作弊行为认定细则,除了依据教育部 2005 年颁布的《普通高等学校学生管理规定》第 66 条,还必须根据学校实际,详细说明何种情况属于作弊,区分不同情况,给予不同的处分。

在实际操作过程中,有的高校在处理学生考试作弊事件中没有按特定的程序操作,出现了作弊学生状告母校事件。如郑州航空工业管理学院 2011 届工商管理专业的学生肖章状告学校获胜一案。2011 年 6 月 18 日,全国大学英语四级考试,肖章使用电子橡皮欲查看答案时被监考老师抓到。当天,学院在校园张贴通告,主要内容为肖章的行为已构成严重考试作弊,该课程考试成绩无效,根据《郑州航空工业管理学院学生违纪处分规定》第二十三条规定,给予开除学籍处分。2011 年 6 月 20 日,学院向肖章送达了《郑州航空工业管理学院学生违规处理告知书》。学院于当年 6 月 22 日作出《关于给予肖章开除学籍处分的决定》校教〔2011〕64 号,决定给予肖章开除学籍处分。2011 年 6 月 24 日,肖章向学院学生申诉处理委员会提出申诉,但无果。肖章又于同年 9 月 27 日向省教育厅提出申诉,仍无果。同年 11 月,肖章向郑州市二七区法院提起了行政诉讼,称自己虽然在考试中持有作弊工具,但并未实际使用,属于作弊未遂,且系初犯,事后承认了错误,有悔改表现,学院的处罚太重。法院经审理认为,教育部发布的 2005 年 9 月 1 日施行的《普通高等学校学生管理规定》第五十二条规定,对有违法、违规、违纪的学生,学校应当给予批评教育或者纪律处分。学校给予学生的纪律处分,应当与学生违法、违规、违纪行为的性质相适应。根据上述规定,学院开除肖章学籍的处分,处罚偏重。《普通高等学校学生管理规定》第五十六条规定:学校在对学生作出处分决定之前,应当听取学生或者其代理人的陈述和申辩。但学院是先作出开除学籍处分,然后才听取肖章陈述和申辩,属于程序违法。据此,2011 年 12 月 26 日,法院一审判决,学院撤销对肖章开除学籍处分的决定,在判决生效之日起 10 日内恢复其学籍。因此,学校制定诚信管理机制要与教育部文件相适应,并严格按照相关程序处理,做到有理有据,合规合法。天津师范大学于 2003 年创立了《大学生诚信评价体系》等系列诚信教育制度,很有代表性,值得高校借鉴。

(二) 创新诚信管理方法

俗话说,工欲善其事,必先利其器,大学生诚信管理必须建立相应的有效的管理方法。传统的管理方法采取"人盯人"的较多。教师管学生,管理的过程经常以惩罚为主,忽视了学生的道德自觉性和积极性,效果不佳。面对 21 世纪世界多极化价值观多元化的今天,必须创新工作方法,以增强诚信教育的实效性。

1. 以人为本的管理模式

"以人为本"的管理,指在管理过程中以人为出发点和中心,围绕着激发和调动人的主动性、积极性、创造性展开的,以实现个人与团体共同发展的一系列管理活动。其具有下列几个特点:一是以人为本的管理主要是指在管理过程中树立以人为根本出发点和中心的指导思想;二是以人为本的管理紧紧围绕着激发和调动人的主动性、积极性和创造性来展开;三是以人为本的管理致力于个人与团队的共同发展。马克思主义"以人为本"思想认为,"以人为本"是发展的价值目标,"人"是发展的根本原动力;体现了"社会发展"与"人的发展"相互辩证统一,发展的价值目标与发展的根本原动力相统一,以人为本的终极目标是促进人的全面发展。在我国古书中最早明确提出"以人为本"的是春秋时期齐国名相管仲。"夫霸王之所始也,以人为本。本理则国固,本乱则国危。"(《管子》)意为霸王的事业之所以有良好的开端,也是以人民为根本的;这个本理顺了国家才能巩固,这个本搞乱了国家势必危亡。可见,以人为本是在尊重人的主体意识的基础上的对人性发展的回归。无论是国家管理还是团队建设,都要遵循这个理论。

大学生诚信管理要遵循以人为本的理念,摒弃教育者高高在上制定的脱离实际、没有感召力的管理模式。要充分发挥学生的主体性。

首先,确立以学生为管理者的理念,发挥学生自我管理的积极性。传统的管理是教师或学校作为管理者,学生成为被管理者。从这个角度出发,制定出的很多制度带有一定的惩罚性,是以假设学生是管理制度的破坏者层面来看待学生。因此,这样的管理制度缺乏人文关怀,很难引起学生的共鸣。如果管理中,把学生也作为管理者,更多地激发学生自我管理的意识,不仅是对学生的信任,也是对学生进行自我教育的好方式。一些学校尝试进行考试承诺诚信免监考,这种做法是对学生自身诚信意识的一种考验和锻炼。免监考考场中每个学生都是管理者,管理好自己也对他人负有管理责任。康德说,世上只有两种东西让人震撼:一个是头顶灿烂的星空,一个是人内心的道德法则。自我管理是更高层次上的管理,是以人为本的具体体现,在一定的情境中,能更好地发挥学生的道德自觉性,自律自觉,诚实守信。

其次,诚信管理过程中体现人文关怀。有些学校在诚信管理过程中,制定政策刚性较强,一刀切现象较为严重。在处理失信行为中,缺少人本关怀。学校毕竟不同于社会,学生即使是成年人,但由于处于人生中重要的学习时期,具有一定的特殊性,因而在处罚时要考虑一些因素,如学校的教育职责、社会责任。为社会培养合格的公民的是学校的社会职责。有的学校对于学生诚信的管理规定缺乏弹性,往往忽视了部分学生的特殊情况,如对于不能按时交学费的贫困生,有的学校直接扣留学位证毕业证,使一些学生不能顺利就业求职,更不利于学生还款。对于这样的学生要区别对待。有的学校相对采取一些弹性政策,与学生签订协议,通过保证人制度或给予学生一定的期限,对学生采取信任的态度,使学生顺利毕业求职。既给予了贫困生同等就业的机会,也体现了对学生的信任及学校作为教育机构的人文关怀。

再次,保证诚信管理过程中学生的知情权。有些学校在诚信管理过程中,无论是规章制度的制定还是诚信处理过程,往往都是教师、学校唱独角戏,而教育的主体——学生却一直被排除在外,处于孤立之中,这种诚信管理模式忽视了学生的主体性,不利于学生积极性、创造性的发挥。国外一些大学在制定有关学生的规章制度时会听取学生的建议,同时,在处理类似于不诚信等与学生有关的事件时会吸收部分学生参加,也会听取学生的部分意见,这样制度执行或是事务处理都会更贴近学生实际,可操作性更强。如华盛顿大学的学术诚信委员会也规定了诚信处置程序和内容,该委员会成员由老师和学生代表共同组成。美国大学非常重视处理学术不诚信的程序规范。对于学术不诚信行为进行详尽的说明,并告知学生,强调事前的解释教育,处理的程序规范。华盛顿大学的学术诚信委员会由老师和学生代表共同组成。美国大学也非常重视处理学术不诚信的程序规范。对于学术不诚信行为进行详尽的说明,并告知学生,强调事前的解释教育,处理的程序规范。美国大学学术不诚信处理程序分为三个程序:第一,置疑。如果教师在教学过程中发现学生有不诚信嫌疑,应及时向学生告之,听取学生的解释,如果学生承认学术不诚信,教师可以给予一个处罚决定,向学生出具处罚通知,并将副本送交学校相关部门备案。如果学生对于处罚结果质疑,可以和教师沟通,教师认为学生理由充分,可以重新给予成绩;第二,申诉及调查。如果学生对于惩罚结果有异议,也可以提出申诉。学校有相关的学术诚信管理机构,负责接受学生的申诉要求,如陪审团,进行调查取证。如果证实学生没有不诚信行为,会要求相关部门解除对学生的处罚;第三,结案。在规定期限内,陪审团将以少数服从多数的原则进行定论,确定是否有学术不诚信行为。如果认定学术不诚信,陪审团将出具处罚建议,如果确定没有学术不诚信行为,将要求教师撤回处罚决定。以上可以看出,美国大学对于学术不诚信的重视,既有具体的规定,阐述什么是学术不诚信,也有专门的机构负责监督处理,同时注重处理程序的合法,给予学生充分的话语权。这种诚信管理模式值得我们学习。

2. "经济人假设"诚信管理方法

"经济人"(economic man)又称"理性—经济人""实利人"或"唯利人"。这种假设最早由英国经济学家亚当·斯密(Adam Smith)提出。他认为人的行为动机根源于经济诱因,人都要争取最大的经济利益,工作就是为了取得经济报酬。基于这种假设所引出的管理方式是,组织应以经济报酬来使人们服从作出绩效;并应以权力与控制体系来保护组织本身及引导员工,其管理的点在于提高效率,完成任务。其管理特征是订立各种严格的工作规范,加强各种法规的颁布和管制。为了提高士气则用金钱刺激,同时对消极怠工者严厉惩罚即采取"胡萝卜加大棒"政策。

"经济人"假设的进步意义在于,从某种程度上说,能正视人的"趋利"本性,因势利导,从满足人的最基本需求出发,进一步激发人的积极性。从这种人性假设出发,管理工作就要对人诱之以利,惩之以罚。"经济人"假设,对于大学生创新管理,我们可以提出这样的假设命题(以考试作弊为例):既然考试作弊屡禁不止,说明一些学生本性是懒惰且想投机取巧的,这是一个不能回避的事实,大学生仍然具有人的"趋利"本性,不能回避和否认。既然这样,我们必须建立一种对遵守纪律的学生有足够的激励力同时对不守纪律的学生有足够震慑力的措施。以往,我们往往对遵守纪律的学生没有任何奖赏,认为理所当然,对违反纪律的学生处罚措施过于宽松,起不到一定的震慑作用。因此,对于守纪律的学生我们可以给予一定的诚信德育加分,可以作为德育基础分进行操作。同时可以评选诚信标兵,树立典型,使人们意识到守信不仅是一件光荣的事情,同时是一件有利的事情。对于作弊的学生不但没有德育基础分,同时要建立更为严格的处罚措施。有的大学规定,考试作弊直接开除,有经济不诚信的行为,如果触犯了一定的法律,同样施以严惩,绝不姑息。这种赏罚分明的措施实际上兼顾了所有层面,更贴近学生实际。

3. "四位一体式"诚信管理机制

建立学校、家庭、社会、学生个人"四位一体"的诚信教育联动建设机制,四者之间相互促进,共同服务于大学生诚信教育道德实践。

一是学校诚信

管理学者德鲁克说:"管理者的素质和工作能力是一个企业在竞争的经济中,唯一能够拥有的有效优势。"因此,学校诚信是大学生诚信教育的基础,学校诚信是政府诚信的缩影,包括学校部门诚信和教职员工诚信。学校要有诚信办学理念。很多高校把诚信办学写进校训,如上海立信会计学院的校训是以诚信为核心的 24 字校训"信以立志,信以守身,信以处事,信以待人,毋忘立信,当必有成。"说的就是办学的诚信。学校育人为本,若本身存在着不诚信行为,则会失信于学生,诚信教育本身也就失去了说服力。近年来,有些学校在收费、教学、考试等工作中存在着一些不诚信问题,严重影响了高校的声誉;教师是学生成长的重要引路人,其本身的诚信素质对学生有着潜移默化的影响。近年来一些高校教师学术抄袭现象屡见不鲜,这也给大学生诚信教育带来了很多负面影响。因此,教育学生诚信,学校首先要担当楷模,做到诚信。

二是家庭诚信

家庭是社会的细胞。每一个成功的孩子背后都有父母默默的付出,可以说家长是学生第一个老师。家长的诚信对孩子有着深刻的影响。"父母对子女进行诚信教育的方法和途径有两种:一是说理性的观念教育,即言教;二是行动示范教育,即身教。"因此,我们要重视家庭教育。父母要有责任意识,对孩子不仅仅是"养",更要"育。"尤其孩童时期,孩子模仿能力强,他们言行往往有着父母的影子。每一个家长都要注意言行诚信,生活中努力给孩子创造诚信的家庭教育环境,培养孩子的责任感和诚信意识。古代有曾子杀猪的故事:曾子的夫人到集市上去,她的儿子哭着要跟着去。她对儿子说:"你在家,等我回来杀猪给你说。"她刚从集市上回来,看见曾子想要捉猪杀猪。他的妻子阻止他说:"不过是和孩子开玩笑罢了。"曾子说:"小孩是不能和他开玩笑的啊!小孩子没有思考和判断能力,等着父母去教他,听从父母亲的教导。现在你欺骗孩子,就是在教他欺骗别人。母亲欺骗了孩子,孩子就不会相信他的母亲,这不是用来教育孩子成为正人君子的方法。"于是曾子就杀了猪,煮肉给孩子吃(《韩非子》)。这则故事说明了父母诚信的重要性。对于大学生本身存在的不诚信现象,父母也要及时给予批评教育,帮助学生明辨是非,协助学校做好大学生的诚信教育。

三是社会诚信

政府、企业等社会诚信是诚信良性循环的重要因素。"社会变化可以直接、间接诱发教育系统的失范行为,其依据是任何一种较为普遍的社会现象,对教育均有相应的氛围效应"因此,加强大学生诚信教育,必须创造良好的外部环境,加强法制建设和社会建设,加大宣传有关法律、教育、舆论的力度。当前我国法制建设尚不完善,一些不良企业制假售假,牟取暴利。有些地方政府失信于民,在拆迁、监狱管理、特大事故处理等方面存在着不诚信现象,某些党员干部贪污腐败。这些现象对大学生产生了很大的负面影响,不仅仅影响他们对党、国家的情感,也影响他们的诚信观。因此,社会应该为大学生诚信教育提供一个良好的诚信教育环境。只有公务员诚信、企业诚信、政府诚信,才能促进整个社会诚信风气的形成。

四是大学生个体诚信

"自律"是学生自我修养、自我约束的行为。大学生诚信教育除了教育者的他律,自律在品德形成中有着重要的作用。我们要创造意境和条件,培养学生自律能力,促进学生诚信知识、诚信情感、诚信意志、诚信实践的形成。如学校通过举办丰富多彩的校园活动和社会实践活动,营造诚信校园,建设和谐校园,如条件具备,对部分学生实行考试免监考,让学生在一种诚信自律和谐的氛围中成长。通过建设优良的学习和生活环境,"自律"行为会更加有效。

总之,学生的诚信素质培养是一项宏大的系统工程,大学生诚信关乎社会的发展、国家的未来,不仅是高校的一项教育任务,更需要全社会的关心和努力。

在国外,诚信管理与经营已经发展成为一个具有知识经济时代特征的重要产业。西方发达国家的诚信管理已经从国家政府、国际诚信合作组织等行业协会、社会中介、企业、新闻媒体到个人等六个方面体系化、日常化了。国家负责健全诚信管理法规和整合管理体系,行业与企业都有自我约束与保护的诚信专管部门,社会中介机构随时提供诚信管理服务,无处不在的媒体曝光也让人不敢存有侥幸。以诚信管理体系为主题建立全面的管理体系,可以较好地建立诚信信息有序通道,最大可能地消除诚信信息不对称所造成的经济盲点,更好地利用诚信资源,更合理、更经济地配置市场资源,有利于信息资源的充分挖掘与综合利用。特别是西方有些诚信管理体系标准和管理经验值得我们学习与借鉴。

国外许多国家对于大学生创新管理都采取的是一种合力育人机制。美国整个社会都有一种诚信教育与管理的氛围。美国政府设有专门的诚信教育研究机构,有独立的编制、经费,并受美国政府法律的保障。家庭教育中,美国父母很重对于孩子的诚信教育,社会宣传媒体也注重营造诚信氛围,并树立相应的诚信榜样,教育青少年。美国民众重视诚信教育,一方面,很多人信奉基督教,基督教信奉不撒谎;另一方面,美国的法律制度严格规定不诚信所带来的严重后果,大学更加注重宣传教育,很多大学还结成诚信同盟,共同监督学术不诚信行为,包括很多民间团体,也把诚信作为重要的内容来研究。总之,美国的大学生诚信教育不是孤立的,而是形成了校内、校外一致性的教育氛围。

其他国家对于诚信管理也很重视,并有相应的措施保证。

德国重视诚信管理的基础性教育,从孩子很小时就注重对他们的诚信教育。德国的教育心理学家普遍认为,孩子从四五岁时就具有价值观和辨别是非能力,是最佳的教育时期。在德国的青少年教育体系里,注重家庭教育。德国在教育法中明确规定,家长有义务担当起教育孩子的职责。因此,德国很重视家庭教育,家长们普遍遵守这样一个原则:教育孩子诚实守信,家长必须做出榜样。在德国的十字路口,经常会见到这样一块牌子,上面写着"为了孩子请不要闯红灯"。在德国,如果有人随地乱扔垃圾或者在没有停车标志的地方停车,马上就会有人过来阻止,并讲述遵守社会公德、为下一代作好榜样。家长榜样教育不仅培养了孩子良好的道德品质,同时也规范了成人自觉遵守社会秩序。

德国也很重视诚信管理,这也为大学生诚信教育创造了很好的环境氛围,使价值观高度一致。德国有完备的社会信用记录。德国中央银行设有专门掌管社会成员包括企业和个人信用信息的服务机构，从事信用评级、信用管理等业务。一旦客户出现信用问题，如恶意透支信用卡或不及时还款，都会被记入资料库。而有过不良信贷信用记录的客户在今后的生活中会碰到很多困难，如申请贷款时会被拒绝或者支付高利率，要想用分期付款方式购买一些大件商品时也会被商家拒绝。即使在日常生活中，这种监督也无处不在。乘车如果逃票被查到，就会被记入个人的信用记录，成为终生的污点。

(三) 诚信管理的保障机制

俗话说，工欲善其事，必先利其器。大学生诚信管理是一项系统工程，需要具备一定的硬件设施与软环境建设。信息时代，诚信管理不仅是一套成熟的制度建设，也需要相应的信息系统建设及现代的监控设备。

1. 诚信信息管理体系建设

管理信息系统（Management Information System—MIS），是一个以人为主导，利用计算机硬件、软件及其他办公设备进行信息的收集、传递、存贮、加工、维护和使用的系统。诚信管理信息系统即对于大学生诚信状况进行信息采集、输入、存档、查询等进行一系列操作的系统。现代社会，信息管理系统是一种实用工具，我们必须加以充分运用，服务于对学生的诚信管理。诚信网站建设势在必行。目前，关于大学生诚信管理的网站不多，尚未引起足够的重视。这将不利于诚信管理的进一步完善。

一般说来，诚信管理网站要求具备多项功能，诚信教育、诚信服务、诚信管理、诚信评估等方面功能，定期采集诚信评估报告，以此作为大学生就业、评优、奖励的依据之一。将零散的信息集中采集，进行系统化管理更科学、更便捷、更直观。诚信管理网站要与社会征信网站进行一定的衔接，以便更好地体现学生诚信状况。目前一些高校已经开始尝试与社会征信网站进行对接，增强大学生的信用意识。上海大学 2003 年曾与上海资信有限公司签订协议，共同建立"大学生信用档案"系统,标志着上海市个人信用联合征信体系的进一步充实完善。

"大学生信用档案"是对学生在校期间相关信用行为记录,以及来自"上海市个人信用联合征信系统"中信用信息的基本描述。毕业时,本人可申请定制个人信用评估报告,作为用人单位的参考资料。

在大学生诚信管理方面,广东省经过多年探索、研究,率先在国内建立并成功运行社会一体化信用档案公共服务平台——中国人才信用网;同时,该省的大学生信用档案建设也正日趋完善。

中国人才信用网平台由广东上下五千年资信科技有限公司作为第三方征信机构投资运作,2011 年底,该网站已累计建立 187 万份单位与个人的电子信用档案。中国人才信用网的个人电子信用档案,可自主管理、分权控制、多方互动、电子流通、实时查询、动态维护,逐步实现与劳动社保、人力资源管理及其他经济社会交易活动联动,最终延伸和覆盖全社会劳动就业人员。广东建立中国人才信用网的举措为国内其他地区提供了人才信用管理的成功经验,这也为国家对个人信用法律法规的制定,奠定实践基础。目前,越来越多的企业除了看重学生的获奖经历、实践经历,同时也看重学生的诚信品质。因此,大学生诚信管理信息系统的建立是学生纳入社会征信体系平台的基础,信息化的管理有助于大学生诚信品质的形成和管理的现代化。在欧美国家,社会征信体系几乎覆盖每个人生活的方方面面。成熟的信用体系背后是完善的法律支持。在录用求职者前查询其信用档案,在欧美国家已非常普遍,这有利于保护用人单位的切身利益,降低不诚信人士危害公司的潜在风险,同时加强了优秀学生在择业时的公平性。

目前,国内几家大的征信机构业务仍以为银行服务为主,对企业、个人做一些资信调查。随着诚信危机的出现,失信风险远不止是金融领域,其他领域也很严重,所以从国家层面也意识到只有建立以道德为支撑、人权为基础、法律为保障的诚信管理体系,从组织机构、风险识别、失信控制以及信用评价的各个方面鼓励组织建立完善的诚信管理体系,实施中国的诚信战略才是解决诚信危机的出路。

2. 诚信监控管理体系建设

随着时代的发展,诚信管理不仅仅是制度层面,还要具备一定的硬件设施来保障诚信的有效管理。近年来,随着通信技术的迅猛发展,加上通讯设备的普及,监控手段往往落后于试卷答案买卖市场更新的步伐,使得近年来替考、买卖考试答案这一市场愈发生机勃勃。利用无线电通信手段进行考试作弊的做法隐蔽多样,不易被发现。如利用无线电通信手段作弊的一般流程是,作弊人员分考场内、外两部分完成作弊行为:考生进场得到考题后,便利用读题笔、微型照相机或微型摄像机等器材取得考题内容,然后利用微型或伪装的无线电发射设备传送到场外。这个过程一般很快完成。场外人员通过无线电接收装置得到考题后,马上利用互联网等多种手段分发做答,取得答案后,再将答案发回场内参考人员携带的无线电接收装置中,例如无线微型耳机等。面对以上高级的作弊手段,许多高校不具备破获能力,还是课堂监考的传统方式,没有考试监视器屏蔽仪及金属探测器,因此,新型的作弊方式越演越烈,无形中助长了考试作弊的恶劣风气。

有的学校具备反侦察考试作弊的设备,使得考试作弊的数量大大减少。如针对特定监测任务,做好充分监测准备,有的放矢。监测站技术人员,根据利用无线电通信手段作弊的特点,制定了一整套完备的监测保障计划。成立无线电保障技术小组,提前对考区附近地区进行电磁环境专项监测。作弊常用频段主要集中在 150 MHz、230 MHz、400 MHz 和 600 MHz 等频段,需要监测的频段很宽,不能轻易放过任何一个角落。对这些频段进行扫描,对期间的无线电信号做好标记,长时间积累监听监测资料,做到及时鉴别作弊信号并进行干扰及破获。

面对考试作弊手段的不断升级,国家级考试管理中心也不断研究制定新办法解决这一问题。如 2012 年的高考,监控成为认定作弊证据。在高考准考证的背面写着考场规定,"第十一条:考试场所实施视频监控回放查出的违规行为,一律按照国家教育考试违规处理办法严肃处理。"即把视频监控的录像作为认证考生是否作弊的手段之一。这是一个非常重要的变化,说明我们国家对于高考更加重视,因此在真实性、公平性上的要求也是越来越高了。2012 年研究生考试沈阳市招考办防范作弊的手段更为全面,全方位"立体监控",不留死角。考试期间,考试管理部门利用电子监控录像系统对考场内全部座位联网监控,实行网上巡考,实时监控每个考场内每名考生的考试情况,并对考试过程全程进行同步录像。所有考场全部使用移动通信信号屏蔽器。

3. 诚信管理的法律化

随着现代社会的发展,诚信不仅仅属于道德范畴,也是一种法律定义。诚信管理不仅仅需要道德层面、制度层面,也需要法律层面的机制设置。

近年来,中央政府对于诚信的公民道德教育都非常重视。特别是近几年,"诚信危机"的提法也越来越多。两会期间人大代表和政协委员对"诚信立法"的呼声、中央治理商业贿赂的开展、监察部的成立都为中国的诚信体系建设起到了积极推动作用。早在 1999 年就有企业家黄闻云给时任总理朱镕基写信,提出了市场经济下的诚信危机。2000 年春的"两会"期间,也有政协委员童石军、贾亦斌等人提出了"关于建立国家信用管理体系"的 5 项方案。2003 年 9 月,温家宝总理对上海市的社会诚信管理体系建设给予了充分肯定。2007 年 1 月 18 日,为共同抵制和严惩科研不端行为,科技部、教育部、中国科学院等 6 部门建立了科研诚信建设部门联席会议制度。国办发〔2007〕17 号文件也对社会信用体系建设提出了若干意见。2008 年初的两会期间,天津电视台直播了"两会"代表多位同志就诚信体系建设话题的采访。2009 年 3 月 5 日"诚信体系"第一次写进了国务院《政府工作报告》,之后 2010 年和 2011 年"诚信体系建设"均成为国务院《政府工作报告》中一项重要内容。

我国《民法》《经济法》《合同法》等与市场经济有关的法律均以诚实守信为其根本原则,上升到文明的高度,即经济文明和制度文明的契合。基于此,现代市场经济亦是制度经济,市场经济体制为其先导,完善的法律制度为其护航。我国

1986 年颁布的《民法通则》和 1999 年颁布的《合同法》,都将诚实信用规定为法律的基本原则,2005 年修订《公司法》《证券法》和最近颁布的新《破产法》等多部法律,也十分重视诚信原则的贯彻落实;这些足以说明诚信既是立德之本,也是行法之源,是最基本的道德规范与法律品质,是其他一切美德和规则的基础。例如加拿大提出《三个理事会关于研究与学者诚信政策声明》;美国制定了《关于不良研究行为联邦政策》;日本出台了《科学工作者行为规范征求意见稿》;德国公布了《关于提倡良好科学实践和处理涉嫌学术不端案件的指南》;澳大利亚政府当局讨论了《"澳大利亚负责任科研行为规范"征求意见稿》;芬兰做出《良好科研规范及科研不轨与欺诈行为处理程序》;波兰颁布《良好科学行为的准则》等,卢梭在其著名的《社会契约论》中以人民和政府的关系为例,指出人民与由人民组成的团体之间是契约关系。法律面前,每个人都有平等的权利,为了防止权力的弱肉强食,防止有人不讲信用,每个人让出一部分权力给这个团体,团体与人民有契约,如果团体不讲诚信,人们可以解除这种契约。高校与学生的关系也包含有契约关系,如果高校及其管理者本身不讲诚信,学生同样有权利维护至上的契约精神,高校与学生任何一方如果不讲诚信达到了法律所涉及的领域,都同样要承担违反诚信的法律后果。如北京大学的《本科考试工作与学术规范条例》,北京外国语大学的《科学研究行为规范及管理办法》,首都医科大学的《关于违反学术规范行为处理办法》等。在北京大学的《本科考试工作与学术规范条例》中明确规定"本科生不得有下列违反学术规范的行为:1. 编造、篡改研究成果、实验数据或引用的资料;2. 以各种手段将他人已发表或未公开发表作品的全部或部分据为己有的抄袭、剽窃行为;3. 提供虚假论文发表证明。"首次增加了有关论文写作中学术规范的内容,规定本科生有如下情况之一:已提交的论文、实验报告、本科生科研论文中存在抄袭事实,且抄袭篇幅超过总篇幅 50%者;已提交的毕业论文(设计)中存在抄袭事实,且抄袭篇幅超过总篇幅 30%者;被使用的他人观点构成该学术违纪。

　　瑞士重视诚信立法。1907 年瑞士国会通过的《瑞士民法典》是世界上最早制定的民法典之一。这部法典的第二条就规定"任何人行使任何权利,或履行义务,均应以诚实信用为之",使诚信原则成为民法的基本原则。瑞士国家公务员中有专门的"价格先生",负责监督餐饮、医药、旅游等行业的定价,防止不法商人哄抬物价。但自设立这一官职以来,很少发生"价格先生"处罚不法商贩的事件。在瑞士,商家倘若一味追求利润,不搞诚信经营就没有立足之地,早晚会被市场淘汰。许多瑞士服务行业都实行事后付账的方式,将账单寄到家中,在规定的日期内支付,其基础靠的就是信用。正因为如此,瑞士银行的信誉度是很高的。

我国著名教育家朱九思提出:管理也是一种教育。教育从内向外促进人的发展,管理由外到内影响人的提升。因此,通过大学生诚信管理的有效开展对于提高大学生诚信品德、促进大学生全面发展具有深刻的现实意义。

参考文献

[1]史瑞杰,魏胤亭.诚信导论[M].北京:经济科学出版社,2009.

[2]张体勤,穆思伦.大学生诚信修养概论[M].济南:山东人民出版社,2011.

[3]邹绍清,董娅,刘维.当代大学生政治诚信状况调研与对策思考[J].思想教育研究,2010(4).

[4]张钊.南京高校本科生诚信现状调查报告[J].才智,2010(17).

[5]周光迅,朱安庆.构建当代大学生诚信管理机制的若干思考[J].杭州电子科技大学学报(社会科学版),2010(2).

[6]郝嫩月.加强我国大学生诚信管理的思考[J].城市建设理论研究,2012(10).

[7]常建勇.美国大学生诚信管理体系运行机制及对我的启示[J].中国青年研究,2008(3).

[8]郝嫩月.大学生诚信档案管理策略[J].黑龙江档案,2008(3).

12 大学生自我诚信教育研究

房华强　　郁顺华

【提要】大学生诚信品格的养成,不仅需要教育制度的构建、教育者的施教等他律因素,更离不开发自大学生自身心理矛盾运动的自我诚信教育。当前,大学生自我诚信教育整体上是良好的,但也存在教育意识淡薄、教育能力不足、教育实践存在偏差等问题。高校思想教育工作者应积极构建相关教育机制,引导大学生开展自我诚信教育。

大学生的诚信状况事关高校思想政治教育的成败,事关国家和民族的前途和命运。随着社会对诚信诉求的增多及对大学生素质要求的提高,思想教育工作者日趋重视大学生的诚信教育。大学生自我诚信教育是加强和改进高校大学生诚信教育不可或缺的环节,也是塑造大学生诚信品格、培养诚信大学生的客观要求。当前大学生自我诚信教育状况整体上是良好的,大部分学生认为"诚信是大学生必须具备的思想道德品质",并积极主动地接受学校诚信教育,愿意通过学校教育和自我教育养成诚信品格、成为一名诚信大学生。但,同时大学生自我诚信教育因具有强烈的主观色彩,容易受到客观现实的利益诱惑和主观思想活动的影响,呈现出自我教育意识淡薄、自我教育能力不足以及自我教育实践存在偏差等问题。对此,我们认为加强大学生自我诚信教育需积极构建大学生自我诚信教育的引导机制、组织机制和实践机制。

一、大学生自我诚信教育的理论探源

诚信是一切道德的基础,是人作为社会主体最重要的道德品质,也是中华民族的传统美德。随着人类社会的发展和人们道德水平的不断提高,诚信不断被赋予新的内涵和要求。特别是改革开放以来,随着社会转型,诚信不仅成为建设社会主义和谐社会的道德基石,也是建立市场信用制度的道德保障以及社会人际关系和谐的重要准则。加强诚信建设和诚信教育已成为当前思想道德建设的重中之重。

大学生自我诚信教育是大学生作为主体开展自我教育、逐步养成诚信品格的实践活动。全面把握大学生自我诚信教育的含义，需对"自我"和"自我教育"加以分析。

"自我"一词的概念最早出现于西方，英文对应词一般是 self 和 ego。哲学意义上的"自我"源于西方社会对"自我"的关注和探求。古希腊哲学家普罗泰戈纳提出"认识你自己"的观点，标志着人类自我意识的最早觉醒。近代法国哲学家笛卡尔视理性为人的本质，开启肯定人意识的先河。德国哲学集大成者康德则认为，自我本身包括双重的自我，一个自我是思维主体，另一个自我是作为感觉、知觉的客体。马克思认为，"自我"是作为认识和实践的主体的个人。正是这个人类实践的主体，才是一种真正伟大的力量。人类社会是由无数个人组成的，任何人都是作为个人而存在。"'自我'只有作为社会、历史的产物和结果，才是自觉的主体。'自我'是社会的细胞。这个细胞只有生长在社会、集体这张皮上，才有充沛的生命力。"[1]由此可以发现，哲学家对"自我"概念的认识并不是一成不变的，而是一个不断丰富和完善的动态过程。

自我教育，顾名思义就是自己对自己的教育。《中国大百科全书》认为，广义的自我教育又称自我修养，是指受教育者根据一定的世界观和方法论，来认识主观世界和教育自己的全部过程。也就是人们以自己已经形成的思想品德为基础，而提出一定的奋斗目标，监督自己去实现这些目标，并评价自己实践结果的过程。狭义的自我教育即自我批评，德育的一种方法。[2] 学者赵超凡认为，自我教育是指思想政治工作的对象，通过自己的主观努力和自身修养，联系自己的思想和工作实际，自觉克服错误，树立正确的世界观、人生观的过程，就是自己做自己的思想政治工作。[3] 也有部分学者认为，自我教育只是一种具体的道德教育方法，或称"自我教育法"。综合各位学者的观点，本文认为，自我教育是指作为

---

① 唐全贤：《关于"自我"的是非论》，天津人民出版社 1990 年版。
② 《中国大百科全书（教育卷）》，中国大百科全书出版社 1985 年版。
③ 吴翊华：《大学生道德自我教育及高校德育创新》（硕士学位论文），苏州大学，2007 年。

认识和实践主体的个人，按照一定的社会要求，在教育者的引导下，根据自身发展规律和需要，不断完善自我、发展自我的教育实践活动。

自我诚信教育是自我教育中的特殊形式，与自我教育是特殊与一般的关系，主要侧重主体在自我发展和自我完善的过程中养成诚信品格的道德内化活动。大学生自我诚信教育中的"自我"并非哲学家们眼中具有抽象意义的"自我"或"自我意识"，而是处于一定社会关系之中的大学生自身。也就是说，大学生是开展自我诚信教育的特定主体。经过以上分析，本文认为大学生自我诚信教育就是在高校诚信教育的过程中，大学生根据社会诚信道德的要求和大学生自身道德发展的需要，自觉地确立诚信意识并主动养成诚信行为，以形成主体性诚信品德的自我教育活动。

二、大学生自我诚信教育的意义探究

首先，大学生自我诚信教育是加强和改进高校诚信教育的必然要求。高校诚信教育（他律）与大学生的自我诚信教育是塑造大学生诚信品格、培养诚信大学生不可或缺的两个维度。两者是辩证统一的关系。离开诚信教育中高校主体的参与，只谈大学生自我诚信教育，会使大学生诚信教育失去价值引导；同样离开大学生的自我诚信教育，只谈高校诚信教育，会使诚信教育变成口号，脱离大学生思想和行为实际，影响教育效果。加强大学生的诚信教育，除继续加大高校诚信教育力度、完善诚信教育体系等他律措施外，在此基础上，还要充分调动大学生自我诚信教育的积极性和主动性，引导他们积极地推动自我诚信教育。通过自我诚信教育、自我诚信约束，达到提高大学生自身诚信素质、养成诚信品格的目的，这是新形势下加强和改进高校大学生诚信教育工作的必然要求。

诚信作为基本的道德原则，必须基于人的真实德行成就和存在的完成，才能实现其作为诚信的本真意义；而今人多从人际交往的角度来理解诚信，脱离开人的德行实现这一本然向度，不免有将其功利化的偏颇。同样，学校在大学生诚信教育方面,更多地将诚信理解为人际交往、工具理性领域的诚信,而相对忽视了作为大学生道德法则和内心修养的诚信。近年来,随着社会对大学生诚信状况的关注以及要求的提高,部分高校加大了诚信教育的力度,进行了相当程度上的探索,包括从入学到毕业、从课堂内到课堂外、从课程考试到学术研究等方方面面制定了一系列规章制度,以期实现对大学生失信行为的预防和奖惩。然而,从大学生失信行为频发的现状来看,这种过于依赖诚信他律的教育手段和方法收效并不明显。根据笔者对部分学生失信行为发生的动机分析来看,学校诚信教育的他律规则并没有真正转化为大学生内心的自律守则,影响了诚信教育的效果。

苏联著名教育家苏霍姆林斯基说:"只有能激发学生去进行自我教育的教育才是真正的教育"。同样,大学生诚信品格的养成,既要依赖教育者不懈的培育,同时也依赖大学生内在的心理活动,依赖他们内部的心理矛盾运动。因此,新形势下,高校开展诚信教育需坚持以学生发展为本,从学生的内在需要出发,引导学生把内在的诚信道德修养与学校的诚信教育相统一,注重大学生自我诚信教育体验,培养大学生的自我诚信教育能力。

其次,加强大学生自我诚信教育是促进大学生养成诚信品格的客观需要。当前大学生绝大部分为 90 后,多为独生子女,受到家长的宠爱甚至娇惯;他们年纪轻,社会阅历不深,生活经验少,缺乏法律、纪律和道德上的自我反省和自我控制能力,容易受到社会多元化价值的侵扰和影响。当他们面临利益诱惑或者不良社会思潮影响时,往往会发生失信行为。特别是在大学生考试作弊、简历作假、恶意拖欠信用卡、助学贷款等不良行为频发的状况下,引导大学生养成良好的诚信品格既是社会、学校、家庭对大学生的期望,又是大学生自我修养及健全人格发展的目标。

大学生诚信品格的养成,一方面需要学校主体尊重学生心身健康发展的规律,通过全面的诚信教育,帮助大学生营造良好的诚信教育环境;另一方面还需要引导大学生进行自我诚信教育。从大学生自身思想行为特点上来看,他们社会阅历浅、不够成熟稳定的同时，思想活跃、个性强，喜欢并追求自我设计、自我实现，竭力表现自我价值，特别是随着改革开放和社会主义市场经济的不断深入发展，校园与社会界限的逐步淡化，大学生思想活动的独立性、选择性不断得到锻炼和增强，他们喜欢独立思考与尝试新鲜事物，喜欢独立发现问题、分析问题和解决问题。因此高校开展诚信教育不能简单地满足大学生的理论知识的需求，而是要结合学生思想行为实际，充分调动学生的积极性和激励学生的参与意识，充分调动大学生自我诚信教育的自觉性，强化他们自我诚信教育的意识和能力，使外在的学校诚信教化与大学生内在的自我诚信教育有机地结合起来，使大学生的诚信道德修养能向更高层次发展。

最后，加强大学生自我诚信教育有助于大学生应对社会诚信缺失的影响。马克思认为，人的本质是一切社会关系的产物，人总是处于一定的社会关系之中，人的道德品格的形成往往被打上特定社会条件的烙印。大学生也不例外，特别是他们诚信品格的养成往往受到社会环境的影响。当今大学生成长在和平的年代，社会物质条件和人们的生活水平得到了极大的改善。物质财富的增长为大学生的成长成才提供了物质保障的同时，社会发展过程中产生的失信行为也对大学生诚信品格的养成产生不良影响。

因社会诚信体系建设不健全，遵守诚信的成本远远大于失信的成本，当前我国社会的诚信缺失已从经济领域逐步扩散到政治、教育、科技、体育、卫生等社会生活的各个领域。比如"瘦肉精""染色馒头""老皮鞋制酸奶"等产品造假，部分政府官员腐败、学术造假、假新闻等，社会诚信缺失不仅造成巨大经济损失，破坏了法律的权威及政府的形象，还导致整个社会道德的滑坡；例如，"小月月"事件、"彭宇案"等足以说明人们之间信任感的降低以及社会人际关系的冷漠。这些社会的失信行为在一定程度上对大学生诚信品格的养成产生严重的负面影响。尤其是随着市场经济发展而滋生的享乐主义、拜金主义等不良思潮，容易对大学生的诚信选择产生冲击。因此，加强大学生自我诚信教育是高校引导大学生应对社会诚信缺失影响的内在要求。通过加强大学生自我诚信教育，帮助他们在多样化、复杂化和多元化的环境中明辨是非、坚定诚信信念,自觉与生活中的不良失信行为作斗争,增强他们的社会责任感,促进他们健康成长、全面发展。

三、大学生自我诚信教育的现状分析

(一)当前大学生自我诚信教育的问题和不足

自我诚信教育是大学生铸造诚信品格而进行的自我塑造活动。为了深入了解当前大学生自我诚信教育的现状,我们在部分高校通过座谈会、个别访谈、问卷调查等形式进行了调研。结果显示,当前大学生诚信现状整体良好,大部分受访学生认为"诚信是大学生必须具备的思想道德品质",并积极主动地接受学校诚信教育,愿意通过学校教育和自我教育养成诚信品格、成为一名德智体美全面发展的优秀学生。同时,我们也发现大学生自我诚信教育存在着一些问题与不足。

1. 自我诚信教育意识较为淡薄

高校诚信教育的实效性,关键的评价指标是大学生的态度和接受教育的程度,亦即诚信教育需通过大学生内在的思想矛盾运动最终完成。高校诚信教育效果的提升离不开大学生自我诚信教育的加强。而加强大学生自我诚信教育首先应有明确的自我诚信教育意识。大学生的自我诚信教育意识是指大学生对自己进行诚信教育的认识和愿望,是以大学生自身的诚信意识为基础发展起来的,并与大学生的诚信意识的发展水平相一致。大学生开展自我诚信教育,需要自身具有较强的自我教育意识,这是开展自我诚信教育的前提,也是自我诚信教育是否有效果的反映。调查中发现,当前大学生自我诚信教育意识比较淡薄,较为缺乏对自我诚信教育的相关理论和方法的理解。在问及"是否对自己开展过诚信教育"时,38%的被调查学生认为"诚信教育是学校的事情,自己没有开展过",46%的学生选择"不好说、说不清楚",只有9%的学生明确表示"曾对自己的行为是否诚信进行反思",可见自我诚信教育意识的淡薄使得大学生自我诚信教育效果不够理想。

（1）大学生自我诚信认知与评价不足

自我认知是自我教育意识产生的重要基础，如果不能正确地认识与评价自己，很难产生自我教育的强烈意识和迫切需要。[①] 同样，大学生对诚信的自我认知是产生诚信意识的重要基础，对诚信的自我认知出现偏差会影响自我诚信意识的确立。调查中发现，大学生自我诚信认知与评价不足的问题较为明显。在问及"你认为你是诚信的大学生么?"这个问题时，座谈和访谈中70％的学生对此问题的回答显得犹豫不决;调查问卷中，29％的学生选择了"说不清楚"。对于"你如何看待当代大学生的诚信状况"，46％的被调查学生认为"大学生的诚信状况良好，大学生比较讲诚信"，39％的学生认为"大学生的诚信状况一般甚至较差"，从两个数字的对比中可以显示出，部分学生对大学生整体诚信状况评价两极分化。由此可以得出，当前大学生的自我诚信认知基本上从主观判断出发，从经验出发，较为缺乏全面的、科学的认识和评价。

（2）自我诚信教育目标模糊

自我诚信教育目标的设立是开展自我诚信教育关键的环节。目标是否明确、是否清晰往往影响着自我教育的行动。对于大学生而言，大学学习生活的环境与中小学有着巨大差别，对大学生的自觉性和主动性有着更高的要求。然而，部分大学生在步入大学门槛后，要么"挤牙膏"式被动接受诚信教育，要么对自我诚信教育缺乏理解而随波逐流。在问及"你认为诚信的人有哪些特征"时，75％的受调查学生表示"说不清楚"，20％多的学生简单地认为"就是诚实守信、道德高尚"。问及"你是否有明确的自我诚信教育的目标"时，59.3％的大学生选择"有，但不会坚持很久"，3.4％的大学生选择"没有"。可见，大学生的自我诚信教育目标比较模糊，并没有在学业诚信、生活诚信、交往诚信、政治诚信等方面设立明确的目标，这样也就很难明白自我诚信教育的目标是什么。

---

① 周圣娟:《大学生思想政治教育中的自我教育研究》(硕士学位论文)，中国海洋大学，2012年。

（3）对学校诚信教育的认识有所偏差

高校开展诚信教育是社会主义市场经济体制下提高大学生诚信素养的客观需要，也是高等教育发展的必然要求。从大学生角度来看，对高校诚信教育的认识往往会对自身诚信意识的确立产生直接影响。在问及"你觉得高校诚信教育与你的专业学习、求职就业等关系"时，41.2％的大学生选择了"关系一般"，2.5％的大学生认为"没有关系"，其中甚至还有 6.2％的大学生认为"说不清楚、不知道"。问及"你上诚信教育课的态度"时，38.9％的大学生选择了"上诚信课是为了应付考试获得学分"，21.3％的大学生表示"去上课但做自己的事情"，还有 3.8％的大学生表示"自己会逃课"。由此可见，大学生对高校开展的诚信教育并没有正确的认识，存在着一定的偏差。

2. 自我诚信教育能力不足

学习生活中，大学生需要提升综合能力，做到全面发展。综合能力包括逻辑思维能力、人际交往能力、管理协调能力、自我教育能力等，其中自我教育能力是其他能力和素质的基础，也就是说，只有学会了自我教育能力，才能逐步学习提高其他方面的能力。同样，在大学生开展自我诚信教育过程中，自我诚信教育能力的养成是前提。大学生自我诚信教育能力包括对诚信的自我学习能力、自我控制能力和自我激励能力等。

（1）自我学习能力需要提高

自我学习能力是指大学生在自我认识的基础上，根据自我发展的需要，独立自觉地设定学习目标、制定相应的学习计划，从而获取相关知识的能力。自我学习的能力是衡量大学生是否具有可持续发展能力的重要因素。"人的实践活动总是要受一定的思想和理论支配。正确的思想和理论指导人们以正确的方式认识世界和改造世界，实现自己的目的，错误的思想和理论则支配人们以错误的方式参加社会活动。"[①]也就是说一个人只有坚持学习正确的思想和理论，才能不

---

① 张耀灿、陈万柏主编：《思想政治教育学原理》，高等教育出版社 2007 年版，第 223 页。

断发展。当今社会是一个信息爆炸的时代,面对海量的信息和不断变化的环境,大学生不能仅仅依靠学校的知识教育,而是要不断地自我学习、自我完善和自我发展。调查发现,大学生在自我诚信教育过程中,自我学习能力有待提高。一是对学习内容的盲目性。当前大学生都具有一定的诚信意识,也都表示"愿意通过自身努力不断提高自身诚信素养"。但是在自我学习的过程中,因为自身知识储备及理论深度不够等局限,对于选择什么样的学习内容进行自我诚信教育产生困惑。部分大学生认为学习诚信知识就是"阅读诚信小故事",表现出对学习诚信知识的盲目性。二是自我教育方法不得当。大学生在开展自我诚信教育的过程中,容易表现出不知道学什么、也不知道如何学等的不足;或者采取知识学习的方式,对诚信知识、理论和道理采取死记硬背,或者只是服从专业课教师和辅导员老师的安排,依赖性很强。这种自我学习能力在一定程度上影响了开展自我诚信教育的效果。

(2)自我控制力较差,诚信知行脱节

自我控制能力是与社会控制能力相对应的个体社会化过程中非常重要的能力之一。自我控制作为与学生主观能动性直接相关的心理机制,是人的心理与行为的调控系统,人对心理和行为的调控是通过人对其认知过程、情感过程及行为和心理活动的调控实现的。① 大学阶段相较于之前的学习阶段相对宽松,相对充裕的个人时间和相对轻松的学业压力,有助于大学生自主意识的提高,同样对大学生的自我控制能力提出更高的要求。作为人生的关键阶段,大学生通过接受教育和自我体验不断培养自我控制能力就显得特别重要。调研中发现,虽然大学生有着正确的诚信认知,但面对诚信选择时,部分大学生禁不住利益诱惑而做出失信行为。例如在问及"考试作弊是不诚信的"这一问题时,99.8%的受访学生表示"认同",但是在"不作弊就会挂科、丢学分甚至拿不到学位证"时,83.7%的学生表示"自己会考虑作弊"。部分大学生自我控制能力较差,为了实

① 王曦、李树义著:《意志品质与自我控制能力的实验研究》,教育科学研究,2001 第 5 期,第 62-65 页。

现现实利益而做出不道德、不诚信的行为,比如为了取得好成绩及奖学金,部分学生考试作弊;为了提高就业竞争力,不惜制造假证书;甚至为了物质享受,挥霍学费或骗取国家助学贷款。目前大学生群体中,经常会出现的考试作弊、作业(论文)抄袭、简历作假、欺骗撒谎等失信行为,甚至酗酒闹事、打架斗殴等恶性事件,这充分说明大学生自我控制能力的欠缺。部分大学生失信行为的发生都是因为考虑问题、行为选择缺乏自我控制力和意志力,都是从狭隘的个人角度认识问题和解决问题,容易受到现实利益诱惑。

(3) 自我调试能力不足

自我调试能力是自我教育能力中的基本能力,主要是指"发展方向上的调整,道德方位上的调节和思想方式上的调适。"①当今社会发展中存在着一定的复杂性、不可预见性和风险性,任何人在实现既定目标的过程中,都会遇到一些不可知的困难,产生心理上的挫败感,这就需要人们重视自我调试的能力,客观辩证地对待难题。同样,大学生进入大学生活后,虽然被誉为"象牙塔生活",但同样面临着众多不利因素和困难,阻碍了个人目标的实现。在困难面前,部分同学会产生心理疾病甚至自杀等不理性行为,比如个别学生在恋爱过程中因对方失信而想不开跳楼自杀,个别学生因与寝室同学交往失信而剥夺他人生命等。调查中,在问及"一件事情中你被误解或者得不到别人认可时,会有怎样的行为?"37.9%的学生表示会"当场表现出来,甚至发脾气",13.5%的学生认为"寻求老师同学的帮助"。这在一定程度上说明大学生的自我调控能力需要进一步提高。一旦出现考试失利成绩不理想、人际关系紧张等情况,会导致大学生心理挫败感,陷入消极情绪和心理,甚至还会导致部分大学生发生失信行为,这必须要引起德育工作者的重视。

3. 自我诚信教育的实践存在偏差,自我诚信教育组织建设不力

大学生自我诚信教育不仅是大学生主观内在的心理活动或者思维活动,而

① 郑永廷著:《现代思想道德教育理论与方法》,广东高等教育出版社 2000 年版,第 262 页。

且也是一项实践性很强的教育活动;不仅是大学生个体开展的自我教育活动,也包括学生组织的群体自我教育活动。研究发现,大学生开展自我诚信教育的实践存在行为偏差,开展的自我诚信教育活动较为匮乏。

(1)自我诚信教育的实践能力存在偏差

大学生的自我诚信教育实践活动,一方面需要大学生作为实践主体,根据自身道德品质的发展需要,使学校诚信教育内容和教育资源变成自己的知识储备和知识结构,同时通过现实具体的实践活动,将诚信教育内容内化为自身的素质和能力,形成良好的诚信品格;另一方面需要大学生作为教育主体,借助一定的诚信教育的客观条件,主动选择诚信教育内容,进行包括知识学习在内的自我学习,优化自己的知识结构,促进自己知识、能力和素质的变化,达到自我提高和自我发展的目的。然而调查中发现,大学生的自我诚信教育实践存在行为偏差。在问及"你参加学校的诚信教育实践情况"时,33.5%的大学生选择了"不情愿,不得不参加",64.5%的大学生选择"偶尔参加",还有 2%的学生表示"不想参加"。座谈访谈时,我们还发现学校的诚信教育活动具有物质或者精神奖励时,才吸引绝大部分学生参加;否则,部分大学生以应付的心态敷衍了事。在问及"你如何践行诚信理念"时,大部分学生表示"只要不发生失信行为就是在坚持诚信",而主动去助人为乐、将诚信观念落到实处的大学生还是少数,开展的自我教育活动较为匮乏。

(2)自我诚信教育组织建设不力

班级、学生会、学生社团等都是大学生开展自我诚信教育活动的群众组织,调查中发现,这些学生组织开展群体自我诚信教育活动的效果并不理想。一是没有发挥学生组织的主体性,对学校及教师的依赖性强。往往是按照学校活动的统一安排,并不能遵循大学生自身诚信道德发展的需要开展有针对性的活动。这样一来常常使得集体诚信教育活动流于形式,没有实际意义。二是学生组织对群体自我诚信教育活动的重视不足,班级只是作为班级日常管理的组织,常常按照要求开展知识学习或竞赛活动,很少开展道德教育活动。学生会及其他学生社团组织的学生活动也多为娱乐活动或某一兴趣类的活动,对群体的自我诚信教育活动重视不够,缺乏相应的活动机制。

(二) 大学生自我诚信教育现状的原因探究

1. 学校教育因素:高校诚信教育存在的不足不利于大学生自我诚信教育的开展

高校思想政治教育是对大学生开展诚信教育的主阵地和主渠道,其中包括思想政治教育课程教育以及学生工作者的管理和思想教育等,部分高校还开设大学生诚信教育课。高校诚信教育是思想政治教育的重要内容,体现着高等教育发展的社会主义方向,肩负培养和树立大学生科学的世界观、人生观和价值观以及塑造诚信品格的根本任务。高校诚信教育的目标发挥着价值引领和方向主导的作用,影响着诚信教育的内容、方法等。然而当前高校诚信教育存在的不足,影响着思想政治教育根本任务的实现,也不利于大学生自我诚信教育的发展。

(1) 高校诚信教育目标模糊化、内容空洞化影响了大学生自我诚信教育的开展

近年来,随着大学生考试作弊、求职资料造假以及拖欠助学贷款等失信行为的频发,在社会的广泛关注下,高校日趋重视对大学生开展诚信教育,逐步探索建立从大学生入学到毕业、从课堂学习到学术研究、从寝室文化到校园文化等方面的制度措施。这些举措虽然取得了一定的成效,但是并没有从根本上改变高校诚信教育弱化的现状。一方面,从高校诚信教育的定位上来看,仍然从属于思想政治教育,高校诚信教育定位模糊、培养目标不清晰,没有独立的师资、没有相对具体和明确的培养目标和规划。由此,高校只能以思想政治教育的功能和定位来替代诚信教育,按照高校思想政治教育的模式和方式方法开展诚信教育,显然对诚信教育重视不足。另一方面,从当前高校诚信教育的内容来看,诚信课程建设相对滞后,诚信教育教材相对匮乏,教育内容上仍以陈旧的道德教育、思想

教育的教育资源和素材作为内容,要么选取传统文化中的文化典故,让大学生"死记硬背";要么以富含政治教化功能的先进人物,让大学生加以模仿和学习等。当前高校诚信教育的内容远远脱离了大学生思想发展的实际。由此,在高校模糊化的诚信教育目标和空洞化的教育内容的影响下,受教育者们无法把握诚信教育目标与自身实际状况的差异,难以激发开展自我诚信教育的需求,最终不利于自我诚信教育的开展。

(2) 高校诚信教育方式方法上的不足阻碍了大学生自我诚信教育的开展

如前文所述,不管是课堂授课还是学生管理,高校诚信教育的开展都是依托思想政治教育而进行的,高校诚信教育深深地烙上思想政治教育的特点。高校思想政治教育在教育方式方法上重说教轻实践的弊端,严重阻碍了诚信教育效果的提升。一是重说教轻实践的教育方式影响了大学生开展自我诚信教育的积极性和主动性。众所周知,高校诚信教育要取得好的成效,需要对大学生有全面深入的了解,能够科学地把握大学生的所思所想,并且能够从每个学生的思想实际出发,认识大学生诚信道德素质的差异,从而开展有针对性的教育活动。然而,长期以来部分高校思想政治教育中形成了重理论讲授、轻实践的倾向,在一定程度上影响了诚信教育方式方法的创新;这些使高校诚信教育陷入知识教育的误区,认为只要大学生掌握了诚信道理就等同遵守诚信。这种单向度的教育方式,只是把大学生作为说教的对象、知识传授的"器皿",完全忽视了大学生的主体性,压制了他们自我教育的积极性和主动性。二是目前高校开展的诚信教育实践活动需提高活动效果。一般而言,实践活动的开展能有效调动大学生开展自我教育的兴趣和积极性,起到事半功倍的效果。然而,调研中我们发现高校所开展的诚信教育实践活动在次数上相对其他校园文化活动较少,并且活动质量不高。此类活动的开展往往缺乏科学指导和学校的有效支持,活动的目的不是很明确,容易停留在表面而起不到自我锻炼和自我教育的效果。

2. 社会和家庭因素:没有形成支持大学生自我诚信教育的合力

人的道德品质是作为主体的人与社会环境相互作用的产物。也就是说,人的道德观念的养成不仅是内在的抽象思维的过程,也是受一定环境影响和感化的过程。社会环境(包括家庭环境)作为潜在的教育力量,对人道德品质的影响是难以估量的,特别是对于身心发展还不成熟、不稳定的大学生而言,极大地影响着他们的价值选择和道德素质。大学生的生活环境除了校园外,就是家庭和社会两个层面。我们发现家庭和社会因素也是影响大学生自我诚信教育的重要因素。

(1) 社会因素

随着我国改革开放的深化和社会主义市场经济的不断发展,人们的物质生活水平得到了较大幅度的提升,与此同时价值观念上也发生了翻天覆地的变化。虽然社会主义市场经济体制是建立在公有制基础上的,但是因为相关机制不健全,市场经济的负面影响是难免的。这种负面影响主要表现在少部分人出现了"物质主义""拜金享乐主义"以及"一切向钱看"的不良思潮。当代大学生身心尚未成熟,价值判断标准尚未确立,再加上自我控制能力较差等自身缘由,在一定程度上也受到市场经济负面效应的冲击。比如调研中我们发现,部分立志考研升学的学生,在日常学习生活中只关注与考研有关的学科,而对于诚信教育、思想品德教育等漠不关心,只为获得学分;部分求职的大学生,也以"是否对找工作有用"来评价诚信教育活动和各类课程的学习,表现出强烈的功利性。特别是在产品造假获得高额利润、官员腐败、少部分人炫富以及一些不良社会思潮影响下,部分大学生在社会化的过程中逐渐趋于物质化、功利化,往往重视现实物质利益,而忽视道德修养,放弃了价值追求,从而降低了自我诚信教育的要求,最终也影响了他们诚信道德品质的形成。

(2) 家庭因素

父母是子女的第一位教师;家庭是人第一个接受教育的场所,也是人一生中最重要的活动场所。家庭教育是一种以血缘关系为纽带、与家庭生活密切相关的教育,对于人的成长发展具有启蒙意义。大学生的自我诚信教育从一开始就受到家庭成员、家庭教育环境的熏陶和影响,并且一直伴随着大学生成长成才的全过程。然而,经过调查我们发现,当前家庭教育的理念和教育方式并不有利于大学生自我诚信教育的开展。从家庭教育理念上来看,部分家长仍受到"学而优则仕"的影响,父母对孩子的日常生活"全部包办",目的就是让孩子"长大后有出息",能够"成龙成凤"。孩子从小除了学习之外什么都被父母包办,逐步养成了"衣来伸手、饭来张口"般的"小皇帝、小公主"生活习惯,导致他们缺乏自理能力。从教育方式上来看,因为家长对子女过高的期望,"凡事以孩子为中心",使得家庭教育的教育方式方法容易陷入极端:对子女过分溺爱、过度呵护;而一旦孩子不能按照家长制定的轨迹行进,又会导致教育方式的另一个极端,那便是父母不科学地体罚子女,等等。不管是教育理念还是教育方法,这种家庭教育往往会影响大学生在校的学习生活,也会影响他们开展自我诚信教育的效果。

(3)没有形成支持大学生自我诚信教育的合力

针对社会生活中失信行为频发,特别是诚信缺失逐步向教育、卫生、科技、体育等领域扩散的社会现实,引起了全社会的广泛关注。人们逐步认识到诚信缺失带来的巨大危害,呼吁建设诚信社会。对此,政府、企业、学校和社会团体等都采取相应的举措,制定了一定的诚信道德规范,以规范人们的行为。然而,研究中发现,家庭教育和学校教育、学校教育与社会教育之间并没有有效衔接,无法形成协调教育机制。从家庭与学校角度来看,两者之间的联系与协调仅仅是周期很长的家长会,或者不定期的通讯,不能实现对大学生诚信状况的实时沟通,更不能形成家庭教育与学校教育的有效互动。从学校教育和社会教育来看,学校诚信教育相对集中、具有时限(一般为大学生活四年),大学生在毕业前和踏上社会后面临着截然不同的环境、不同的人际关系等,个人关注的重点不同,比如大学阶段主要关注知识技能的学习、道德的养成,而踏上社会后关注如何实现自身价值,这种环境的差异和个人价值追求的变化带来学校诚信教育和社会诚信教育衔接的困难。因此,就目前来看,家庭教育、学校教育和社会教育之间缺乏有效的互动教育机制,没有形成加强大学生自我诚信教育的整体氛围,大学生自我诚信教育在一定程度上还缺乏家庭、学校和社会形成的合力。

3. 大学生自身心理因素:"守诚信"还是"得好处"的两难选择境况

大学生自我诚信教育具有强烈的主观色彩,往往受到客观现实利益诱惑和主观思想活动的影响,尤其是"守诚信"还是"得好处"的两难选择成为影响大学生自我诚信教育的直接因素。对此,我们专门从大学生诚信选择上的道德两难状况进行了调查分析研究,发现政治诚信、学业诚信和交往诚信的道德两难成为影响大学生自我诚信教育的最为直接心理因素。

（1）政治诚信上的道德两难

大学生的政治诚信是大学生参与政治活动所应具有的政治道德,是在校园生活中表现出的对现行政治体系的态度、信仰、情感以及相应的政治参与行为等。作为大学生成长过程中的必备素质,政治诚信是判断大学生是否具有良好政治素质的重要标准。近年来,大学生的思想政治状况总体上是积极、健康、向上的;但是理论认知和现实社会状况的反差,使得部分学生在主流政治价值观认知和政治参与行为上遭遇道德两难,影响了他们的政治诚信。这主要表现在:

一是对主流政治价值观认知上的道德两难。以马克思主义理论为指导,坚持走中国特色社会主义道路,是我国社会主流政治价值观的集中体现,也是大学生接受政治理论教育并逐步树立的价值观念。然而,当前社会中贫富差距问题、官员腐败问题以及部分恶性群体事件的发生,使得部分学生的政治信念产生动摇。书本知识学习与现实社会问题的反差使他们遭遇政治诚信上"信还是不信"的道德两难,如部分学生信仰马克思主义的同时还信仰各类宗教。二是政治参与行为上的道德两难。虽然高校学生尚未完全踏入社会,其参与政治活动相对有限,但是其在履行政治权利、参与政治活动上也存在着道德两难境况。如在行使选举与被选举权上,部分大学生由于对被选举人情况不了解,往往"被选举"或者被建议"应选哪个、不选哪个",结果造成部分学生"选还是不选"的困惑以及"选和不选都没有意义"的失落感。

（2）学业诚信上的道德两难

学业诚信是指大学生在求学阶段恪守道德规范,逐步养成端正的学习动机和学习态度,以及对知识学习、职业规划等的正确认识和恰当定位。现实学习生活中,随着学业、就业的激烈竞争带来的压力,大学生时常面对"守诚信"还是失信赢得"高分数""奖学金""好工作"的选择,遭遇学业诚信上的道德两难。

首先,学习(学术)诚信与考试作弊、学术不端等的两难选择。诚信考试与好的学习成绩并不是一对矛盾体;相反诚信考试是检验学习效果的必需准则,更是扎实学习科学文化知识的基础。然而学习过程中,部分学生仅凭自己的实力,无法通过考试,由此产生一系列不良反应:影响评优、毕业、就业等。也就是说,通过考试作弊,会取得高分数,争取优秀奖学金、找到好工作。在此情形下是否作弊成为摆在他们面前的道德两难问题。我们在对部分学生的问卷调查中发现,在此情境下,约 65% 的被调查对象选择"可以考虑作弊",17% 的选择"坚持诚信",其余的则持"无所谓、没考虑"态度。其次,择业诚信上的道德两难。我们在调研中发现,大学生遭遇择业诚信上的道德两难问题主要表现在求职就业过程中面临的"求职造假"与"找(好)工作"的两难问题;然而现实令人遗憾的是,大部分学生宁为工作机会丢弃诚信。2010 年《上海大学生求职路径调查》报告也显示:42.4% 的毕业生在求职过程中有过违背诚信的行为。其中 13.3% 在面试时夸大自己的能力,还有 11.1% 曾在简历上作伪。

(3) 交往诚信上的道德两难

人际交往是大学生活的必修课。良好的人际交往能力是大学生成长成才的必备素质。校园生活中大学生主要的人际交往对象是同学和老师,因此交往诚信则主要表现在与师生人际交往中的诚信品格。虽然校园生活具有一定单纯性和特殊性,大学生在交往诚信上同样存在道德选择的两难问题。日常交往中的道德两难是指大学生在不同交往情景的行为选择与坚守诚信之间的选择两难,涉及大学生交往的方方面面,更多地表现为生活中的琐碎细节。比如"能否撒善意的谎言""教室自习是否可以占座""寝室统一熄灯是否影响自己的学习",等等,从点点滴滴影响着大学生对于交往诚信的选择。然而,部分大学生面对这种道德两难的选择,并非坚持诚信的原则,而是失信行为屡有发生。部分大学生在就餐、购票时任意"夹塞",在图书馆、教室、餐厅和公共汽车上的抢占座位以及说谎、偷盗等各种不良现象并不鲜见,据《中国青年报》的一次调查报告表明,在校生中未说过假话的平均只有 6.2%,而大学生未说过假话的只占 0.48%。

从上述对政治诚信、学业诚信以及交往诚信上大学生遭遇道德两难的分析可以看出,诚信选择上的道德两难状况在一定程度上影响了大学生自我诚信教育的开展,直接诱导了他们失信行为的发生。

4. 网络环境的影响:信息网络化趋势下的众声喧哗

随着科技的进步及信息技术的发展,互联网将触角伸向世界各地,在带给人们生活快捷、便利的同时,开启了一个新的认识和实践领域。然而,在这个前所未有的新的语境下,信息网络化趋势下的众声喧哗对参与其中的大学生产生了空前的影响。所谓众声喧哗是指网络文化呈现出高度多元化的特征,各种思想文化相互碰撞激荡,主流意识形态却应对不足,使得其主导地位被消解、被弱化,由此致使参与主体失去了价值准则,迷失了方向感。这是开展当代大学生自我诚信教育面临的新问题。

信息网络具有虚拟性、开放性、自由性等特点。在这个环境下,社会主体以数字符号的形式出场,其真实姓名、真实性别、真实年龄、社会地位甚至种族都被淹没,实现了同一起跑线上的平等。网络上各种行为处于无人监督,每个人都可能成为网络世界的中心,社会主体在信息网络中获得了现实社会中不可能有的自由和权利,可以使社会主体消除心理障碍和现实束缚,自由尝试各种角色。信息网络还具有开放性与包容性,所有的用户都可以在网上发布、传播、获取信息,同样也可以随意将自己的话语权力公之于世。然而,信息网络环境中海量的信息以及多元的文化思潮对参与的大学生的辨别力、判断力等形成严峻的挑战;面对形形色色的思想观点及信息海洋的冲击,大学生往往困惑于多元化的标准,失去自我判断的能力,或困惑彷徨、或盲目冲动;特别是网络中无力被监管的大量的色情、暴力、反动等污染信息甚至会浸染大学生的精神视域,造成危害。

与此同时,作为网络文化思潮重要组成部分的技术主义也日趋成为控制人的枷锁,使大学生的主体能力受到威胁。在信息网络环境下,大学生足不出户,只要鼠标轻轻一点或者机械地"搜索"就能得到所要的信息或者达到自己想要的结果,网上可以求学、就医、娱乐、商务、办公、阅读、交流,等等;对网络过度的依赖而导致大学生的思维受到限制,现实人际交往能力也不断退化,"科学技术已经成为统治人类的精良工具,人们的目的性行为在现代管理之下已达到高度的合理化,人完全失去了自己的本性。"①大学生的主体性受到控制。

大学生将过多的时间用于网络,对网络逐渐产生难以戒除的依赖性,网络潜移默化的影响逐步淹没高校诚信教育以及自我诚信教育的效果。大学生自我诚信教育的需求会逐步被网络上的"浏览"心态、猎奇心理所取代。加之大学生自我控制能力不强,缺乏需求的自我诚信教育是无法有效开展的,长此以往大学生会逐步失去开展自我诚信教育的意识和动力,最终影响大学生诚信品格的塑造。

四、大学生自我诚信教育的机制构建

(一) 大学生自我诚信教育的实现原则

大学生自我诚信教育是大学生自主开展的、主体性很强的自我教育活动,但并不是完全自发的过程,它需要学校和教育者的正确引导。我们认为,加强大学生自我诚信教育需遵循受教育者主体性与教育者主导性相结合、个体自我诚信教育与群体自我诚信教育相结合等原则。

1. 受教育者主体性与教育者主导性相结合的原则

受教育者主体性与教育者主导性相结合的原则,是指在大学生自我诚信教育的实现过程中,既要充分发挥大学生的主观能动性,同时要发挥教育者的主导作用。只有把受教育者的主体性和教育者的主导性有机结合起来,才能促进大学生自我诚信教育活动的顺利实现。

---

① ［德］哈贝马斯:《作为意识形态的技术与科学》,李黎、郭官义译,学林出版社 1999 年版,第 105 页。

发挥受教育者主体性原则。"主体性是指人及其自由自觉的能动活动所表现出来的基本性质,是人通过实践活动改造客体并使其发生变化以满足人的需要的质的规定性。"①在大学生自我诚信教育的过程中,只有充分发挥大学生内在的自我诚信教育的积极性和主动性,发挥其主体作用,自我诚信教育过程才能真正实现。而主体作用的发挥应首先唤起大学生的主体意识。作为大学生对自身主体地位、主体能力和主体价值的自觉意识,大学生的主体意识是发挥大学生主体自主性、能动性和创造性的前提,主体意识的强弱在一定程度上决定着大学生对自身的认知和自我控制。其次,应充分尊重大学生的主体地位。德国教育家、哲学家洪堡曾指出:"教育必须培养人的自我决定能力,而不是要培养人去适应传统世界,不是首先要去传播知识和技能,而是去'唤醒'学生的力量,培养他们自我学习的主动性、抽象的归纳力和理解力,以便能使他们在目前无法预料的种种未来局势中自我做出有意义的选择。"②也就是说在高校开展诚信教育的过程中,必须把尊重大学生的主体地位放在首位。只有大学生的主体地位受到尊重,大学生才能感到自身的价值、自己受到别人的认可,才能更加有效地促进大学生提升诚信道德素质,更加积极地开展自我诚信教育。

受教育者主体性与教育者主导性相结合原则。大学生的主体性不是主观自发的,需要教育者的正确引导和有效帮助。教育者在大学生自我诚信教育过程中的主导作用主要体现在对大学生自我诚信教育的价值引导、方法支持、监督激励等。其中价值引领最为重要,因为不管诚信教育还是道德教育都需坚持一定的方向性,要与社会发展的要求相一致。教育者应充分发挥主导作用,保障大学生自我诚信教育的开展免受不良社会思潮的影响,引导大学生坚持正确的方向开展自我教育,使自己成为对社会发展有用之人。与此同时,教育者应提供有效的服务,帮助大学生掌握自我诚信教育的方法,定期监督激励大学生的自我诚信教育行为,促进大学生自我诚信教育目标的实现。

---

① 邢宝君:《引导大学生自我教育的实践策略》,中国高教研究,2006年,第11期。
② 凌逾:《面向二十一世纪的自我管理教育》,青年探索,1999年,第2期。

2. 个体自我诚信教育与群体自我诚信教育相结合的原则

大学生自我诚信教育从参与的主体来看,可有单个个体和群体之分。个体自我诚信教育中的主体是单个的人或一个大学生,是指大学生个体根据社会诚信道德的要求和自身道德发展的需要,自觉地确立诚信意识并主动养成诚信行为,以形成主体性诚信品德的自我教育活动,主要形式有自我学习、自我实践、自我体验、自我控制等。群体是由个体组成,群体自我诚信教育是指以团支部、班级或者学生社团等学生自治组织为单位,成员之间相互学习、相互促进、相互监督,以提升自我诚信道德素质为目的而开展的集体自我教育活动。群体自我诚信教育的形式多种多样,可根据成员的兴趣爱好自由设计,常见的有读书学习会、讨论会、批评与自我批评会及学生组织召开的以诚信教育为主题的活动等。

个体自我诚信教育与群体自我诚信教育并非相互孤立的,而是相互联系辩证统一的。个体自我诚信教育是群体自我诚信教育的前提和基础,而群体自我诚信教育又在一定程度上影响着个体自我诚信教育。正如有研究表明:"一个积极向上的集体会调动个体进行自我教育的自觉性,而随着个体自我教育能力的提高,又潜移默化地影响着集体中其他成员自我教育的积极性,从而促使整个集体自我教育水平的提高。"①因此,应坚持个体自我诚信教育与群体自我诚信教育相结合的原则,既充分发挥大学生个体开展自我诚信教育的主动性,又调动群体成员之间相互促进、相互激励、共同发展的积极性,以促进大学生自我诚信教育的开展。

(二)构建大学生自我诚信教育机制

1. 构建大学生自我诚信教育的引导机制

大学生自我诚信教育需要正面激励和引导,需建立大学生自我诚信教育的引导机制。一是自觉向榜样学习。"社会榜样承载着社会所提倡的理想形式和

---

① 韩春红:《思想政治教育自我教育及其实现研究》(硕士学位论文),西南大学,2012年。

个体的自我追求,它具有现时代性、超时代性、抽象性和具体性,它从不同的角度为教育对象提供模仿的样板。"①人的成长发展离不开榜样的激励和引导,大学生对诚信榜样的道德品质、思想境界以及行为习惯的学习,有助于他们提高对诚信价值的透彻认识,有助于他们产生诚信意识、坚持和维护诚信的动机和需要。大学生应自觉学习中外古今文化资源中的诚信楷模,学习身边的诚信事例,以不断强化诚信观念,铸造自己的诚信品格。教育者在大学生学习诚信榜样、进行自我诚信教育的过程中,要积极发挥指导作用,帮助大学生甄选榜样事迹,并提供相应的学习材料。二是自律自省。古语云:见贤思齐焉,见不贤而自省也。自律自省,自古有之;古人先贤们经常以自律自省来提高自身修养。自律自省是大学生对自身的诚信品格和行为进行检查对照,寻找不足和差距的思想道德修养的手段。当前高校诚信教育各种"他律"措施的实施在一定程度上帮助大学生确立了诚信观念,然而面对不良社会思潮的影响或者道德两难的情境和现实利益的取舍,大学生的失信行为还是时有发生。这种外在强化的诚信观念与失信行为之间的知行不一,说明了大学生加强自律自省的必要性。大学生在诚信道德养成的过程中应时常反思自省,查找、修正自己的缺点,接受现实利益诱惑的考验,使自己内心的诚信意识和观念上升到理性思维的高度,成为指导自己行为的道德法则。

2. 构建大学生自我诚信教育的组织机制

自我诚信教育作为大学生铸造诚信品格而进行的自我塑造活动,具有强烈的主观色彩,需要大学生之间的相互砥砺以及集体环境的组织保障。班委会、团支部、学生会、各类学生社团都是建立在"自我教育、自我管理、自我服务"基础上的大学生群众组织,需要充分发挥各自的特点和优势,实现学校诚信教育和大学生自我诚信教育的有效互动。一是通过班级管理推进自我诚信教育。班级是大学生养成自我学习习惯、提高自我管理能力的襁褓,通过班级管理推进大学生的

---

① 白晓艳:《思想政治教育中的自我教育探析》(硕士学位论文),首都师范大学,2008年。

自我诚信教育是现实可行的重要途径。班级应在学校的指导下,制定班级诚信条例,对大学生日常的学习、交往、求职等方面提出有针对性的自我管理措施,并建立符合实际的大学生诚信自查自纠、班级干部督促检查的监督机制,切实将大学生的自我诚信教育落到实处。二是通过加强学生社团建设推进自我诚信教育。大学生社团组织是大学生进行自我诚信教育的重要载体。社团组织是在校学生因价值观、人生观、性格、气质、理想、态度及经历等方面相互产生吸引力从而聚集到一起的群体,群体中的大学生具有类似的社会阅历、成长过程、兴趣爱好等,容易产生共鸣。这种共鸣对大学生形成一定的约束力,进而自觉地调整自我诚信教育的目标和方向。由此,大学生社团组织应创造条件满足大学生参与活动的热情,激发大学生参加社团组织的积极性,使他们自觉接受成员之间的诚信监督,不断提高自己的诚信意识。

3. 构建大学生自我诚信教育的实践机制

马克思说:"人的思维是否具有客观的真理性,这不是一个理论的问题,而是一个实践的问题。人应该在实践中证明自己思维的真理性,即自己思维的现实性和力量,自己思维的此岸性。"[①]也就是说人正确思想的形成需经过实践的检验和锻炼。大学生自我诚信教育不仅仅是大学生主体内部的主观思维活动,而且是一种现实的自我诚信教育活动,应通过一定的实践锻炼,提高自身的诚信道德素养。大学生自我诚信教育的有效开展关键在于引导大学生自觉主动地对诚信加以理解和体验,使以自我认识为基础的自我诚信教育不断深化。这就要求将自我诚信教育的理念落实到大学生日常生活中,并以多种多样的实践教育活动予以呈现。首先,推动诚信实践活动日常化、生活化。大学生应积极参加包括社会实践、学术研讨、志愿服务和文体活动在内的诚信实践活动,将诚信道德规范寓于学习、实践、娱乐等日常生活中,坚持从自己做起,从小事做起,在每一个生活的细节中践行诚信理念。其次,推动诚信实践活动形式多样化。形式单调

---

① 《马克思恩格斯选集(第1卷)》,人民出版社1995年版,第55页。

的诚信教育活动容易降低大学生参与的积极性与兴趣,因此,诚信实践活动的开展应借助网络社区、手机传媒等新载体,寓教于乐,不断激发大学生的好奇心及新鲜感,以提高诚信教育效果。再次,推动诚信实践活动内在化、精神化。诚信实践是大学生诚信道德意义生成的过程,是大学生掌握诚信规范、提高诚信素质的过程。诚信实践活动应富有精神内涵和教育意义,以促进大学生从实践中凝练的诚信认知内化为自身的道德信念,并外化为自觉的诚信行动。

参考文献

[1] 马克思恩格斯选集(第1卷)[M].北京:人民出版社,1995.

[2] [德]哈贝马斯.作为意识形态的技术与科学[M].李黎,郭官义,译.上海:学林出版社,1999.

[3] 张耀灿,陈万柏.思想政治教育学原理[M].北京:高等教育出版社,2007.

[4] 中国大百科全书(教育卷)[M].北京:中国大百科全书出版社,1985.

[5] 唐全贤.关于"自我"的是非论[M].天津:天津人民出版社,1990.

[6] 邢宝君.引导大学生自我教育的实践策略[J].北京:中国高教研究,2006(11).

[7] 朱珉迕.上海大学生求职路径调查[N].解放日报,2010.12.16.

[8] 李景林.诚信的本真涵义是什么[N].光明日报,2012.1.31.

[9] 韩春红.思想政治教育自我教育及其实现研究[D].西南大学,2012.

[10] 刘恒新,张华.构建大学生自我教育的实践机制[J].四川师范大学学报(社会科学版),2010(4).

下 篇

13 潘序伦诚信教育思想研究

徐光寿

【提要】潘序伦是中国会计诚信教育和诚信文化的首倡者。其产生和发展既有坚实的实践基础、深厚的文化土壤和良好的外部环境等宏观时代背景,又有会计专业和会计职业的理论与实践方面的微观历史条件。其内涵包括爱国主义、无私奉献、大胆革新、艰苦创业、实事求是、敬业守信、勤俭建设等精神,既是一种职业道德、治学态度,又是一种人格素养。既承传不绝、始终如一,又与时俱进、革故鼎新,不仅有鲜明的应用型和实用性,还有鲜明的会计文化和会计职业特点。这些思想早已溶入他创办、发展立信教育事业的生动实践和历史长河,成为立信之魂。

在教育理论界,在广义和狭义的教育之外,还有一种更狭义的教育,指的是有计划地形成学生一定的思想政治观点和道德品质的活动,即思想道德教育,包括诚信教育①。德育是教育的灵魂和核心,诚信是德育的基础和根本。诚信,即诚实和信用。

潘序伦是中国现代会计之父、教育家。就教育经历而言,他出生世代耕读人家,幼年接受孔孟诗书教育,少年进入近代著名教育家黄炎培创办的浦东中学,青年时接受了西方完整的新式学历教育,学成归国后在短暂任教上海商科大学和暨南大学商学院后,即于1927年开始创办并长期潜心于会计师事务所、会计学校、会计图书用品公司"三位一体"的立信会计事业。在长期的求学、教学、创业和办学实践中,他充分认识到诚信对于个人成长、经济发展和社会进步的重要价值,始终把诚信品格和诚信教育作为立信人和立信事业的根本所在,予以弘扬,提出了极为丰富的诚信教育思想,"为中国会计思想史留下最为宝贵的精神财富"②。在大力加强以诚实守信为核心的社会主义思想道德建设、培育和践行社会主义核心价值观的今天,研究潘序伦的诚信教育思想,继承其诚信遗产,开展诚信教育,弘扬诚信文化,无疑具有重要的现实启示。本文拟对潘序伦诚信思想和诚信教育思想进行梳理和探究,以求教于方家。

---

① 顾明远主编:《教育大辞典·增订合编本》(上),上海教育出版社1998年版,第725页。
② 王军:《奠基》,《潘序伦文集·代序》,立信会计出版社2008年版,第2页。

一、潘序伦诚信教育思想产生和发展的社会历史条件

潘序伦是中国会计诚信教育与诚信文化的首倡者,其诚信教育思想的产生和发展,既有其坚实的实践基础、深厚的文化土壤和良好的外部环境等宏观时代背景,又有其会计专业和职业的理论与实践方面的微观历史条件。

(一) 宏观的时代背景

首先,民国以降,"工业救国""实业救国""教育救国"思潮迅速兴起,中国民族工商业在曲折中持续发展,为潘序伦诚信教育思想的产生和发展提供了坚实的实践基础。

民国以降至全面抗战前夕,20多年间中国民族工商业经历了两次重要的发展,在中国近代史上被誉为"短暂的春天"和"又一个黄金时期。"

第一次是"中华民国"建立至第一次世界大战结束。即1912至1919年间,中国近代民族工商业得到进一步发展。辛亥革命结束了封建君主专制制度,建立了资产阶级民主共和国,颁布了资产阶级共和国性质的宪法,制定了发展资本主义的措施,"各级政府都比较重视实业,制定和颁行了一系列振兴实业的法律条令,"①因而促进了中国资本主义的发展。尤其是1914年第一次世界大战爆发后,西方列强忙于战争,无暇东顾,不仅暂时放松了对中国的剥削、掠夺和对民族工商业的排挤、压迫,反而增加了对中国工商业市场的依赖,因而刺激了中国民族工商业的快速发展。史称"短暂的春天"和"第一个黄金时期"。

第二次是南京国民政府成立至全面抗战爆发。即1927至1937的十年间,中国近代民族工商业得到显著的发展②。究其表现:一是全国形式上统一的实现,一个较为稳定环境的出现,现代交通运输业的兴办,全国货币的统一;二是南

---

① 陈旭麓:《近代中国社会的新陈代谢》,中国人民大学出版社2012年版,第331页。
② 王方中:《1927—1937年间的中国民族工业》,近代史研究,1990年,第6期。

京国民政府成立后不仅争取了与列强"改订新约",而且颁布了一系列鼓励资本主义发展的法律、政策和措施,特别是为准备抗战而采取的主要经济举措;三是国难当头,爱国的民族资本家倡导"工业救国""实业救国",勇于进取,奋力开拓,更是推动了民族工商业的进一步发展;四是"由于世界资本主义大潮的冲击和现代工商业文明的影响",社会经济以前所未有的速度和水平发展,尤其是1920年代后期到抗战爆发前达鼎盛阶段,史称"黄金的十年",即"工业建设的十年"。[①]

据统计,1927—1937年,民族工业的发展以纺织、丝织、卷烟、面粉等四大轻工业为主。以上海华商纱厂增长纱锭数为例,1931年比1927年增长147%,1936年比1927年增长162%。商无诚信不通。工商业的发展,推动了诚实经营社会风尚的形成,正如潘序伦指出:"凡是工商业者在业务经营中,首先要建立起客户对他的信誉,而以会计工作为专业的会计师以及会计工作人员,更需要在社会上建立起一种'诚实不欺'的信誉"[②]。所以,"工业救国""实业救国""教育救国"思潮的迅速兴起,中国民族工业的较快发展,潘序伦在中国1920—1930年代这样的现实条件下举办"三位一体"的立信会计事业,为其教育思想尤其是诚信教育思想的产生和发展,提供了坚实的实践基础。

其次,中华民族数千年博大精深、承传不绝的诚信品质、诚信传统和诚信文化,为潘序伦的诚信教育思想的滋生和发展,提供了深厚的文化土壤。

潘序伦的诚信教育思想正是吸取了中西方信用文化的精华而形成的。中华民族源远流长的诚信文化是其诚信思想取之不尽用之不竭的思想宝库。诚信,是中华民族的传统美德。千百年来,它伴随着一代一代的中国人走过沧海桑田,经历雪霜磨砺,最终沉淀为民族文化的精髓。中国知识分子素有"修身、齐家、治国、平天下"的理想抱负,世世代代传承着包括诚信思想在内的优良品质。除了孔子的"民无信不立"外,《大学》云:欲正其心者,先诚其意,意诚而后心正。《周易》云:人之所助者,信也。《礼记》云:不宝金玉,而忠信以为宝。先秦墨子云:言

---

① 忻平:《灾难与转折:1937》,上海大学出版社2008年版,第420页。

② 编委会:《潘序伦文集》,立信会计出版社2008年版,第550页。

不信者,行不果。孟子云:诚者,天之道也;思诚者,人之道也。韩非子云:小信诚则大信立。西汉刘向云:人背信则名不达。北宋程颐云:以诚感人者,人亦诚而应。近代鲁迅也云:诚信为人之本。如此等等,不一而足,诚信思想极为丰富。

潘序伦自幼具有良好的国学功底。据他晚年回忆,13岁以前,他受的完全是家塾教育。做他先生的,正是他的大哥。所读的书,"除了孔孟诗书传史而外,还读了不少时文"。"我国文的小小根底,不能不说是那是造成的。"他深受中国传统儒家思想熏陶,1920—1930年代,正值西方经济大萧条时期,经济危机引发了世界范围内人们对信用危机、尤其是会计信用的思考。潘序伦也在反思:"我国古圣常言,人而无信,不知其可也。又曰,民无信不立"。可见,对于中国先人们丰富的诚信思想,他是极为重视并引以为训的。基于此,他自称"始终抱持诚信之旨,不肯苟且。"①儒家认为,"信"是四教之一,是人道德的基本准则,为政之道要以诚信为先,与人交往要以诚信相待,研究学问也要以诚实为本。其实,凡见过潘序伦天庭饱满地阁方圆的相貌,观过他外圆内方颇具功力的书法,领受过他谦谦君子温润如玉的待人接物风范,人们就有足够的理由相信:他有深厚的传统文化底蕴。

再次,长期接受西方学历教育,沐浴西方信用文化,且在风气已开的上海和国难当头的重庆开展事业,这是潘序伦的诚信教育思想的产生和发展的良好的外部环境。

潘序伦1919年经著名职业教育家黄炎培的推荐进入上海圣约翰大学攻读文学学士,1921年提前毕业,并获学士学位,当年即以优异成绩获南洋兄弟烟草公司资助赴美国留学,转攻商科,3年埋头苦学,1923年获得哈佛大学企业管理硕士学位,次年获得哥伦比亚大学经济学博士学位,并经由欧洲游历考察转返国内。他与校友马寅初一起,是当时中国在美国取得经济学博士学位的少数人中的一个。

---

① 编委会:《潘序伦文集》,立信会计出版社2008年版,第550、45页。

潘序伦在美国求学和欧洲游历的数年间,也是欧美信用文化发展比较好的时期。无疑,欧美各国也有丰富的诚信思想因子和悠久的诚信文化传统。莎士比亚指出:如果要别人诚信,首先自己要诚信;失去了诚信,就等同于敌人毁灭了自己。法国人大仲马有言:当信用消失的时候,肉体就没有生命;美国人富兰克林曾言:诚实和勤勉,应该成为你永久的伴侣;失足,你可能马上复站立,失信,你也许永难挽回。等等,同样极为丰富。潘序伦十分推崇欧美等国包括会计师在内的普通民众的诚信品质。在考察英美等国会计师执业"普遍发达"的原因时他发现:其会计师具有高尚道德,所以能赢得社会信任。他列举出四方面道德,将诚信与公正、廉洁、勤奋并提,排在第二位。并对会计师的诚信品质进行了专门论述。他认为,在西方,"诚信为最善之方策(Honesty is the best policy)。是以诚信一端,实为各业所依赖,岂独会计师执业为然?"①

近代上海是西学东渐的窗口,也是中国西化程度较高的城市。"近代以来,上海迅速崛起为中国一个特大型的工商金融城市,其特殊地位使之形成一个前所未有的以汇聚、吸纳内地的人力、物力、财力高地。"②潘序伦长期在上海任教、执业和办学,必受欧美契约观念、法律意识等信用文化浸染和熏陶。"八一三"事变前,上海拥有大小工厂 5500 余家,其中符合工厂法的就有 1378 家,占全国31％。工业资本总额、产业工人数及产值,各占全国的 40％、43％和 50％③。尽管资本家们剥削压迫,急功近利,业余生活也花天酒地,醉生梦死,但工商企业毕竟外受列强在华资本高压,内受本国资本竞争,生存环境残酷,只能依法而立,按照规则行事。文教事业亦必诚信办事,不敢一味胡来,自毁前程。

(二) 微观的社会环境

潘序伦是"会计诚信文化的首倡者"。正如有学者提出,潘序伦的职业教育

---

① 编委会:《潘序伦文集》,上海立信会计出版社 2008 年版,第 44、45 页。
② 忻平:《灾难与转折:1937》,上海大学出版社 2008 年版,第 420 页。
③ 项目组:《抗日战争时期国民政府财政经济战略措施研究》,西南财经大学出版社 1988 年版,第194 页。

思想"既来源于'实业救国'思想,又伴生于'会计革新'运动,更受黄炎培等人提倡的职业教育思潮的启迪,在一定程度上,也是潘序伦本人自身经历、个人体验的结果。总之,潘序伦职业教育思想,是这些思想交融的产物和综合的结晶。"[①]也有人认为,潘序伦会计诚信思想的形成与发展,"既传承了东方传统文化的精髓,又嫁接了西方契约文明的内核"。

就国内国际经济形势而言,1920—1930年代的国际与国内均有经济制度的巨大变化,这些变化为潘序伦会计诚信思想的形成提供了土壤。潘序伦创办事务所、学校、出版社"三位一体"的立信事业,开创了中国会计诚信思想之先河。其时正值西方经济大萧条的前奏,国内民族工商业、国外资本的侵入及证券市场交易的发展全面展开,潘序伦借鉴国外资本市场的经验教训,适应国内经济发展对会计的需求,对当时的民族进步事业做出了自己的贡献。

首先,潘序伦会计诚信思想的产生有其独有的国际背景。

一是1929年世界经济大危机的巨大冲击。1929年秋,随着纽约股市的惨跌,美国爆发了人类经济发展史上迄今为止持续时间最长、涉及范围最广、财富损失最重、影响程度最深的经济危机。至1933年,美国经济已经彻底陷入了"大萧条"时期。大危机引发了各国对当前会计制度的思考。普遍的观点是:会计舞弊、监管不力是导致经济危机的主要原因之一。为改善会计职业界的形象,提高会计职业界在社会经济生活中的地位,各国加强了会计准则的制定与实施。1936年,美国会计师协会率先制定了世界会计史上体现监管者意志的公认会计准则(GAAP),用来规范会计实务,确保公司提供统一可比的会计报表信息。可见,潘序伦诚信会计教育思想借鉴了美国早期公共会计师在审计资产负债表时积累的职业道德经验和法律方面的智慧[②]。

二是会计法律制度的完善。早在南海公司事件爆发后,英国便颁布了《泡沫公司取缔法》。在美国,1920年代前在会计方面并没有建立相关的制度,也没有

---

① 金家富、罗银胜:《潘序伦教育思想的渊源探索》,立信会计高等专科学校学报,1999年,第3期。
② 王海民:《潘序伦立信会计思想研究》,会计之友,2011年,第2期。

法律规范。会计只是为了加强内部经营管理和取得银行贷款,很少考虑股东的需要,也不强制要求向股东提供报告(西方学者称之为"银行家的时代")。危机后,为恢复投资者的信心和达到监管的目的,美国成立证券交易委员会(SEC),作为政府专门负责的监管机构。1933年和1934年,《证券法》和《证券交易法》相继颁布,要求股份公司在向社会公众出售股票之前,必须向证券交易委员会登记,并公布其会计报表。两部法规的颁布从法律上对会计信息质量形成强有力的约束。1937年,美国公布《会计系列公告》(Accounting Series Releases,ASR),从而开启了财务会计接受准则规范的新时代。

三是民间审计制度的加强。民间审计制度发端于1720年的"南海公司"破产事件。由于股份公司所有权和经营权的分离,股东和债权人不可能直接接触经营的各个方面,要了解公司经营的详细情况,只能求助于数字和报告书,这就要求有独立的"外部控制"——公司审计。西方民间审计制度正是适应这样的历史要求而建立起来的。大危机爆发后,美国《证券法》和《证券交易法》明确规定,股票上市公司的财务报表必须公开披露,公司管理当局必须对报表的质量承担法律责任。由注册会计师进行的独立审计,从专业角度就报表质量发表意见赋予报表可信性,可在一定程度上解决信息不对称问题。形成对受托管理公司的当局履行其确认、计量、记录与报告会计信息责任的独立监督。正是这种独立监督构成了维护和加强委托人与受托人之间的相互信任,合理保障各自利益的基础。因此,民间审计制度作为西方市场经济中的一项重要的制度创新,在危机后得到迅速发展。

其次,潘序伦会计诚信思想的产生也有其鲜明的国内背景①。

一是中国民族资本主义工商业发展的冲击。民族工商业的发展促使封建经济体系日趋瓦解,进而使中国的经济结构发生深刻变化,"中式簿记"逐渐暴露出与机器大生产及近代商业经济发展不相适应的种种弊病,"改良中式簿记"问题

---

① 参见陈春华:《潘序伦会计诚信思想形成的历史背景分析》,商业时代,2007年,第21期。

开始在一些开明人士的头脑中活动起来。1905 年冬,《连环账谱》(蔡锡勇著)由湖北官书局出版面世,成为中国第一部较为系统阐述借贷复式簿记的专著。尽管这部书所述内容还有一定的局限性,然而《连环账谱》在引进西式簿记方面具有先导性作用。民国初年,随着民族工商业的较快发展,公共会计师事业开始在中国兴起,我国早期一些会计师事务所也在京津地区及上海开办,谢霖、秦开、杨曾询、徐永祚等学者成为中国首批公共会计师,1925 年还在上海建立了我国的第一个会计师公会。所有这些国内的会计改良与改革的初步进展,为潘序伦会计诚信思想的形成提供了成长的肥沃土壤。

二是外国资本大量进入中国,中国开始被纳入世界经济市场。经过甲午战后的初步发展,辛亥以降尤其是第一次世界大战期间的进一步发展,中国资本主义出现了"第一个黄金期"。1927 年国民政府建立后,随着货币的逐步统一和全国统一市场的形成,民族工业出现了一个十年黄金时期;另一方面外国资本大量进入中国,外资在中国产业中的比重仍然占有很大的优势。1914—1931 年间,外国资本在华投资增长了一半,中国经济开始与国际经济接轨。1931—1936 年间,增加 23%,平均每年增长 13 000 万美元。煤矿、交通、电力等行业基本上被资本主义大国垄断。在传统轻工业领域,外商也占据着很高比重,且资本渗入的比例逐步攀升。国际资本的逐渐渗入,不仅带来了新式的会计方法,而且增加了经济对会计信息及会计人才的需求,尤其是对会计制度、会计信息及会计人才的质量提出了新的更高的要求。

再次,潘序伦会计诚信思想的产生也有其鲜明的行业背景。

一是国内金融事业迅猛发展。1927 年后,国民政府建立后,着手建立以中央银行、中国银行、交通银行、中国农民银行、中央信托局、邮政储金汇业局及中央合作金库为主体的垄断金融体系,推动国内银行、证券及期货市场的发展。1928—1936 年,国民政府发行大量公债,由银行代理发行。9 年间,新设私人资本银行 105 家,到 1936 年,实存 98 家,拥有资本 1.15 亿元[1]。

---

① 贺水金:《1927—1952 年中国金融与财政问题研究》,上海社会科学院出版社 2009 年版,第 323页。

总的来说,近代银行业对工商业的放款是逐年增长的。其中对工业的放款,增长速度又要快一些。1920 年代中期,银行对工业贷款额不断上升,供给工厂资金的方式也由短期融资转为中长期的厂基押款。同时,产业资本和银行资本开始互相渗透。一方面银行资本通过贷款和投资渗入到工业中,分享工业企业在战时的优厚利润;另一方面产业资本通过入股或创办银行,吸引银行向大资本的产业投资,共担经营风险。为维护权益,银行必然要加强对民族工商业的监管,这既促进了民间审计市场的开拓,也增加社会对会计信息的需求。

二是国民政府相关法规的颁布。从 1927 年国民政府成立到 1937 年,国民政府为维护其统治对政府会计组织及会计法规制度进行了一系列重要变革。第一,实行政府会计改革。1931 年,国民政府设立"主计处",在监察院设立审计处,实行所谓"超然主计制度"。主计处下设岁计、会计、统计三局,分掌预决算编制、全国会计工作与统计工作。同时,在主计处架构之上,又在审计系统、财务行政系统、出纳保管系统与主计系统之间建立了"计政联练组织关系",在政府会计的组织形式与内容方面,其进步十分明显。第二,启动会计法规制度建设。1927 年,国民党政府财政部颁布《会计师注册章程》及《会计师章程》。1929 年,立法院制定《会计师条例》,陆续制定和颁布《公司法》《会计法》《营业税施行细则》《银行收益税法》《所得税暂行条例及施行细则》等。1932 年 7 月正式颁布"中央各机关及所属统一会计制度"。1939 年根据会计法的精神,在原统一会计制度的基础上颁布了简称为"一致规定"的会计制度。在会计方法方面的改进,突出地体现在路、电、邮、船四政特别会计方面:一是统一采用了"借贷记账法";二是在成本核算方法应用方面有较大改进;三是建立了科学的会计方法体系。

国民政府在政府会计及全国会计法规制度方面的改革举措,大大增加社会各界对会计、审计工作的需要,因而促进了会计师业务的发展。

二、潘序伦会计职业道德和诚信教育思想的内涵

诚信是会计职业的核心道德①。如前所述,潘序伦在我国会计界最早倡导诚信思想,大规模开展诚信教育。我国现代会计的发展与潘序伦的名字紧密相连。早在1928年,潘序伦就从孔子的古训"民无信不立"以及"人而无信,不知其可也"出发,以诚信理念易名立信会计师事务所,开办立信会计学校至今,亦已85载。80多年来,在潘序伦的身体力行、率先垂范下,经过几代立信人的共同努力,立信人造就了自己的会计职业道德,体现了自己的职业风范,开创了中国会计诚信之先河,立信会计从而成为中国现代会计发展进程中的一条亮丽的风景线。以下从潘序伦会计职业道德和诚信教育思想两方面的内涵作一分析。

(一) 潘序伦会计职业道德的基本内涵②

第一,爱国主义精神。中国优秀知识分子素有"天下兴亡,匹夫有责"的爱国主义精神,潘序伦也不例外。学生时代的潘序伦先后在美国取得哈佛大学企业管理硕士学位和哥伦比亚大学政治经济学博士学位,于1924年毅然决然回到祖国的怀抱,他肩负着"教育救国""实业救国"的伟大抱负,于1927年1月设立"潘序伦会计师事务所";为赢得社会信誉,体现诚信思想,次年更名为"立信会计师事务所",同年设立"立信会计学校"并任校长,开始了我国现代会计教育的积极大胆探索,并将会计诚信教育融入其会计教育始终。潘序伦办学宗旨是:适应社会需要,培养财会人才,重在务实,振兴中华。

第二,无私奉献精神。潘序伦把自己的一生都无私奉献给立信会计事业,尤

---

① 陈力生、高前善:《潘序伦先生的会计诚信思想解读——兼评"公""廉""勤"与"诚"的关系》,邵瑞庆主编:《潘序伦纪念选集》,《立信会计论丛》(第4辑)2011年版,第61页。

② 本部分参考了罗银胜:《潘序伦传》,上海人民出版社2007年版,第150–151页。但《潘序伦传》列举了六个方面的精神,其实并不全面,这里增加一种"勤俭建设精神"。

其会计教育。他创办立信会计事业的宗旨就是"取之于社会,用之于社会;取之于会计,用之于会计,取之于学生,用之于学生"。在推动立信会计事业发展的半个多世纪中,潘序伦全身心地投入在会计事业和会计教育工作上,无私奉献巨大,个人索取甚少。他曾说:"我历来提倡简约,讲究精打细算、勤俭办学"①他本人生活非常朴素,从不奢侈浪费,从不肯轻易购买新家具和新衣服。1980年上海立信会计专科学校重新复办,潘序伦献出一生积蓄,设立潘序伦奖学金,将存书二千余册捐赠给立信图书馆,将事务所挣得的钱和立信编译所出版的《立信会计丛书》的版税,全部投入会计教育,作为购置校具、扩充校舍等基本建设费用。

第三,大胆革新精神。潘序伦虽被公认为我国一代会计学泰斗,但他无时不在改革创新。辛亥革命前,我国工商企业会计一直沿用古老的单式收付簿记法,对于西方借贷复式簿记方法,几乎无人知晓。随着社会生产力的发展,应用和推广新式会计的历史重任光荣地落在潘序伦及其会计同仁的肩上。他们适应当时生产发展的需要,以大胆改良旧式会计,建立新式会计为己任,并大胆引进西方复式借贷簿记法,先后为许多工商业单位进行新式会计制度的设计工作,同时兴办会计学校,开展会计教育,传授西式会计知识,使新式借贷会计源远流长,从而开创了我国会计事业的新局面。即便在年逾九旬暮年之际,他不仅密切关注"第三次浪潮"向会计界提出的新问题,撰写《新技术革命向会计界提出的问题》,发表在《解放日报》上②;全国高等教育改革大潮初兴,他敏锐地予以察觉,并在立信上海校友会成立大会上作长篇发言,要求追随复旦大学和上海交大,改革立信的教育教学工作③。

第四,艰苦创业精神。潘序伦创办立信会计事业和立信会计教育一生,呕心沥血,惨淡经营,就是后来立信会计事业发展壮大,实力雄厚,仍坚持"精打细算,勤俭办学"。潘序伦办学实属不易,私立学校,收费低,还要减免,教职员工授课

---

① 潘序伦:《潘序伦回忆录》,中国财政经济出版社1986年版,第35页。
② 编委会:《潘序伦文集》,立信会计出版社2008年版,第577-578页。
③ 《立信校友通讯》第1期,1984年9月20日。转引自罗银胜:《潘序伦传》,第209页。

全靠学费支付,故不可能多设教员,大都请人兼课,不发工资,仅给补贴,有的周课时达二十几节,收入甚少,从无怨言。这与潘序伦以身作则分不开,他也常授课,代课,但从不拿教薪,都是义务讲课。立信会计事业就是这样自力更生,艰苦奋斗创业成功的,这是立信的优良传统,是立信事业兴旺发达的"传家宝。"实践证明,立信的办学效益是高的,以最少的人力物力消耗,获得了更大更好的社会效益。为我国会计界培养了数以千计的优秀会计人才。

第五,实事求是精神。在潘序伦看来,诚实就是实事求是。会计是一门实用性很强的学科,会计的精髓,自始至终贯穿"实"字。立信会计教育要求培养诚实守信的人,具备扎实的会计知识和技能,发扬踏踏实实的作风。潘序伦在办学实践中反复突出"实"字,格外重视每门课程的实务练习,还给学生创造模拟实践的机会,然后再安排学生到工商企事业单位进行现场实习。平常要求学生注意练习珠算、外语、习字等基本功,并反复加强训练。这种重视实践,不断进行实践锻炼,不仅使学生加深了对会计专业课本内容的理解和掌握,而且使学生不断提高会计专业实用技能,受到用人单位的普遍欢迎。

第六,敬业守信精神。守信是诚信的重要组成部分,即信守诺言或约定。会计工作的根本要求是一个"真"字,要求会计数据真实可靠可信,绝不可弄虚作假。潘序伦认为,"立信"是做人的重要的基本的准则,同时也是会计的职业道德。他把信用看作是会计事业的生命线,"立信,乃会计之本。没有信用,也就没有会计"。这是潘序伦忠诚敬业精神的深刻表达。如果一个人失去信用,就会弄虚作假,徇私舞弊,以至身败名裂,更为严重的是,会危害他人与单位,给社会和国家造成不可估量的损失。因此,潘序伦先生一生看重"诚实"与"信用",他常说,作为会计人员,得 99 分也不算合格,只有 100 分才算合格,原因在于财务会计账目容不得半点差错和缺点。

为立信学子规定的严谨而艰苦的学习过程,也体现潘序伦的忠诚敬业精神。过去,立信学校考试及格分线定在 70 分,而不是 60 分。一位立信学校的学生,如果在考试中、在工作中作弊,必定开除,概不例外。这样一来,社会就可能少一个徇私舞弊者。因为在学校搞投机作弊，到工作单位必然会发展成为弄虚作假者，害人害己，危害社会。

第七，勤俭建设精神。潘序伦一向主张勤俭办事、勤俭生活。无论是1952年前的私立办学，还是1980年后的公办立信，他始终倡导勤俭节约。在私人生活上，"潘序伦四让住房"、自己与老伴拥挤在20平方米的斗室中，在沪上传为佳话；在立信办学中，1984年国家财政部、上海市人民政府拨出专款建造立信校舍。当时一般项目都一而再再而三地要求追加拨款，但立信新校舍却节约了278万元①勤俭建国、勤俭办一切事业既是中华民族优良传统，也是中国共产党的光荣传统，浪费可耻，节约光荣，是无产阶级的高尚思想。毛泽东曾指出："节省每一个铜板为着战争和革命事业，为着我们的经济建设，是我们的会计制度的原则。"②所以潘序伦经常要求每一个财会人员都必须加强责任感和原则性，围绕提高经济效益这个中心，反对浪费，厉行节约，精打细算，为国家积累更多的资金。

以上七种精神，既是潘序伦个人的诚信思想，也是立信人的群体诚信精神。诚信精神是一种具有优良传统的优良精神，不仅具有鲜明的会计职业特色，而且体现着强烈时代气息。我们现代会计人员应该永远珍惜，并发扬光大立信会计精神。

（二）潘序伦诚信教育思想的基本内涵

在从事会计事业的过程中，潘序伦始终以"立信"为思想追求和行事准绳，笃信、言传、身践着会计诚信思想。这一思想体现在"立信"这一命名中、体现在学校的24字校训中，体现在他多次的著文、演讲中，也体现在他日常的工作实践和教育实践中。简而言之，其诚信教育思想的内涵可以归纳为三点：一是职业道

---

① 罗银胜：《潘序伦传》，上海人民出版社2007年版，第201页。
② 《毛泽东选集》第1卷，人民出版社1991年版，第134页。

德,二是治学态度,三是人格素养①。

1. 诚信是一种职业道德

诚信首先是一种职业道德。会计是一项具有广泛社会性的事业,与社会经济联系紧密。早在会计师事务所成立的次年,潘序伦就本着"取信于社会"这一会计职业的特殊要求,取《论语》中"民无信不立"之意将事务所更名,冠以"立信",打出"诚信"这一响亮的招牌,要求同仁公正服务社会、建立广泛的信用。潘序伦多次著文阐发他的会计职业道德思想,强调诚信在职业道德内涵中的核心地位。他指出:"夫学识经验及才能,在会计师固无一项可缺,然根本上究不若道德之重要性。因社会环境,千变万化,利诱威胁,无处不极。会计师苟无强固之道德观念,则在执行职务之际,存在可以代人舞弊,存在可以为己舞弊。然会计师之为职业,实为工商业保障信用为设,苟有不道德行为,而自丧其信用,则此项职业,即失去根本存在之理由,违背国家社会期望之意愿,可不慎哉。"②同时指出,诚信是各行各业所倚赖的道德品质,但比较起来,对会计职业尤其重要。因为会计师职业存在的依据和唯一目的,就是"建立社会各界财政上的信用",如果本身不能"以绝对诚信自期",更谈不上为他人的信用作证明了,所以诚信是会计师职业成败的关键③。他还着重谈到会计师的使命是建立社会之信用,承办业务必须在"信"字上多下工夫,对人对事,要保持"信誉",以建立"信用"为要件。会计师是社会的"经济警察",会计诚信表达了会计对社会的一种基本承诺,即客观公正、不偏不倚地把现实经济活动反映出来,忠实地为会计信息使用者服务。会计人员,必须树立诚信观念、坚守诚信这一职业道德,严格自律。由此可见,诚信思想在潘序伦这里,首先是一种职业道德要求。

2. 诚信是一种治学态度

诚信也是一种治学态度。诚信最根本的内涵是不欺人、不自欺。现代会

---

① 本部分参考了李竝:《论潘序伦会计诚信思想的内涵》,财会通讯,2010 年,第 19 期。特此鸣谢!
② 编委会:《潘序伦文集》,立信会计出版社 2008 年版,第 40 页。
③ 编委会:《潘序伦文集》,立信会计出版社 2008 年版,第 45 页。

计作为一个需要专业知识的职业，不欺人的前提首先要求不自欺，即业务上要扎实过硬，才能为社会提供科学有效的服务。潘序伦自己求学一向刻苦勤奋。早年在圣约翰大学读书时，他年纪比一般学生大，英文底子比多数学生差。刚插班读四年级时，他听课都困难重重（圣约翰大学教师授课用英语），说不对一句简单的会话，但凭着刻苦精神，日夜苦读，一年后英文毕业演讲，他竟得了第一名。潘序伦不仅自身诚信治学，也不断对同仁和学生强化这一思想。他认为，会计比其他任何职业都事务繁琐、责任重大，会计从业者在技术上必须精益求精，既要有扎实的基本功，又要勤奋学习新的知识，会计人员要在记账、算账、报账等方面都做到百分之百的正确，没有丝毫差错，就必须勤学苦练，精通专业。

诚信治学的思想集中体现在立信会计人才的培养方面。潘老带领下的立信学校素有从严治校、从严治教、从严治学的优秀传统，以"认真"二字为主导，对师生高标准、严要求。教师要认真备课，认真批改作业；学生考试成绩以70分为及格，考试作弊要开除学籍；并且通过课程、教材和师资等方面的着力建设来保障教育的高质量。鉴于当时研究会计学的人不多，会计教材大都采用外文原版，译著也只有几本簿记，高深之作不多见等情况，潘序伦在事务所内附设编译科，组织同仁研究国外会计新理论，并且结合中国国情和会计实务，编译出版《立信丛书》。《立信丛书》编写时，要求做到内容切合实际、说理不厌详明、文笔力求流畅。私立办学的20年里，先后编辑出版200多种书，被不少大专院校作为教材使用，畅销全国。学校精良的师资和紧跟时代变化，充实新颖的课程内容有力促进了高标准的学生培养。另外，学校还鼓励学生组建学术社团，举办《会计季刊》《会计学报》等学术刊物，经常邀请社会名流、学者举行学术讲座或时事报告，组织学生到工厂参观学习，举行珠算、书法比赛等，激发学生旺盛的求知欲和刻苦钻研的精神，培养他们严谨、好学的学风。

潘序伦认为，"唯有优越之会计人才，庶政府与企业之会计能日臻于完善，间接足以促进国家社会之进步,收效迅速而宏大。"①对于财会人员来说,99 分也不算及格,只有 100 分才算及格。会计从业者必须娴熟技能和高尚品德兼备,诚信执业、诚信治学。

3. 诚信是一种人格素养

诚信更是一种会计人格素养。1937 年,立信 24 字校训正式提出,标志着潘序伦会计诚信思想由职业道德、治学态度更上了一个层次,即诉诸为一种人格要求。立志和守身,强调的是个人修养。立志是起点,守身是维持和延续。"立志"是要树立以"信"为基的志向。志向一旦树立,就会变成行动的方向与动力。有高远的志向,就有明确的人生目标。"守身"则是要把这种志向内化为人生观和价值观,持之以恒地贯穿于人发展的始终。也就是说潘老先生要求学生不但要把"信"作为人生起步的目标,而且要成为保持终身的信仰。处事和待人,是要将"信"融于"行"中,充分体现在处事和待人的行为中。将"信"作为自觉性的习惯行为,既不需要外部的监督和提醒,也不需要自己的意志努力,而成为一种自我意识的流露。以信"处事"和"待人",其人文含义首先在于对"人是一切社会关系总和"这个科学判断的认同,也就是说,作为社会的人,个人与他人的交流、合作是生存的必须手段和途径。诚信是个人的立身之本,也是处理人际关系的重要德行。在市场经济条件下,"信"不仅是一种出自道德动机的优良品质,而且是一种明智的行为准则。不仅是会计人员的从业资格要求,而且是他们的核心价值观和精神气质。潘序伦认为,从事会计工作的人,必须在立志、守身、处事、待人等方面,建立信用。"毋忘立信,当必有成"是说,不忘母校教诲,本着诚信的人格操守去工作和生活,就会在社会上立于不败之地。这一点,立信一些知名校友的回忆作出了充分的证明。也有的说:"从效果来看,立信会计学校很多毕业生,在当时失业严重的旧社会,比较容易获得就业机会;立信会计师事务所查账、顾问业务与日俱增,在一定程度上反映了社会上对'立信'的信任,也反映了'建立信

---

① 编委会:《潘序伦文集》,立信会计出版社 2008 年版,第 345 页。

用'与否和事业成败,休戚相关。"

当今社会,会计诚信的缺失已然成为一个国际性的难题。会计诚信的缺失,增加了市场的交易成本,阻碍着市场的正常发育,制约着经济的发展和社会的进步。面对历史的教训和现实的危机,重塑会计诚信,加强会计教育,净化会计从业环境,已成为理论界与实务界共同关注的焦点。其实,诚信是中国会计独特而丰富的精神内核和灵魂,诚实守信的品格是构成中国会计精神的四大要件之一。潘序伦是中国近代会计界最早倡导诚信思想,大规模开展诚信教育的先驱,深刻挖掘其诚信思想对我国诚信现状的建设具有一定的借鉴意义。

三、潘序伦诚信教育思想的特色

作为教育家,潘序伦的传记已被列入《中国现代教育家传》第八卷;作为实业家,他的传记也被收入《中国企业家列传》第四卷。纵观潘序伦的教育思想,职业教育是其主要类型,诚信教育是其显著亮点,全面发展是其主要特色。三者相互渗透,相互影响,辩证统一于立信会计教育事业中。就其诚信教育思想而言,主要表现出以下三个方面的显著特色。

(一) 承传不绝、始终如一

潘序伦的会计职业道德与诚信教育思想是贯穿其毕生言行的重要思想,具有承传不绝和始终如一的鲜明特点。

潘序伦终年93岁,从1924年开启职业生涯、恪守诚实信用起,历时60余载。纵观其一生,以1952年立信撤并为界,其诚信教育思想大致可以划分为两个阶段。

第一阶段,从1928年易名立信会计师事务所,到1952年立信会计专科学校最终撤并,是潘序伦诚信教育思想的产生和确立阶段。从1928年正式以"立信"命名自己的会计师事务所和会计补习学校,经1937年升格为立信会计专科学校、抗战期间在上海租界"孤岛"和重庆北碚办学、抗战胜利后复员上海办学并三次试图"易名升本"失败,终至 1949 年上海解放和 1952 年正式撤并。这个阶段除确定"立信"校名时所作的阐释外,主要是 1933 年的《中国之会计师职业》、1940 年的《敬告国内有志于会计职业之青年》和 1943 年的《吾国之会计师职业》等三篇重要著作。

在《中国之会计师职业》长文中,潘序伦开宗明义指出:"会计师者,应具有独立自由之地位,高尚诚信之道德,""会计师之职业,实为工商企业保障信用而设,""若丧其信用,则此项职业,即失其根本存在之理由,殊背国家社会期望之厚意。"认为这是会计师的必备资格和职业道德。他还指出:"高尚之道德者",诚信居于第二位,与公正、廉洁和勤奋并列。所谓"诚信两字,实为会计师职业成功失败之所系。"在他看来,是否诚信至关重要,已是会计师事业能否成功的"锁钥"之一①。

在《敬告国内有志于会计职业之青年》中,他谆谆告诫有志于会计职业的青年,必先在"德性、学识、经验三方面加以充分而适当的修养"。究其德性而言,首要的就是"守信"。"信为吾人立身之要件"。他指出:"信之一字,所包甚广。简言之,即诚实不欺,言行如一,有诺必践。""设稍于信字有亏,则不仅本人名裂,亦将贻害社会。"②所以,他要求修炼诚信人格,作为入职会计的先决条件。良好的信誉带来了潘序伦立信会计事业的迅猛发展,1927 年至 1938 年,立信会计师事务所几乎垄断了全国的会计业务。

在《吾国之会计师职业》中,潘序伦将会计师职业道德概括为公、信、廉、密、勤、敏六个字。公,大公无私,公正严明;信,保持信誉,建立信用;廉,廉洁自重,严谨操守;密,保守机密,秘不外传;勤,殚精竭虑,勤学苦练;敏,动作敏捷,按期完成。这六字中,"信"显然就是诚实信用,即诚信③。

---

① 编委会:《潘序伦文集》,立信会计出版社 2008 年版,第 23、40、45、46 页。
② 编委会:《潘序伦文集》,立信会计出版社 2008 年版,第 432、434 页。
③ 参见金家富主编:《潘序伦教育思想与办学实践研究》,立信会计出版社 1998 年版,第 47 页。

第二阶段，从 1980 年上海市人民政府批准立信会计专科学校复办，到 1985 年 11 月潘序伦病逝，是其诚信教育思想的成熟和发展阶段。

在改革开放春风的吹拂下，1979 年 1 月，全国第一家会计学会——上海市会计学会召开成立大会，潘序伦以筹备委员会委员的身份出席大会并发表讲话，首次正式提出会计人员的培训和普及教育工作。经过潘序伦、顾树桢等不懈努力，1980 年 10 月，上海市人民政府正式批准复办立信会计专科学校。从出席首届学生开学典礼发表的讲话起，他就大谈立信优良的办学传统，尤其要以"建立信用"为目标，当老实人，说老实话，办老实事。此后在很多场合，他都不遗余力地宣讲以诚信思想为根本的会计人员职业道德。

这个阶段，潘序伦对于诚信思想最主要的论述，还是他在《财务与会计》期刊 1983 年第 4 期发表的《谈谈会计人员的职业道德》①一文。这是潘序伦晚年集中论述会计人员职业道德和诚信思想的代表作，也是他毕生重视会计职业道德和诚信思想的集大成著作。该文显著特点有三：一是思想方法的成熟。他不仅运用了许多辩证唯物主义语言阐述经济基础与上层建筑的关系，而且运用唯物史观论述了道德的历史性和阶级性，指出"任何道德都具有阶级性，在有阶级的社会中，道德更有强烈的阶级性。"他进而指出："资产阶级的道德本质特征是个人主义，维护剥削制度，为剥削利益服务；无产阶级道德的本质特征是集体主义和全心全意为人民服务的精神"。

二是会计人员职业道德内涵的完善。他把会计人员职业道德的内涵划分为品德、责任和业务技术三方面。第一，品德方面。首先要热爱党、热爱社会主义、热爱祖国，坚持思想基本原则，把自己的知识与才能贡献给革命事业。具体包括：(1)遵纪守法，以身作则。(2)坚持原则，廉洁奉公。(3)忠诚老实，毋忘立信。他反省"过去我在旧社会从事会计师业务是为资产阶级效劳，是为资本家的利益服务，""虽也标榜着公正信义，但毕竟是资产阶级个人的东西。"第二，责任方面。

① ②编委会：《潘序伦文集》，立信会计出版社 2008 年版，第 552-554 页。

首先要尽职尽责,按政策办事,维护党纪国法;按计划办事,不乱搞关系;按制度办事,不营私舞弊,不怕打击报复。其次是如实反映,对会计核算内容,不夸大,不缩小,不隐瞒,不歪曲,老老实实,绝不弄虚作假。此外,还要注意保护消费者的利益。第三,业务技术方面。他指出:会计是一门应用科学,没有现代化的科学知识是不行的。大家必须勤奋苦学,精通专业,记账、算账、报账,都要做到百分之百正确,不能有丝毫差错。同时,还要学习新技术、新方法和新手段,不断提高工作效率。

三是熟练运用马列主义经典作家的著作。除了"五讲、四美、三热爱""建设社会主义精神文明""提高政治思想觉悟,建立起新的社会主义同志与同志之间的关系""兼顾国家、集体、个人三者之间的关系""勤俭建国、勤俭办一切事业是我党的光荣传统""无产阶级的高尚思想""开创社会主义现代化建设新局面"等,更有甚者,他熟练地引用了毛泽东曾说过的"为了革命事业,节约每一个铜板,是我们会计制度的原则"。

上述言论,如果不是白纸黑字,很难相信是出自潘序伦的手笔,简直是一个精通会计专业技术的、党的领导干部在做报告。类似的言论,在他与丁苏民合著的《紧跟形势要求,提高财会人员素质》中同样存在。看来,晚年潘序伦的思想认识已经有了质的飞跃,完全具备了一个成熟的马克思主义者和党的优秀高级干部的思想觉悟。

至此,潘序伦谈论了半个多世纪的会计职业道德和诚信教育思想已达到成熟,体现了承传不绝和始终如一的鲜明特点。

1985年10月,有关方面在上海隆重举行庆祝潘序伦从事会计事业60周年集会,财政部领导专程与会,不仅代表财政部颁发并宣读《荣誉证书》,而且发表热情洋溢的贺词,高度评价潘序伦"崇高的爱国主义品德,拥护中国共产党并为祖国繁荣、人民富裕的献身精神,实事求是、理论联系实际的科学的治学态度,全心全意为人民服务、脚踏实地的工作作风,忠诚人民的教育事业、为振兴中华、培养人才奋斗不止的高尚情操"。应该说,这段评价是对潘序伦毕生恪守诚实守信品行、坚持诚信教育思想的最好写照。

（二）鲜明的应用型和实用性

潘序伦的会计职业道德与诚信教育思想适应职业教育的特点，超出职业教育的规格，具有鲜明的应用型、实用性的特点。

职业教育又称实业教育。潘序伦创办了会计实务、教育、出版"三位一体"格局，其立信教育事业属于职业教育，但又不局限于一般的职业教育，出产人才更多的是依靠"流水线"，即统一的培养模式、固定的教育体系、固定的评价标准①。显然，潘序伦兴办职业教育，倡导诚信教育，是既适应了职业教育的特点，又超出职业教育的规格。

黄炎培年长潘序伦 15 岁，扬名立道也远早于潘序伦。二人既有师生之谊，又有同道之好。1906 年，上海名士杨斯盛捐款在浦东六里桥购地 40 亩，建设浦东中学，其中的校园草图设计及各科教师选聘都由黄炎培主持。次年，年方 15 的潘序伦即与兄长慕名来校学习，做了黄炎培 3 年的学生，直至 1911 年初考入南京法政大学。

浦东中学凝聚着黄炎培的教育理想。辛亥以降，黄炎培通过国内外大量的教育现状实地考察，认为辛亥后出现的所谓新式教育状况，都是"纸片的、书本的，而非实际的"。这种偏向于文字的学校教育，是一种变相的科举教育。因此，他一方面倡导德、智、体三育的全面训练，并亲自担任修身课教师；另一方面，他对比中外教育，发现中国的教育与社会现实严重脱节，求学与服务脱节，所以学生毕业后，竟无相当的事可做。"如果教育越发达，社会将越不了，所以主张将学校与社会、求学与服务联系起来，使学校功课可以在社会应用，这就是兄弟所倡职业教育的理想。"②所以，他强调教育必须与职业沟通，倡导职业教育，"专重实

---

① 翁淮南：《中国当代有没有文化大师》，党建，2010 年，第 12 期。
② 参见陆发春：《胡适黄炎培共辟职业教育新路》，炎黄春秋，1996 年，第 5 期。

用,纯为生活起见。"①可见,黄炎培任校长的浦东中学,是一所既要学生全面发展、又让学生增长职业技能的学校。

在浦东中学的 3 年,潘序伦的学业是优秀的,经历是愉快的。他很喜欢上黄炎培的课,"讲课时,讲得有声有色,富有兴趣,发人深思,学生认为是难得的乐事"。晚年回忆这段经历时还记忆犹新,"任师真是一位教育家和心理家,我们和他谈话,犹如见到了严父,又如遇着了慈母"②。因此也与黄炎培在师生情谊之外,又结下了忘年之谊,以致当潘序伦希望进入圣约翰大学求学时,首先就是寻求黄的指导和推荐。

1924 年潘序伦学成归来之时,黄炎培的中华职业教育社和中华职业学校均已成立,尤其是中华职业学校,作为一所主要为工商业界培养中级技术、管理人才的全日制职业中学,在教学中,既注重学生职业知识技能的学习与培养,又强调学生优良职业道德的养成,要求学生具有"金的人格,铁的纪律"。因此,1928 年立信会计学校创办时,"所采取的教育方针与方法,可以说完全照搬了中华职校的教育方针与方法,立信会计学校在 25 年的时间内训练了十万人以上的各级学生,这是以中华职校为榜样所取得的成绩。"③显然,潘序伦所倡导的诚信思想,即是黄炎培"金的纪律"的组成因素。

(三) 显著的会计职业特点

潘序伦会计职业道德与诚信教育思想贯穿于从会计实务到会计教育事业的全过程,具有鲜明的会计、审计职业和财经学科特点。其实,潘序伦的诚信教育思想主要就是会计诚信教育思想或会计教育思想,因为他将诚信教育贯穿于从会计实务到会计教育事业的全过程。

其一,从潘序伦自己的论述看。在前述潘序伦为数不多的论述诚信思想的

---

① 黄炎培:《职业教育》,《黄炎培教育文选》,上海教育出版社 1985 年版,第 44 页。
② 潘序伦:《怀念黄任之老师》,中华职业教育社编:社史资料选辑,第 1 辑,1983 年版,第 137 页。
③ 潘序伦:《中华职业学校是我办学的榜样》,社史资料选辑,第 1 辑,1983 年版,第 149 页。

论文中,他都是从会计职业道德建设角度阐释诚信思想的重要性的。他说过:我教的是会计的书,写的是会计的文,做的是会计的事任的是会计的职①。又如在《中国之会计师职业》一文中,他不仅把"独立自由之地位"和"高尚诚信之道德"排在"会计师应具之资格"的第一、第二位,把"会计师之职业道德"分为"消极方面之职业道德"和"积极方面之职业道德"两方面,列举出会计师"消极方面之职业道德"的12个禁止性正式条款和3个补充条款。而对"积极方面之职业道德"的内涵,则提出了公正、诚信、廉洁、勤奋4方面。

其二,从研究者的研究取向看。对于这4方面的关系,有学者研究表明,都是围绕会计职业而展开的,其中,诚信是会计职业的核心道德,公正是会计诚信的内在要求,廉洁是会计诚信对会计执业者人生观的要求,勤奋是会计诚信的必要保障,会计诚信的目的是在会计行业树立诚信之风,使会计能够更好地服务社会②。

其三,进一步考证研究者队伍看。不难发现,研究潘氏诚信教育思想的学者,几乎都是会计专业的从业人员,包括会计师、会计学教师、会计工作管理人员等,极难发现单纯的教育学、社会学和伦理学学者从事潘氏教育思想的研究。这是会计学的专业属性决定的。

然而,我们今天仍然要研究潘序伦的会计职业道德和诚信教育思想,目的既是为了全面总结潘序伦丰富而高尚的诚信思想遗产,用他的诚信思想引领会计职业道德建设,在道德日益滑坡的危境中给人们心灵的净化提供一份宝贵的正能量,提升会计乃至整个社会各个领域的职业道德,促进中国会计事业健康发展。但是,作为立信思想教育工作者研究这个问题,更多的还是为了将诚信转化为大学制度和行为守则,将教育引领和制度约束有机结合,建立诚信教育与诚信管理、自律与他律互补和促进的大学生诚信教育管理机制,建立宣誓、登记、奖惩

---

① 编委会:《潘序伦文集》,立信会计出版社2008年版,第562页。

② 陈力生、高前善:《潘序伦先生的会计诚信思想解读——兼评"公""廉""勤"与"诚"的关系》,邵瑞庆主编:《潘序伦纪念选集》,《立信会计论丛》(第4辑)2011年版,第60-66页。

三种制度,并贯穿诚信教育全过程。通过教育引领和制度约束,培养立信学子诚信观念,规范诚信行为,把诚信教育目标内化为德育信念,真正做到"以诚实守信为荣"。

四、潘序伦:立信之魂

潘序伦毕生自强不息、艰苦创业。他不仅严谨治学、锐意改革,严于律己、诚以待人,而且献身教育、服务社会,其高尚品行永为后人所敬仰、仿效。其诚信思想内涵丰富,自成体系,贯穿于他一生的方方面面,是他的立志、守身、处事、待人的基本道德遵循,也是他教育学生、影响他人的重要行为准则。他不仅是立信校名的提出者、阐释者,立信校训、校歌的确立者,也是立信办学模式、办学特色、办学理念的奠基者,还是立信办学事业的发展者。总之,他是立信文化的奠基者,立信校魂的铸造者,立信品牌的创立者。

(一) 立信灵魂的铸造者

首先,他是立信校名的提出者和阐释者。众所周知,潘序伦独立创办的最早实业,是1927年以他自己名字命名的"潘序伦会计师事务所",并在所内设立会计补习夜校。1928年,事务所更名"立信会计师事务所",夜校经扩大后也更名"立信会计补习学校"。他在不同时期、多个场合都曾坦言,"我之所以选用'立信',是取义于《论语》上的一句名言,即'民无信不立'"[1]。在毕生从事会计事业的潘序伦看来,"立信,乃会计之本;没有信用,也就没有会计"。"立信"既是潘序伦会计思想,也是其教育思想的核心内容,它贯穿于潘序伦60余年的会计业务、会计教育及为人处世之中,化为一笔宝贵的思想遗产和精神财富。对此,潘序伦晚年回忆道:"回顾六十年来,我对祖国会计事业略有贡献,稍有声誉,获得国家

---

① 编委会:《潘序伦文集》,立信会计出版社2008年版,第550页。

和社会的信任,莫不与'立信'两字相关"①。

对立信校名,潘序伦不仅经常对学生宣讲,同事之间也时常切磋砥砺。他利用一切机会,如开学典礼、毕业典礼及其他全校性的集会,不遗余力地阐释校名的内涵和寓意,不失时机地对学生进行诚信教育。有立信学子追忆1947年潘序伦的一次讲话:"潘老师强调'信'为守身处事之本,但他对'信'的阐释是辩证的。"②表示出深刻的印象。晚年在一次与学生的交流中,他曾发问立信为何意?当有人提出"立信会计者,潘序伦也"时,他竟脱口而出:"立信是我的儿子,"③吐露的是毕生的心声。

其次,他是立信校训、校歌歌词的确立者。早在1937年7月,潘序伦将"立信会计学校"升格为"立信会计专科学校","立信"两字从校名也扩展为校训,即:信以立志,信以守身,信以处事,信以待人,毋忘立信,当必有成。潘序伦认为,从事会计工作的每一个人,必须在立志、守身、处事、待人等方面,严格要求自己,建立自己良好的信用。如果没有信用,将一事无成。潘序伦认为,无论对人对事,都要坚定不移地信守承诺,严禁弄虚作假。他深深懂得,建立信用对于会计事业会产生长远的影响。这24字校训"既传承了东方传统文化的精髓,又嫁接了西方契约文明的内核,成为先生一生念兹在兹的思想信条,奠定了立信会计诚信文化的根基"④,成为立信会计事业的准则。它的提出,标志着潘序伦诚信思想由职业道德、治学态度上升到一个新的层次,即诉诸一种人格素养。

如今,高等教育界的"染缸理论"和"泡菜理论"早已十分畅行,学术界亦已公认:校训是大学文化和大学软实力的重要组成部分。立信的校训正是如此,给立信带来了巨大的声誉。立信的很多毕业生在半个多世纪后还深情地回忆道:"我感受最深的是潘老校长为立信制定的校训。正是由于全校师生恪守校训,立志

---

① 编委会:《潘序伦文集》,立信会计出版社2008年版,第572页。
② 赵友良:《纪念潘序伦老师百年诞辰》,立信学刊,1993年特刊。
③ 参见罗银胜:《潘序伦传》,上海人民出版社2007年版,第194页。
④ 王军:《奠基》,《潘序伦文集·代序》,立信会计出版社2008年版,第2页。

守身,待人处事,以信为本,使立信学校在社会上声誉日隆,不少校友成为国内外财会战线上的骨干。"①

潘序伦还确立了校歌歌词。大学校歌是大学文化的精神图腾,"精神层面的文化是大学文化的最高层次"。② 在上海租界"孤岛"办学期间,1941年在立信会计专科学校首届学生毕业前夕,潘序伦约请时任圣约翰大学国文教授潘佰彦作词,请著名作曲家、钢琴家、国立南京音乐学院教授丁善德作曲,制作了传唱一时的立信校歌。虽然抗战胜利复员返沪时歌词略有改动,但乐谱仍旧,至今仍被誉为"言简意赅,辞理并茂",蕴含着丰富的诚信思想。立信校歌传唱在立信的师生中,飘荡在立信的校园里,能激励立信学子努力学习,推动校园文化建设,进而更加明晰学校的培养目标,明确立信办学定位。

再次,他是立信办学模式、办学特色、办学理念的奠基者。众所周知,潘序伦设计的立信办学模式是会计师事务所、会计教育和会计图书出版"三位一体"模式,三者之间相互补充、相互促进,形成了良性发展的模式。如今,尽管历经多轮改革,立信会计师事务所已真正面向社会自主办所,立信会计出版社也正在面向社会独立发展,但是,潘序伦确立的这个"三位一体"模式依然存在。在社会主义市场经济体制下,三者之间形成了崭新的合作关系。依托上海立信会计学院的人才优势,立信会计师事务所业已成为学校最重要的产学研基地,为学校培养具有诚信品质的"宽口径、厚基础、重应用、国际化"的人才培养定位服务。当然,当今立信的产学研基地和教育实习基地远远不止这一家。

当代立信人不仅是潘序伦办学事业的接班人,也是其诚信教育思想的继承者。面对潘序伦孜孜以求的会计诚信思想,当代立信人给予了继承和弘扬。一是诚信教育思想内涵的拓展。从单纯的会计诚信拓展到全面的诚信教育,即不仅从会计诚信拓展到金融诚信、税务诚信、贸易诚信等,而且从诚信教学、诚信学

---

① 端木和:《亲切教诲 终生难忘》,邵瑞庆主编:《潘序伦纪念选集》,立信会计论丛第4辑,第162页。

② 申作青:《当代大学文化论》,浙江大学出版社2006年版,第13页。

习拓展到诚信管理、诚信服务、诚信办一切事情。直到当前写入立信学校"十二五"发展规划的是：坚持文化传承与创新，深入研究潘序伦教育思想，着力践行诚信文化，建设"守诚信、重规范、负责任、讲包容、顾大局、促和谐"的优良校风。大大拓展了诚信教育思想的内涵。二是学验并重得到切实的贯彻。当前。立信不仅大力开展教师队伍的产学研践习和学生的教育实习工作，推进并完善实践教学、案例教学，而且根据"诚信教育、学验并重"的办学特色，凝练归纳出"诚信、实用、开放"的办学理念，突出应用型和实用性。显然，这是对潘序伦创立的办学特色的继承和发展。

（二）立信办学事业的发展者

潘序伦是立信办学事业的发展者。潘序伦不仅创办了立信教育事业，成功实施过立信从中等专业学校升格为专科学校，并曾经为"易名升本"三度努力，更重要的是在年近九旬之时策划并推动立信在合并停办 28 年之后成功复办。因创办、升专、复办等事均言之凿凿，事实清晰，但三度策划"易名升本"的悲愤经历尚未被很多人所关注，姑且作一梳理。

抗战胜利后，中国百废待举，百业待兴。像其他内迁的各家工厂、学校一样，潘序伦开始了立信复员上海的宏伟计划。他人在重庆，即呈报国民政府教育部准予上海立信会计专科学校恢复招生，在得到批准后立即由渝飞沪主持复办工作。此时，在民族复兴强烈使命感的驱使下，潘老考虑的不是简单的恢复办学，而是以开阔的视野，从更高的层面，推出以会计人才为主的多学科、本科与专科并举的立信商学院办学计划，在著名的国立上海商学院外，再造一所私立立信商学院。简而言之，就是要"易名升本"。

这个计划曾在 1945 年 10 月立信第七次校务会议上正式提出。校董事会也决定，从 1947 年秋季起，立信会计专科学校正式易名"私立立信商学院。"①此后

---

① 　上海立信会计学院校志编纂委员会：《上海立信会计学院 80 周年校志》，立信会计出版社 2008 年版，第 134 页。

数年间,立信为实现"易名升本"大业,付出了多方面的艰巨努力。

在组织机构上,进行必要调整和准备。首先,调整校长人选。时任代校长李鸿寿不足四十,虽年富力强且学有所成,但自谦资质不深,唯恐"不足孚重望",致信年逾六旬、"年高德劭"的校董事长陈其采,请其兼代校长,以助易名升本大业,并得到采纳。而当立信创办者潘老辞去南京政府经济部常务次长返沪后,陈其采便辞去兼代校长一职,交由潘老复任。校长是大学的灵魂与象征。潘老复任校长,有利于立信影响的扩大和声望的提升。

其次,发挥校董事会作用。一是连续三次呈文。其时,列名立信董事会者均为上海滩各界名流,阵容强大。校董事会三度呈文教育部申请易名升本,声势浩大,令人侧目。二是发动校董积极募捐。董事长陈其采带头认捐,与董事钱新之、宋汉章、徐永祚、吴蕴初等各捐3千法币。三是聘请名流入董。为复员上海和易名升本,立信聘请的校董都能发挥积极作用,如聘请大亨杜月笙为立信校董,促成了迁坟建校,遂有完整的柿子湾校区;而聘请做过12年上海交大校长的教育家黎照寰为全校总导师兼教授、代校长、校董事会董事、董事长,并任校务委员会主任委员,在潘序伦校长外出请长假之时,全权处理校务。黎照寰教育理念先进,教学管理规范,对立信人才培养贡献卓著。

在基本建设上,开始筹建新的校园。潘序伦返沪之初,即开启立信筹建校园、复员返沪的宏伟计划。

首先,他毁家办学,腾出自家住宅作为临时校舍。为解教学之急,潘序伦将自家在上海长乐路的一栋高级住宅腾挪一空,作为临时教室,他与夫人张蕙生则搬进立信专职教职工宿舍居住,与大家共度艰难。

其次,购地重建校园。早在1940年6月离沪赴渝前夕,潘序伦就未雨绸缪,动用基金94000余元,在上海徐家汇徐虹路柿子湾铁路附近,购得土地33亩,以待战后返沪兴建校舍之用。战后返沪之初,潘序伦立即谋划校园建设。其间虽然出现过慈善机构"同仁辅元堂"占用一半土地掩埋无主棺木三千口的事件,但在潘序伦的巧妙周旋下,最终基本完整地使用了这块土地。截至1952年6月,立信校园占地 34.45 亩,房屋 12 幢,面积 4360.5 平方米①。这是旧中国立信办学事业最辉煌的时期。

再次,筹集办学资金。一是向社会募捐。为筹募办学资金,潘序伦曾在国际饭店摆下"鸿门宴"招待沪上名流,随身携带"化缘簿"当场接受捐助。旧中国名扬全国的上海荣氏企业集团的创办者荣宗敬之子、上海申新纺织总公司老板荣鸿元当场认捐 1.8 万亿法币,盖成"纺织楼"(又称"宗敬堂")。二是向校友、校董募捐,校董每人捐赠 3 千元,校友共捐赠 8 千万法币,盖成"思源楼"。三是个人捐出平生全部积蓄,用 3 万美金建造"序伦体育馆",还用立信历年办学经费余款建起男女学生宿舍和专任教职员工宿舍。1947 年 2 月,共耗资 10.25 亿元法币,历时近两载,柿子湾校区终告建成。

复次,聘请一流教师。潘序伦一向高度重视师资队伍质量。他认为:立信要发展壮大,很重要的就是要"有一支理论结合实践的师资队伍。"②为保证教学质量,他聘请了一些著名学者、专家来校任教。复原上海后,聘请著名教育家黄炎培讲授《国文》,著名经济学家马寅初讲授《经济学》,聘请黎照寰开设《工商管理》和《财政学》,张蕙生讲授《政府会计》,钱素君讲授《审计学》,陈文麟讲授《所得税会计》,祝百英讲授《货币与银行》,夏高波讲授《成本会计》,等等,一时名家荟萃。他们知识渊博,讲课深入浅出,对学生百问不厌,诲人不倦③。1948 年还高薪聘请一名美国籍的女教授 Miss Danuser 来立信专任英文教授,增开英语会话课程,实行分级教学。潘老本人虽校务繁忙,但也抽空上一些课。

最后,培育优良校风。在潘序伦亲自主持下,一切坚持"认真"两字。一是教职工人数要少,工作效率要高。1948 年 4 月,全校 79 名教职工,其中 52 名教员,有学生 836 人④,这在当时是很高的师生比。二是要求教师认真备课、教学

---

① 罗银胜:《潘序伦传》,上海人民出版社 2007 年版,第 156 页。

② 潘序伦:《潘序伦回忆录》,中国财政经济出版社 1986 年版,第 35 页。

③ 朱宗煜:《忆往昔 情谊切》,《立信史话》,立信会计出版社 1993 年版,第 158 页。

④ 上海立信会计学院校志编纂委员会:《上海立信会计学院 80 周年校志》,第 128 页。

和批改作业。三是要求学生认真听课,多做练习题。还十分重视学生的体质健康,规定学生每周都要上体育课,每天坚持做早操。他自己"天天和教务主任、训育主任、总务主任带头参加。"①这样严格要求,规范办学,培育了立信良好的校风和学风,有效地提升了办学质量,树立了良好的办学声誉。

在申报行动上,连续三次呈文教育部。在前后两年时间内,以校董事会名义三度呈文教育部,请求"易名升本"。惜乎均以失败告终。

第一次是1947年3月。以"立信会计专科学校董事长"名义,以"为呈请于三十六学年度起由会计专科学校改名商学院"为事由,向时任国立上海商学院院长朱国璋之父(一说为叔)的教育部长朱家骅呈交电文,提出"现请改为商学院或会计学院"。教育部先是4月18日复电立信"俟派员视察后再议",在派出人员到校视察后,于6月26日正式复电立信,谓:改商学院的申请"应暂缓议。"②立信第一次易名升本的努力即告无果而终。

第二次是1948年1月。此次机会更好。一则潘序伦已正式辞官,复任校长;二则国民政府修正《大学组织法》,放宽了设置学院的条件,三则国民政府推崇的美国,其高等教育制度并无"会计专科学校"。此外,立信校园基本建成,硬件设施基本具备,这是最重要的。1月23日,董事长陈其采、副董事长王云五具名再次电请教育部长朱家骅,事由仍"为呈详陈本校从事会计学术之经过及现在设备情形,重申前请特准改设商学院或会计学院以资核准",详陈校内基础设施情况。然而,直至6月25日朱家骅才复信陈其采,答称:"目前教育界情形极度不安,如立信改院将引起其他专科学校援例请求,故已由部饬校暂缓办理。"③立信易名升本的努力,又一次被政客官僚以冠冕堂皇的理由拒绝了。

第三次是1949年4月。1949年1月,曾获英国伦敦大学博士学位的教育家杭立武出任教育部长。教育家出掌教育部,再度燃起立信易名升本的热情。4

---

① 编委会:《潘序伦文集》,立信会计出版社2008年版,第568页。
② 上海立信会计学院校志编纂委员会:《上海立信会计学院80周年校志》,第137、134页。
③ 上海立信会计学院校志编纂委员会:《上海立信会计学院80周年校志》,第134页。

月 8 日,立信董事会董事长陈其采、副董事长王云五联名致电教育部,照例"伏祈垂鉴""鉴核赐准"一番。然而,此时的国民政府早已风雨飘摇、朝不保夕,根本无心顾及教育家们教育救国的拳拳之心。10 几天后,人民解放军横渡长江,天翻地覆,立信易名升本的计划最终胎死腹中。

旧中国立信三度易名升本失败的事实充分证明:没有安定团结的政治局面,就没有欣欣向荣的教育事业;没有改革开放的伟大决策,就没有立信教育的新生。腐朽的国民政府不可能顾及教育家们振兴教育的善良愿望,立信易名升本的发展大计只能留待新生的人民政权。2003 年,潘序伦魂牵梦萦的这一理想,终于由新一代立信人实现。

(三) 永久的怀念 无限的敬仰

如今,新一代立信人根据当前经济社会和高等教育的实际,设计出立信的总体发展定位:会计学为重点,管理学、经济学为主体,文学、理学、法学为支撑的特色鲜明的应用型财经类大学。应该说,这完全符合潘序伦当年对立信发展目标的顶层设计。

在庆祝升本办学十周年之际,我们当然不能忘记立信曾经升本失败的悲怆和苍凉的历史,更不能忘怀那些为立信办学尤其易名升本付出艰巨努力的前辈们,他们是潘序伦、陈其采、王云五、黎照寰、钱新之、李鸿寿,等等。

当今之世,我们很高兴地看到,潘序伦诚信思想的价值愈来愈为人们所认识,诚信意识、诚信思想愈来愈深入人心。人无信不立,商无信不通,国无信不稳。目前在中国的 CPA 正陷入从未有过的信誉危机的尴尬境遇中,在中国会计行业承受着社会方方面面的责难之时,2002 年 1 月 8 日,沿用"立信"招牌的上海立信长江会计师事务所有限公司向全国同行发出"我们不做假账"的倡议书,并保证:"以朱镕基总理提出的'诚信为本,操守为重,遵循准则,不做假账'为座右铭,切实恪守独立、客观、公正的执业原则;严格遵循《中国注册会计师职业道德基本准则》,勤勉尽职,不为保护客户而放弃原则;严格遵守《中国注册会计师独立审计准则》,把《执业规范指南》落到实处;严格落实会计师事务所内部三级督导制度,坚持质量第一原则。我们将为我们的上市公司客户 2001 年年度报告出具公正的审计报告"。面对来自各方面的压力,中国的 CPA 及会计师事务所正试图用行动来向社会证明:我们不做假账。而"不做假账"正是社会、国家和人民的期望所在。

2012 年 11 月,中国共产党第十八次全国代表大会提出,要大力倡导富强、民主、文明、和谐,倡导自由、平等、公正、法治,倡导爱国、敬业、诚信、友善,积极培育和践行社会主义核心价值观。这与中国特色社会主义发展要求相契合,与中华优秀传统文化和人类文明优秀成果相承接,是我们党凝聚全党全社会价值共识作出的重要论断。这自然也与潘序伦大力倡导并躬身实践的诚信教育相吻合,其中自然也包含着潘序伦诚信教育思想的贡献。

作为近代中国第二批留学归国的优秀学子,潘序伦与其他"出国留学、回国服务"的"仁人志士"一起,受到党和人民永久的怀念和无限的敬仰。2013 年 10 月,中共中央总书记、国家主席、中央军委主席习近平在北京出席欧美同学会成立 100 周年庆祝大会发表重要讲话时,连续使用四个"历史不会忘记"高度评价近代以来四批归国留学生对中国革命和建设事业的历史贡献,他指出:"近代以来,我国大批留学人员负笈求学的足迹,记录着中华儿女追寻民族复兴的梦想,伴随着我国从封闭到开放、从落后到富强的伟大历史性跨越。"他还在谈到五四时期和建党前后归国的留学生时指出:"同一时期,还有许多留学人员学成回国,为我国经济社会发展起到了开拓者的重要作用。"①这其中自然包括潘序伦。

潘序伦,立信文化的奠基者,立信校魂的铸造者,立信品牌的创立者,立信事业的发展者。

---

① 习近平:《在欧美同学会成立 100 周年庆祝大会上的讲话》,人民日报,2013 年 10 月 22 日。

参考文献

［1］本书编委会.潘序伦文集[M].上海:立信会计出版社,2008.

［2］上海立信会计学院校志编纂委员会.上海立信会计学院80周年校志[M].上海:立信会计出版社,2008.

［3］潘序伦.潘序伦回忆录[M].北京:中国财政经济出版社,1986.

［4］黄炎培教育文选[M].上海:上海教育出版社,1985.

［5］邵瑞庆.潘序伦纪念选集,立信会计论丛(第4辑)[M].上海:立信会计出版社,2011.

［6］熊月之,周武.上海:一座现代化都市的编年史[M].上海:上海书店出版社,2009.

［7］龙一圆.立信史话[M].上海:立信会计出版社,1993.

［8］忻平.灾难与转折:1937[M].上海:上海大学出版社,2008.

［9］金家富.潘序伦教育思想与办学实践研究[M].上海:立信会计出版社,1998.

［10］罗银胜.潘序伦传[M].上海:上海人民出版社,2007.

［11］项目组.抗日战争时期国民政府财政经济战略措施研究[M].成都:西南财经大学出版社,1988.

［12］贺水金.1927—1952年中国金融与财政问题研究[M].上海:上海社会科学院出版社,2009.

［13］申作青.当代大学文化论[M].杭州:浙江大学出版社,2006.

后　记

　　诚信是一种文化,是文明和秩序的表现,是社会和谐的立足点。作为中华民族的传统美德,诚信不仅是社会主义核心价值观的重要内容,也是规范公民行为的道德标尺。广大青年学生是祖国的未来和希望,他们的诚信状况事关国家和民族的前途与命运。在当前社会转型时期,加强大学生的诚信教育、提升他们的诚信素养已成为高等教育面临的重要任务。

　　上海立信会计学院历来重视大学生诚信教育,重视培养具有诚信品质的财经类人才。《大学诚信文化教育论》即对新形势下高校加强诚信教育、构建教育体系的新探索。本书的编辑出版受到了上海市本科院校"十二五"内涵建设工程(085工程)建设项目、上海市教委创新项目(重点项目)——《基于诚信文化的道德基础与经济范式研究》(09ZS206)的资助和支持,得到了上海立信会计学院党政领导的关心和指导;同时也得到了立信会计出版社的鼎力支持,在此一并表示感谢。

　　本书的编写限于编者的学术水平和视野,难免有纰漏之处,敬请各位专家学者批评指正。

编　著